"暨南大学经济管理实验中心实验教材"
丛书编委会

编委会主任委员：胡　军

编委会副主任委员：宋献中

编委会委员(按姓氏笔画排序)：

王斌会　王慧芬　左小德　叶文晖　刘少波　汤　胤

孙　彧　李广明　范　纯　郑少智　胡蠹明　侯雅文

黄微平　章　牧　梁　云　谢贤芬　谭　跃

项目负责人：谭　跃

项目策划人：王斌会

经济管理国家实验教学示范中心
经济管理省级实验教学示范中心　共同资助

暨南大学经济管理实验中心实验教材

管理决策理论与实践

Theories and Practices of Decision Making for Management

左小德　梁　云　编著

北京大学出版社
PEKING UNIVERSITY PRESS

暨南大学出版社
JINAN UNIVERSITY PRESS

中国·北京　　　　中国·广州

图书在版编目（CIP）数据

管理决策理论与实践／左小德，梁云编著．—广州：暨南大学出版社，2014.9
（暨南大学经济管理实验中心实验教材）
ISBN 978 - 7 - 5668 - 1132 - 5

Ⅰ.①管…　　Ⅱ.①左…②梁…　　Ⅲ.①管理决策—高等学校—教材　　Ⅳ.①C934

中国版本图书馆 CIP 数据核字（2014）第 192226 号

出版发行：暨南大学出版社

地　　址：中国广州暨南大学
电　　话：总编室（8620）85221601
　　　　　营销部（8620）85225284　85228291　85228292（邮购）
传　　真：（8620）85221583（办公室）　85223774（营销部）
邮　　编：510630
网　　址：http：//www. jnupress. com　http：//press. jnu. edu. cn

排　　版：广州市天河星辰文化发展部照排中心
印　　刷：广东广州日报传媒股份有限公司印务分公司

开　　本：787mm×1092mm　1/16
印　　张：11.25
字　　数：274 千
版　　次：2014 年 9 月第 1 版
印　　次：2014 年 9 月第 1 次

定　　价：25.00 元

（暨大版图书如有印装质量问题，请与出版社总编室联系调换）

总　序

　　百年沧桑，弦歌不辍；巍巍暨南，展焕新颜。暨南大学自 1906 年创办以来，始终秉承"宏教泽而系侨情"的办学宗旨，注重以中华民族优秀的传统道德文化培养造就人才。"始有暨南，便有商科"，最初设立的商科便因兼具理论与实用的"暨南特色"而享誉海内外。经过一百多年的发展，商科已分化出经济管理学科中的许多门类，各门类分工明确而细化，又交叉融合，近年来屡屡在学科发展上有突破和创新，尤为可喜的是暨南大学经济管理实验教学中心于 2012 年荣获国家级实验教学示范中心项目。这是我校继 2008 年获批媒体实验教学中心之后，再次获得国家级实验教学示范中心项目，是教育部"质量工程"重要建设项目之一，也是质量工程中含金量较高、获批难度较大的一个项目。这些项目是高等学校实验教学研究和改革的基地，引领着全国高等学校实验教学改革的方向。

　　暨南大学经济管理实验教学示范中心（以下简称"中心"）依托产业经济学和金融学 2 个国家级重点学科，3 个一级学科博士学位点，拥有一支以珠江学者、教学名师和知名专家带头人组成的优秀教学团队，其中"会计学教学团队"被评为国家级教学团队。中心包括金融模拟、会计模拟、ERP 实验、电子商务模拟、行为分析、经济统计与分析、财税管理与分析、酒店管理等 18 个实验室。中心师资力量雄厚，副高级以上教师占总人数的 75%，承担全校 22 个本科专业以及研究生、博士生相关课程的实验、实训、实习等教学任务。

　　中心继承和发扬暨南大学经济管理教育重视实际操作、强化能力培养的优良传统，紧贴经管发展的现实需求，全面开展"虚拟仿真实验＋校企合作实践"模式的实践教学形式改革，注重能力培养与社会需求相结合的教学内容改革。实验是教学不可或缺的一个重要组成部分，作为理论教学的基础和延伸，中心始终坚持"强化基础、重视实践、个性培养与创新能力紧密结合"的实验教学理念，逐步构建理论教学、实验教学、课外实践等多维互动、整体提升的创新实验教学体系，以培养未来华商领袖为己任，着力培养具有创新能力的复合型经管专业人才，为建设成为"具有浓厚华人华侨特色，享誉海内外的'高端、优质、创新'复合型经济管理人才培养基地"而努力。在中心全体教职工的共同努力下，中心工作取得了显著成效，比如，开设的"财务学原理"、"基础会计学"被评为国家级精品课程，工商管理类和经济学类专业被评为国家级特色专业，中心申报的教学成果项目于 2010 年获广东省教学成果奖一等奖等。

　　随着经济和科学技术的进步，尤其是计算机技术的飞速发展，数据、模型与实验对于当代科学乃至整个社会的影响和推动作用日益显著。"暨南大学经济管理实验中心实验教材"作为国家和广东省教学示范中心的资助教材，根据经济管理类专业、学科特点，实验教材中的数据、模型和例子全部选自经济、管理等方面的内容，形成了一个能反映经济管理类院校特色的"经济管理实验"系列教材。这一特色的形成，不仅对国内经济管理实验是一个突破与创新，而且对培养经济管理类院校的应用型、创新型、复合型人才，有着积极意义。

本系列教材在总结过去教材建设经验的基础上，结合应用型本科教育的特点，借鉴国内外的经验做法，在经济管理各专业的课程体系、课程内容，教学方法、教材编写等方面进行进一步探索和创新。

本系列教材具有五个方面的特点：第一，创新性。从培养学生的兴趣入手，以掌握方法论和创造性思维为主线，以知识、概念和理论为基石，进行总体设计，思路新颖，写作体例风格独特。第二，前瞻性。搜集了最新的数据资料和理论研究成果，使教材内容着力体现超前性、前沿性、动态性。第三，实践性。体现了实验型本科教学的专业特点，以提高学生竞争力、综合素质和社会适应能力为最终目标。第四，系统性。基础知识、学科理论和课程体系融为一体，注重基础理论与实际应用的结合。第五，可读性。突出"以学生为中心"的思想，强调学以致用，所用语言浅显易懂，并附有一定的案例分析。

"暨南大学经济管理实验中心实验教材"的建设，改变了传统课程那种仅仅依赖"一支笔，一张纸"，由教师单向传输知识的模式。它提高了学生在教学过程中的参与程度，学生的主观能动性在实验中能得到相当充分的发挥。好的实验会引起学生学习科学知识和方法的强烈兴趣，并激发他们自己去解决相关实际问题的欲望，有助于促进学生独立思考和创新意识的培养。

教材建设是课程体系和教学内容改革的核心，是进一步加强学生教学工作，深化教学改革，提高学生教育教学质量的重要措施。暨南大学经济管理实验教学中心精心组织教材编写，通过专家组评审，分批立项，每批近十种，覆盖金融模拟、会计模拟、ERP实验、电子商务模拟、行为分析、经济统计与分析、财税管理与分析、酒店管理等实验课程。这些教材符合教育改革发展趋势，反映了经济管理学科建设的新理论、新技术、新方法、新实践，在国内同类教材中较为先进。我们期望通过几年的努力，打造出一系列特色鲜明的经济管理实验教材。

暨南大学校长、教授、博士生导师
国家重点学科产业经济学带头人
2014 年 6 月

目　录

第一模块　线性规划

案例

布里斯烟草公司香烟生产分配方案

引言

按照行业公会公布的数字，布里斯烟草公司的成本比主要竞争对手高20%，这件事引起了公司董事长的注意。

公司专门生产带有异国情调的香烟。那些对大公司生产的标准香烟不满的人正转向这类商品。因而虽然目前其市场份额还比较小，但正在日渐扩大。公司成本高有一部分原因是生产规模有限造成的，但董事长仍然认为，如果想增加市场份额，降低成本是可行而且必要的措施。于是，董事长请工业工程部的负责人大卫解决成本管理问题。大卫马上指派他手下的首席分析员托尼同他一起去做这件事。

费用分析

他们第一步是详细分析香烟生产的费用，在这些费用中原材料消耗的费用与同行业其他公司的相当，而且看起来也没有多大的压缩空间。最有可能降低成本的似乎是在生产和运输方面，而分析的结果也表明确实如此。譬如，专门生产薄荷香烟的工厂也同时生产许多其他品种的香烟，这样的混合生产效率不高，显然是轻率决策的结果。在此认识下，他们起草了一份呈交董事长批准的行动计划。

行动计划

两人都认为，必须把不同品种的香烟的生产派给相宜的工厂，这样才能保证制造的效率。他们做的初步调查还表明如果有可能获得必要的信息，可以建立生产分配模型。模型只需在制订年度计划时使用，收集数据的时间相当充裕，用线性规划建立产量分配模型成为可能。因此他们就着手用线性规划制作模型。

布里斯公司下辖5家工厂，总共生产130多种香烟。现在要做的资源分配决策是决定各个工厂分别生产哪几种香烟及其数量。

资源分配工作的目标是使扣除成本后的销售收入最大化。模型所受的约束则是工厂的生产能力、市场对各种产品的需求，以及关于烟草的限额等。

董事长委托生产部副经理鲍勃来检查这个刚拟定出大纲、正在构模的项目。鲍勃是个40出头的精明挑剔的管理者，他在一所著名学府取得了管理学硕士学位，后来在布里斯公司飞黄腾达。在读硕士时鲍勃就知道了线性规划，而令大卫和托尼感到麻烦的是，经营学知识已使鲍勃先入为主地认为线性规划难以应用于实际问题。他在学习求解线性规划时线性规划是一板一眼的迭代步骤，而且他还认为线性规划是严格的数值计算，无法兼顾定性因素。

鲍勃带着怀疑耐心地听取了介绍，然后发问："模型里有多少个变量？"

"1 000 个变量和 300 来个约束。"大卫在回答时带着对模型规模的自豪，却没有想到鲍勃的反应大为不妙。

"你说什么！天呀，这可够你们算一辈子的了！"

"不，先生，"托尼说道，"新的计算机系统效率很高，要不了多长时间就可以算出结果来。"

鲍勃没有被说服，他又问起数据："你们想过收集数据要多长时间吗？"

"我们可以编一个生成数据库的程序。"托尼说。

"我是问多长时间？"鲍勃盯住不放。

"我们跟数据处理部门联系过，他们说我们可在半年内取齐数据。"

"什么！"鲍勃叫起来，"董事长必须在下个月的董事会会议前做出决策，你们知道吗？"

这可真的是进退两难了，大卫踌躇了好几分钟。突然，他眼睛一亮，挂在鲍勃办公室墙上的一张意大利风景画让他有了一个主意。在运筹学文献里不是提到过一个意大利人吗，他叫什么名字来着？对，帕累托！他讲过一条普遍规律，今天被称作"ABC 分类法"。

大卫没头没脑地问了一句："占我们公司销售总数 80% 的产品有几种啊？"

"不多，"鲍勃回答他，"有 12 种产品的销售额之和占公司总销售额的 87%。"

"这样的话就有办法了，就只以这 12 种产品作为模型的研究对象。数据收集工作也可以用人力进行了。"

"做出模型要多长时间呢？"

"我想在三个星期内就可以给你一个结论了。"大卫说。

"那好，请记住，我们需要的是在短期内解决大问题，问题的重要性用不着多说。别搞那些只能供在象牙塔的货色。"

最后一句话听着不怎么舒服，大卫和托尼离开办公室时心情很复杂。这是一个难得的可以在重大决策上显身手的机会，但也是弄不好就会把饭碗砸掉的挑战。

分配模型的开发

经过鲍勃的督促，大卫和托尼开始将模型具体化，而且很快就完成了。因为有公司最高领导的关注，数据收集工作比一般情况下顺利得多。经过有限的调整，两位分析者尝试着让模型运行。模型的结果看来是合乎情理的，他们就要求向鲍勃汇报。

模型结果

向鲍勃汇报的方案如表 1-1 所示。

表 1-1　香烟生产分配方案　　　　　　　　　　　　　　　　单位：箱

香烟类型	B 城	S 城	R 城	F 城	P 城
1-R	1 200 000				
2-R	800 000				
3-M			2 600 000		

（续上表）

香烟类型	B 城	S 城	R 城	F 城	P 城
4 – M		1 100 000	1 900 000		
5 – M	2 700 000		2 300 000		
6 – FT		450 000		850 000	
7 – FT		2 400 000			
8 – FTM		1 800 000			
9 – FTM				2 200 000	
10 – XL				3 000 000	
11 – XLM	500 000				
12 – XLM	838 500			161 500	

按照这一分配计划，费用约为 30 500 万美元，要比目前的实际费用少 2 100 万美元。大卫很受模型结果的鼓舞，满怀喜悦地与鲍勃会面。

但是鲍勃的反应却出人意料，"这个方案是荒唐的，大卫，你本该知道得再多一些的，你知道公司有多少烘炉用于香烟生产？如果 B 城的烘炉坏了，会有什么结果？你只能停止三种香烟的生产。烘炉一修就要六个月，计划中只有 B 城生产的三种烟就完全脱销了。"

大卫因为未能在模型里考虑烘炉条件而受到责难，但他很快就指出，只要增加一类约束条件就能解决这个难题：某几种香烟在任何工厂里生产的百分比不能超过某个固定值。鲍勃赞同大卫的这个主意，并把不能超过的百分数定为 60%。修正模型后得到的结果汇总如表 1 – 2 所示。

表 1 – 2　修正过的香烟生产分配方案　　　　　　　单位：箱

香烟类型	B 城	S 城	R 城	F 城	P 城
1 – R	650 000		5 500 600		
2 – R	400 000	300 000			100 000
3 – M			1 200 000	1 400 000	
4 – M		1 100 000	1 800 000		100 000
5 – M	2 700 000		2 300 000		
6 – FT		450 000		780 000	70 000
7 – FT	9 600 000	1 440 000			
8 – FTM	5 200 000	1 228 000			
9 – FTM			880 000	2 320 000	
10 – XL			1 200 000	1 800 000	
11 – XLM	300 000			200 000	
12 – XLM	838 500			161 500	

在正式提交报告之前，他们先把结果送给了鲍勃。鲍勃再次提出了一个问题："你们让 P 城的工厂每月生产 270 000 箱香烟，但我们可不能只为了这么点产量就维持一个厂呀！"

大卫他们商量后决定把 P 城的工厂排除在模型之外，并把新的结论交给鲍勃。

"这个结论看起来好多了，可以节省多少钱？"

大卫有点遗憾地说："与现在的情况比，我们省了 1 300 万美元，但与我们的第一个方案比则多花了 800 万美元。"

"我却要告诉你，在模型里为烘炉付 800 万美元保险费还是便宜的。我们去见董事长吧！"

结语

董事长看了报告很高兴，但报告中有一点令他不安。他曾经担任过公司在 P 城工厂的厂长，因此很清楚关闭工厂对城市有什么影响。在考虑了一段时间之后，他决定采纳报告中的建议，但他又要求将 P 城的工厂改建为地区性仓库，以减少因工厂停产而造成的失业人数。

大卫母校的运筹学组织有一条规定：学生（校友）利用运筹学知识使所服务的单位获利（节约）超过 1 000 万美元，可获得一枚镶有钻石的奖章。该大学派人核实了大卫领导的这次研究，并给大卫颁发了钻石奖章。

实验课前预习

1. 案例中利用的线性规划模型是什么样的？
2. 鲍勃所学的求解线性规划模型的迭代原理是什么？
3. 鲍勃为什么说大卫他们要算一辈子？线性规划模型的大小与什么因素有关？
4. 给大卫启示的那个意大利人提出了什么规律？
5. 鲍勃说的"别搞那些只能供在象牙塔的货色"指的是什么意思？
6. 大卫和托尼主要解决的问题是什么？
7. 大卫和托尼需要搜集哪些数据才能构建线性规划模型？

实验课上讲解

实际问题中建立数学模型一般有以下三个步骤：

（1）根据影响所要达到目的的因素找到决策变量。

（2）由决策变量和所要达到目的之间的函数关系确定目标函数。

（3）由决策变量所受的限制条件确定决策变量所要满足的约束条件。

所建立的数学模型具有以下特点：

（1）每个模型都有若干个决策变量（$x_1, x_2, \cdots, x_n$），其中 n 为决策变量个数。决策变量的一组值表示一种方案，同时决策变量一般是非负的。

（2）目标函数是决策变量的线性函数，根据具体问题可以是最大化（max）或最小化（min），二者统称为最优化（opt）。

（3）约束条件也是决策变量的线性函数。

如果决策变量在目标函数与约束条件中只出现一次方的形式，即目标函数与约束条件函数都是线性的，则称该规划问题为线性规划问题。如果决策变量在目标函数或约束条件中只出现一次方以外（二次方、三角函数、指数等）的形式，即目标函数或约束条件函数是非线性的，则称该规划问题为非线性规划问题。

线性规划的一般形式：

目标函数：$\max（或 \min）z = c_1 x_1 + c_2 x_2 + \cdots + c_n x_n$

约束条件（s. t.）：$a_{11} x_1 + a_{12} x_2 + \cdots + a_{1n} x_n \leqslant（=或\geqslant）b_1$

$$a_{21} x_1 + a_{22} x_2 + \cdots + a_{2n} x_n \leqslant（=或\geqslant）b_2$$

$$\vdots$$

$$a_{m1} x_1 + a_{m2} x_2 + \cdots + a_{mn} x_n \leqslant（=或\geqslant）b_n$$

非负性约束：$x_1 \geqslant 0, x_2 \geqslant 0, \cdots x_n \geqslant 0$

线性规划问题是最简单的规划问题，也是最常用的规划问题，可以找到全局最优解。非线性规划问题形式多样、求解复杂，需要很宽的数学知识和一些专业软件方可获得结果。如果用 Excel 或者专业运筹学软件求解，时间和难度将大大降低。

实验课上操作

本教材的实验软件为 Microsoft Office 2007 版本的 Excel 软件。打开一个新的 Excel 工作表，点击页面左上角的 Excel 图标，在下拉菜单右下角点击"Excel 选项"，选择左边的"加载项"，再点击下面的"转到"，在"规划求解加载项"前方框内点击，并按"确定"，成功加载规划求解菜单。

在 Excel 中建立模型的基本原则一般包括三个方面：

（1）正确性。

模型的逻辑（即模型公式中各种变量之间的关系）必须正确和完备。在一个单元格中输入的公式应该能够计算出正确值，尤其在使用 if（）函数进行分档计算时，应该能够正确计算出各个条件下的数据结果，正确进行四舍五入操作。

（2）可读性。

模型的基本含义与结论应该便于创建者和其他使用者正确理解。模型应提供多方面的配套分析数据和图形以便决策者从各个方面去深入理解它的含义与性质。

（3）易维护性。

模型应该让使用者在问题发生变化时可以方便地进行修改。应将问题中的所有已知参数集中安排在模型工作表的一个区域，在模型的计算过程中应通过对参数区域中的单元格引用来使用给定参数值，对于计算结果不应该以数字的形式直接使用任何参数值，而应采用单元格引用、公式和函数完成。

实验讲解

一家女性饰品公司制作流行饰品。根据大量市场调查，计划生产七种类型的产品，公司确信能全部售出。财会部门提供了材料与生产费用的资料，市场与销售部门提供了每种产品的批发价格，如表 1 − 3 所示。

表 1 - 3 　原材料费用和批发价格

种类	原材料费（元）	批发价格（元）
1	24	50
2	22.5	55.5
3	28.5	51
4	21	50
5	15	48.5
6	16.5	50.5
7	19.5	55.5

生产部门报告有三种控制性资源：针织机工时、环织机工时和检验工时。针织机工时有 42 000 小时/季度可供使用，每小时成本 10 元；环织机工时有 5 000 小时/季度，每小时成本 20 元；检验工时有 3 600 小时/季度，每小时成本 30 元。各部门对每类产品所需要的工时与费用如表 1 - 4 所示。

表 1 - 4 　产品所需要的工时与费用

种类	针织部门		环织部门		检验部门	
	工时（小时）	费用（元）	工时（小时）	费用（元）	工时（小时）	费用（元）
1	0.80	8.0	0.085	1.7	0.05	1.5
2	0.65	6.5	0.090	1.8	0.03	0.9
3	0.95	9.5	0.090	1.8	0.05	1.5
4	1.10	11.0	0.095	1.9	0.05	1.5
5	0.60	6.0	0.100	2.0	0.04	1.2
6	0.65	6.5	0.080	1.7	0.06	1.8
7	0.80	8.0	0.090	1.8	0.04	1.2
可用时数	42 000		5 000		3 600	

经验表明，在季度高峰时期每种产品所用的材料要有 1/3 的库存，而公司的政策是无论何时库存的材料价值不得超过 350 000 元。

根据上述资料，饰品公司需要确定每种产品的最佳生产量。销售部门愿为该公司销售全部产品，但必须保证每种产品每季度至少要售出 1 000 单位，目标是公司的季度利润最大化。要使公司季度利润最大化，有以下问题需要解答：

（1）季度最优生产方案是否唯一？

（2）产品 5 的单位价格在哪个范围内变动，现行生产方案保持最优？

（3）若第二种产品的最低销售量从 1 000 减少到 950，总利润有什么变化？

（4）能否通过增加针织机工时来提高总利润？

（5）若环织机工时的限额提高到 5 010 小时，最优生产方案有什么变化？

（6）若第一种产品的单价从 50 元增至 55 元，最优生产方案和总利润有什么变化？

操作：第一步，设 x_i 为每季度各产品的生产量，$i = 1$，2，…，7。

目标函数：

$$\max z = (50 - 24 - 8 - 1.7 - 1.5) x_1 + (55.5 - 22.5 - 6.5 - 1.8 - 0.9) x_2 + (51 - 28.5 - 9.5 - 1.8 - 1.5) x_3 + (50 - 21 - 11 - 1.9 - 1.5) x_4 + (48.5 - 15 - 6 - 2 - 1.2) x_5 + (50.5 - 16.5 - 6.5 - 1.7 - 1.8) x_6 + (55.5 - 19.5 - 8 - 1.8 - 1.2) x_7$$

化简后，$\max z = 14.8 x_1 + 23.8 x_2 + 9.7 x_3 + 14.6 x_4 + 24.3 x_5 + 24 x_6 + 25 x_7$

约束条件（s.t.）：

$$0.8 x_1 + 0.65 x_2 + 0.95 x_3 + 1.1 x_4 + 0.6 x_5 + 0.65 x_6 + 0.8 x_7 \leqslant 42\,000$$

$$0.085 x_1 + 0.09 x_2 + 0.09 x_3 + 0.095 x_4 + 0.1 x_5 + 0.08 x_6 + 0.09 x_7 \leqslant 5\,000$$

$$0.05 x_1 + 0.03 x_2 + 0.05 x_3 + 0.05 x_4 + 0.04 x_5 + 0.06 x_6 + 0.04 x_7 \leqslant 3\,600$$

$$\frac{1}{3} \times 24 x_1 + \frac{1}{3} \times 22.5 x_2 + \frac{1}{3} \times 28.5 x_3 + \frac{1}{3} \times 21 x_4 + \frac{1}{3} \times 15 x_5 + \frac{1}{3} \times 16.5 x_6 + \frac{1}{3} \times 19.5 x_7 \leqslant 350\,000$$

$$x_i \geqslant 1\,000$$

第二步，将数据按照图 1 - 1 输入 Excel 表格。

图 1 - 1 已知条件录入显示

每季度各产品的生产量的初始解都设为 0，在 B2：H2 各单元格内输入 0；在单元格 A5 输入表示求函数最大值的 max；将目标函数系数分别输入 B4：H4 单元格里；在区域 B7：H17 输入约束条件的系数矩阵；K7：K17 为约束条件表达式的右端项。

第三步，建立 Excel 模型。

单元格 I5 显示目标函数值，输入公式"=SUMPRODUCT(B2:H2,B4:H4)"。

在单元格 I7 中输入公式"=SUMPRODUCT($B$2:$H$2,B7:H7)"，回车，并下拉

到 I17 单元格。如图 1-2 所示。

	A	B	C	D	E	F	G	H	I	J	K
1		x1	x2	x3	x4	x5	x6	x7			
2	生产量	0	0	0	0	0	0	0			
3											
4	目标函数	14.8	23.8	9.7	14.6	24.3	24	25			
5	MAX								=SUMPRODUCT(B2:H2, B4:H4)		
6											
7	S.T.	0.8	0.65	0.95	1.1	0.6	0.65	0.8	=SUMPRODUCT($B$2:$H$2, B7:H7)	≤	42000
8		0.85	0.09	0.09	0.095	0.1	0.08	0.09	=SUMPRODUCT($B$2:$H$2, B8:H8)	≤	5000
9		0.05	0.03	0.05	0.05	0.04	0.06	0.04	=SUMPRODUCT($B$2:$H$2, B9:H9)	≤	3600
10		8	7.5	9.5	7	5	5.5	6.5	=SUMPRODUCT($B$2:$H$2, B10:H10)	≤	350000
11		1	0	0	0	0	0	0	=SUMPRODUCT($B$2:$H$2, B11:H11)	≥	1000
12		0	1	0	0	0	0	0	=SUMPRODUCT($B$2:$H$2, B12:H12)	≥	1000
13		0	0	1	0	0	0	0	=SUMPRODUCT($B$2:$H$2, B13:H13)	≥	1000
14		0	0	0	1	0	0	0	=SUMPRODUCT($B$2:$H$2, B14:H14)	≥	1000
15		0	0	0	0	1	0	0	=SUMPRODUCT($B$2:$H$2, B15:H15)	≥	1000
16		0	0	0	0	0	1	0	=SUMPRODUCT($B$2:$H$2, B16:H16)	≥	1000
17		0	0	0	0	0	0	1	=SUMPRODUCT($B$2:$H$2, B17:H17)	≥	1000

图 1-2　建立 Excel 模型

第四步，利用规划求解工具，设置规划求解参数。

选取菜单栏中的"数据"，再点击"分析"中的"规划求解"，弹出"规划求解参数"对话框，输入计算所需数据。如图 1-3 所示。

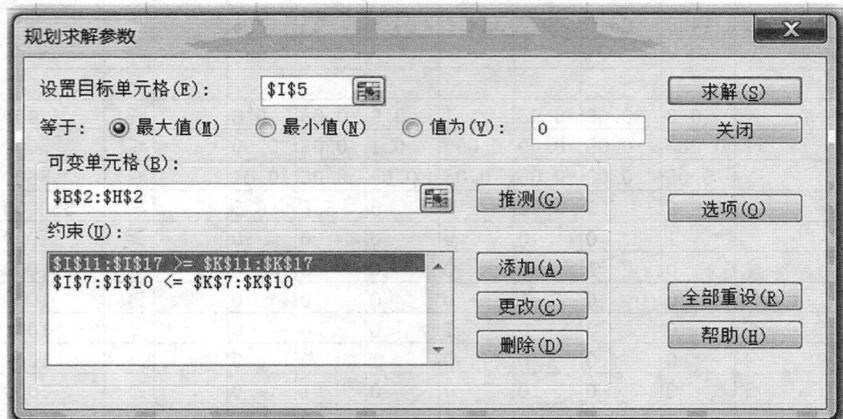

图 1-3　规划求解参数输入

将选中的 I5 单元格拖入"设置目标单元格"。

将选中的 B2：H2 单元格拖入"可变单元格"。

点击"添加"按钮，将约束条件置入。按"确定"，返回"规划求解参数"对话框。如有输入错误，点击该条输入内容，再点击"更改"按钮，进行修订。

点击图 1-3 中的"选项"，选定"采用线性规划模型"（提示 Excel 使用有效的单纯形法求解）和"假定非负"，若没有该项选择，则必须在约束条件内输入"B2：H2 > =

0”。选择“确定”以返回“规划求解参数”对话框。

　　第五步，对问题进行求解。

　　点击“求解”按钮。规划求解程序开始运算，弹出“规划求解结果”对话框，若选取“保存规划求解结果”，则图 1－4 的工作表中可变单元格 B2：H2 和目标单元格 I5 分别显示最优解和最优值。

	x1	x2	x3	x4	x5	x6	x7			
生产量	1000	1000	1000	1000	1000	55625	1000			
目标函数	14.8	23.8	9.7	14.6	24.3	24	25			
MAX								1447200		
S.T.	0.8	0.65	0.95	1.1	0.6	0.65	0.8	41056.25	≤	42000
	0.085	0.09	0.09	0.095	0.1	0.08	0.09	5000	≤	5000
	0.05	0.03	0.05	0.05	0.04	0.06	0.04	3597.5	≤	3600
	8	7.5	9.5	7	5	5.5	6.5	349437.5	≤	350000
	1	0	0	0	0	0	0	1000	≥	1000
	0	1	0	0	0	0	0	1000	≥	1000
	0	0	1	0	0	0	0	1000	≥	1000
	0	0	0	1	0	0	0	1000	≥	1000
	0	0	0	0	1	0	0	1000	≥	1000
	0	0	0	0	0	1	0	55625	≥	1000
	0	0	0	0	0	0	1	1000	≥	1000

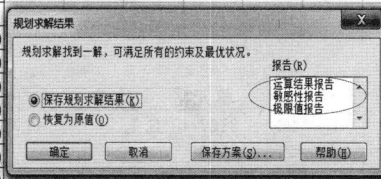

图 1－4　实验讲解规划求解结果

实验课结果分析

　　上述实验的结果是静态的，也就是在各种约束条件系数和价值系数稳定的条件下，获得的决策结果。在现实问题中，系数通常是通过预测获得，预测值与观测值之间存在偏大或偏小的可能，那么按一个确定的值来计算结果缺乏科学性。某些价值系数与预测的数据不同，那么决策结果就不具有很强的现实意义。

　　为了提高线性规划模型及其求解结果的可靠性和可用性，有必要研究这些系数发生变化时对最优解的影响，这就是灵敏度分析。灵敏度分析有以下三种情况：

　　（1）目标函数系数变化的灵敏度分析。

　　假定目标函数只有一个系数 c_j 发生变化，模型中其他系数保持不变。那么要寻找出系数 c_j 在怎样一个范围内变化，模型的最优解不变，这就是目标函数系数的灵敏度分析。

　　（2）约束条件右端项变化的灵敏度分析。

　　假定约束条件右端常数项只有一个参数 b_i 发生变化，模型中其他系数保持不变。那么要寻找出系数 b_i 在怎样一个范围内变化，对应资源的影子价格保持不变，这就是约束条件右端常数项的灵敏度分析。

　　（3）多个参数变化的灵敏度分析及其他形式的灵敏度分析。

　　前两种情况都是只有一个参数发生变化，在灵敏度分析中，还有可能存在两个及两个以上参数都发生变化的情况。也有增加新变量、增加新的约束条件或系数 a_{ij} 发生变化的灵敏度分析，这些都比较复杂，这里不详细讲述，可参阅相关书籍进一步学习。

　　点击图 1－4 中的“敏感性报告”，得到如图 1－5 所示的结果。

	K10		f_x				
	A B	C	D	E	F	G	H

可变单元格

单元格	名字	终值	递减成本	目标式系数	允许的增量	允许的减量
$B$2	生产量 x1	1000	0	14.8	10.7	1E+30
$C$2	生产量 x2	1000	0	23.8	3.199999999	1E+30
$D$2	生产量 x3	1000	0	9.7	17.3	1E+30
$E$2	生产量 x4	1000	0	14.6	13.9	1E+30
$F$2	生产量 x5	1000	0	24.3	5.700000001	1E+30
$G$2	生产量 x6	55625	0	24	1E+30	1.777777778
$H$2	生产量 x7	1000	0	25	2	3.69401E+15

约束

单元格	名字	终值	影子价格	约束限制值	允许的增量	允许的减量
$I$7	S.T.	41056.25	0	42000	1E+30	943.75
$I$8		5000	300	5000	3.333333333	4370
$I$9		3597.5	0	3600	1E+30	2.5
$I$10		349437.5	0	350000	1E+30	562.5
$I$11		1000	-10.7	1000	260.8695652	181.8181818
$I$12		1000	-3.199999999	1000	428.5714286	66.66666667
$I$13		1000	-17.3	1000	169.8113207	142.8571429
$I$14		1000	-13.9	1000	117.6470588	
$I$15		1000	-5.700000001	1000	43700	71.42857142
$I$16		55625	0	1000	54625	1E+30
$I$17		1000	-2	1000	1799.999999	90.90909091

图1-5 灵敏度报告

一般说来，在其他条件不变的情况下，第 i 种资源的限额 b_i 增加一个单位所引起的目标最优值的改变量称为该资源的影子价格。

影子价格不是真正代表了资源的市场价格，仅代表了该种资源对本企业的重要程度或稀缺程度，具体说明了三个问题：

（1）该种资源对于企业的紧缺程度。影子价格越高意味着这种资源对企业越紧缺。影子价格为零，意味着该种资源有富余量，增加或减少该种资源，目标值不变。

（2）该种资源的最低出租价格。当把该种资源出租时，因为减少一个单位资源会带来目标值的减少，企业为了弥补目标值的减少，就要让出租该资源的价格高于目标值的损失，因而可以确定该资源可接受的最低出租价格，即大于等于该资源的影子价格。

（3）企业资金的投入方向。假如企业额外获得一笔资金，可用于扩大再生产，应将资金投放到影子价格最高的资源上，相同的投入会获得最高的回报。

通过对问题灵敏度的分析，能够得出系数在一定的范围内变动时，对最优值及对最优解的影响情况，降低了系数预测误差对决策效果的影响程度，提高了决策模型的使用范围。灵敏度分析同时表明预测系数变动时，不用重新建立新模型，新的决策结果也可以一目了然。

对实验讲解的问题分析如下：

（1）最优方案唯一，除产品6生产55 625单位外，其余6个品种的产品均生产1 000单位。

（2）产品 5 的单价在 [0，24.3＋5.7] 范围内变化，现行生产方案保持最优。

（3）产品 2 的销售量减为 950，经重新计算，其余产品最优生产量不变，利润减少到 1 446 010 元。

（4）不能通过增加针织机工时来增加利润，因为针织机工时的影子价格为 0。

（5）环织机工时最多只能增加 3.33 个，最优方案不变，增加 10 个工时需重新计算最优方案。

（6）产品 1 的目标系数增加量在 10.7 以内时最优生产方案保持不变，现增加量为 5，所以生产量保持不变，但利润增加 5×1 000 ＝5 000 元。

实验课练习

上机操作 1.1

一家化工厂要将四种原材料 A、B、C、D 混合调配出三种产品，如表 1 –5 所示，是制造各种产品的数据。三种产品的销售价格分别是每千克 9 元、8.5 元和 8 元，各种原料 A、B、C、D 的供应量分别是 1 000、1 000、750 和 800 千克；单价分别是每千克 5 元、6 元、4 元和 4.5 元。该厂应如何安排生产才能获得最大利润？

表 1 –5 产品的规格要求

产品	规格要求	最小需求（千克）	最大需求（千克）
1	B 不少于 25%，C 不多于 20%	1 000	2 500
2	A 不少于 50%，D 不多于 25%	100	不限
3	A 和 B 各不少于 25%，不含有 C	不限	不限

上机操作 1.2

某工厂在计划期内要安排生产 A、B 两种产品（假定产品畅销）。已知生产单位产品的利润和所需的劳动力、设备台时及原材料的消耗，如表 1 –6 所示。问 A 产量和 B 产量的变化范围在多大程度上影响总利润？

当第一批产品投放市场后，A 产品与生产前预测的情况吻合，而 B 产品的市场反应比预期好，供不应求，企业管理者决定加价销售 B 产品，这样每销售单位 B 产品的利润由 120 元上升到 160 元，那么第二批生产方案是否需要改变？

表 1 –6 A、B 两种产品资源需求及利润

资源需求	产品 A	产品 B	资源限额
劳动力（工时）	9	4	360
设备（台时）	4	5	200
原材料（千克）	3	10	300
单位产品利润（元）	70	120	

上机操作 1.3

一家工厂把从四个不同地点运来的铁矿石混合起来，生产一种配料。这种配料对三

种基本元素 A、B、C 都有一个最低需要量。表 1-7 给出了从各个地点运来的每吨矿石所含各基本元素的千克数，每吨最终配料各基本元素的最低需要量和从各个地点运来的每吨矿石的成本。

表 1-7　原料配置情况

基本元素	每吨矿石所含的基本元素				每吨配料最低需要量
	地点 1	地点 2	地点 3	地点 4	
A（千克）	10	3	8	2	5
B（千克）	90	150	75	175	100
C（千克）	45	25	20	37	30
每吨矿石成本（元）	800	400	600	500	

请根据以上数据解决下列问题：

（1）成本最低的混料配比是怎样的？

（2）每吨最优混合料中各种基本元素的含量是多少？

（3）若把每吨配料中基本元素 A 的最低需要量降低到 4.75 千克或者提高到 8 千克，最优混合料的成本各有什么变化？

（4）降低配料基本元素 B 的最低需要量能否降低成本？

（5）若从地点 2 来的矿石的成本从 400 元增加到 450 元，最优混合料的配比和总成本有什么变化？

（6）从地点 4 来的矿石的成本要降低到多少才能使最优混合料中含有该种矿石？

实验课总结

最优化问题是在给定条件下寻找最佳方案的问题。最佳的含义各种各样：成本最小、收益最大、利润最多、距离最短、时间最少、空间最小等，即在资源给定时寻找最好的目标，或在目标确定下使用最少的资源。生产、经营和管理中几乎所有问题都可以认为是最优化问题，比如产品原材料组合问题、人员安排问题、运输问题、选址问题、资金管理问题、预测模型中的最佳参数确定等问题。

最优化问题根据有无约束条件可以分为无约束条件的最优化问题和有约束条件的最优化问题。无约束条件的最优化问题是有约束条件的最优化问题的特例。实际问题一般都是在一定约束条件下寻找最优方案的。

实验课练习答案

上机操作 1.1

第一步，设 x_{ij} 为第 j 种产品中 i 种原料的数量（千克），$i = A$，B，C，D，$j = 1$，2，3，由于产品 3 不含有 C，故 $x_{C3} = 0$，因此只有 11 个变量。由题意得到：

产品 1 的产量为 $x_{A1} + x_{B1} + x_{C1} + x_{D1}$　　　产品 2 的产量为 $x_{A2} + x_{B2} + x_{C2} + x_{D2}$

产品 3 的产量为 $x_{A3} + x_{B3} + x_{D3}$

原料 A 的使用量为 $x_{A1} + x_{A2} + x_{A3}$　　　原料 B 的使用量为 $x_{B1} + x_{B2} + x_{B3}$

原料 C 的使用量为 $x_{C1} + x_{C2}$　　　　　　　原料 D 的使用量为 $x_{D1} + x_{D2} + x_{D3}$

目标函数：利润最大，利润 = 总销售收入 - 总成本，即

$$\max z = 9（x_{A1} + x_{B1} + x_{C1} + x_{D1}）+ 8.5（x_{A2} + x_{B2} + x_{C2} + x_{D2}）+ 8（x_{A3} + x_{B3} + x_{D3}）- 5（x_{A1} + x_{A2} + x_{A3}）- 6（x_{B1} + x_{B2} + x_{B3}）- 4（x_{C1} + x_{C2}）- 4.5（x_{D1} + x_{D2} + x_{D3}）$$

化简后：

$$\max z = 4x_{A1} + 3x_{B1} + 5x_{C1} + 4.5x_{D1} + 3.5x_{A2} + 2.5x_{B2} + 4.5x_{C2} + 4x_{D2} + 3x_{A3} + 2x_{B3} + 3.5x_{D3}$$

结束条件（s.t.）：

$x_{B1} \geq 0.25（x_{A1} + x_{B1} + x_{C1} + x_{D1}）$

$x_{C1} \leq 0.2（x_{A1} + x_{B1} + x_{C1} + x_{D1}）$

$x_{A2} \geq 0.5（x_{A2} + x_{B2} + x_{C2} + x_{D2}）$　　　化简 →

$x_{D2} \leq 0.25（x_{A2} + x_{B2} + x_{C2} + x_{D2}）$

$x_{A3} \geq 0.25（x_{A3} + x_{B3} + x_{D3}）$

$x_{B3} \geq 0.25（x_{A3} + x_{B3} + x_{D3}）$

$x_{A1} - 3x_{B1} + x_{C1} + x_{D1} \leq 0$

$-x_{A1} - x_{B1} + 4x_{C1} - x_{D1} \leq 0$

$-x_{A2} + x_{B2} + x_{C2} + x_{D2} \leq 0$

$-x_{A2} - x_{B2} - x_{C2} + 3x_{D2} \leq 0$

$-3x_{A3} + x_{B3} + x_{D3} \leq 0$

$x_{A3} - 3x_{B3} + x_{D3} \leq 0$

原材料供应量约束：

$x_{A1} + x_{A2} + x_{A3} \leq 1\,000$　　　　　$x_{B1} + x_{B2} + x_{B3} \leq 1\,000$

$x_{C1} + x_{C2} \leq 750$　　　　　　　　　$x_{D1} + x_{D2} + x_{D3} \leq 800$

需求限制量：

$x_{A1} + x_{B1} + x_{C1} + x_{D1} \geq 1\,000$　　　$x_{A1} + x_{B1} + x_{C1} + x_{D1} \leq 2\,500$

$x_{A2} + x_{B2} + x_{C2} + x_{D2} \geq 100$

$x_{ij} \geq 0$

第二步，Excel 建模，如图 1-6 所示。

	A	XA1	XB1	XC1	XD1	XA2	XB2	XC2	XD2	XA3	XB3	XD3	M		N	O
1																
2		XA1	XB1	XC1	XD1	XA2	XB2	XC2	XD2	XA3	XB3	XD3				
3	使用量	0	0	0	0	0	0	0	0	0	0	0				
4																
5	目标函数系数	4	3	5	4.5	3.5	2.5	4.5	4	3	2	3.5				
6	MAX												=SUMPRODUCT(B3:L3, B5:L5)			
7																约束量
8	约束条件	1	-3	1	1	0	0	0	0	0	0	0	=SUMPRODUCT($B$3:$L$3, B8:L8)		≪	0
9		-1	-1	4	-1	0	0	0	0	0	0	0	=SUMPRODUCT($B$3:$L$3, B9:L9)		≪	0
10		0	0	0	0	-1	1	1	1	0	0	0	=SUMPRODUCT($B$3:$L$3, B10:L10)		≪	0
11		0	0	0	0	-1	-1	-1	3	0	0	0	=SUMPRODUCT($B$3:$L$3, B11:L11)		≪	0
12		0	0	0	0	0	0	0	0	-3	1	1	=SUMPRODUCT($B$3:$L$3, B12:L12)		≪	0
13		0	0	0	0	0	0	0	0	1	-3	1	=SUMPRODUCT($B$3:$L$3, B13:L13)		≪	0
14		1	0	0	0	1	0	0	0	1	0	0	=SUMPRODUCT($B$3:$L$3, B14:L14)		≪	1000
15		0	1	0	0	0	1	0	0	0	1	0	=SUMPRODUCT($B$3:$L$3, B15:L15)		≪	1000
16		0	0	1	0	0	0	1	0	0	0	0	=SUMPRODUCT($B$3:$L$3, B16:L16)		≪	750
17		0	0	0	1	0	0	0	1	0	0	1	=SUMPRODUCT($B$3:$L$3, B17:L17)		≪	800
18		1	1	1	1	0	0	0	0	0	0	0	=SUMPRODUCT($B$3:$L$3, B18:L18)		≫	1000
19		1	1	1	1	0	0	0	0	0	0	0	=SUMPRODUCT($B$3:$L$3, B19:L19)		≪	2500
20		0	0	0	0	1	1	1	1	0	0	0	=SUMPRODUCT($B$3:$L$3, B20:L20)		≫	100

图 1-6　建立模型

第三步，利用规划求解工具，设置规划求解参数，如图 1-7 所示。

图 1-7 规划求解参数输入

第四步，对问题进行求解，结果如图 1-8 所示。

	A	B	C	D	E	F	G	H	I	J	K	L	M	N	O
1		XA1	XB1	XC1	XD1	XA2	XB2	XC2	XD2	XA3	XB3	XD3			
2															
3	使用量	475	725	500	800	525	275	250	0	0	0	0			
4															
5	目标函数系数	4	3	5	4.5	3.5	2.5	4.5	4	3	2	3.5			
6	MAX												13825		
7															约束量
8	约束条件	1	-3	1	1	0	0	0	0	0	0	0	-400	《	0
9		-1	-1	4	-1	0	0	0	0	0	0	0	0	《	0
10		0	0	0	0	-1	1	1	1	0	0	0	0	《	0
11		0	0	0	0	-1	-1	-1	3	0	0	0	-1050	《	0
12		0	0	0	0	0	0	0	0	-3	1	1	0	《	0
13		0	0	0	0	0	0	0	0	1	-3	1	0	《	0
14		1	0	0	0	1	0	0	0	1	0	0	1000	《	1000
15		0	1	0	0	0	1	0	0	0	1	0	1000	《	1000
16		0	0	1	0	0	0	1	0	0	0	0	750	《	750
17		0	0	0	1	0	0	0	1	0	0	1	800	《	800
18		1	1	1	1	0	0	0	0	0	0	0	2500	》	1000
19		1	1	1	1	1	1	1	1	0	0	0	2500	《	2500
20		0	0	0	0	1	1	1	1	0	0	0	1050	》	100

图 1-8 求解结果

上机操作 1.2

目标函数：$\max z = 70x_1 + 120x_2$

约束条件（s.t.）：$9x_1 + 4x_2 \leqslant 360$

$$4x_1 + 5x_2 \leqslant 200$$

$$3x_1 + 10x_2 \leqslant 300$$

$$x_1 \geqslant 0, x_2 \geqslant 0$$

按照图 1-9 所示将数据输入 Excel 表格，产量初始解设定为 0。

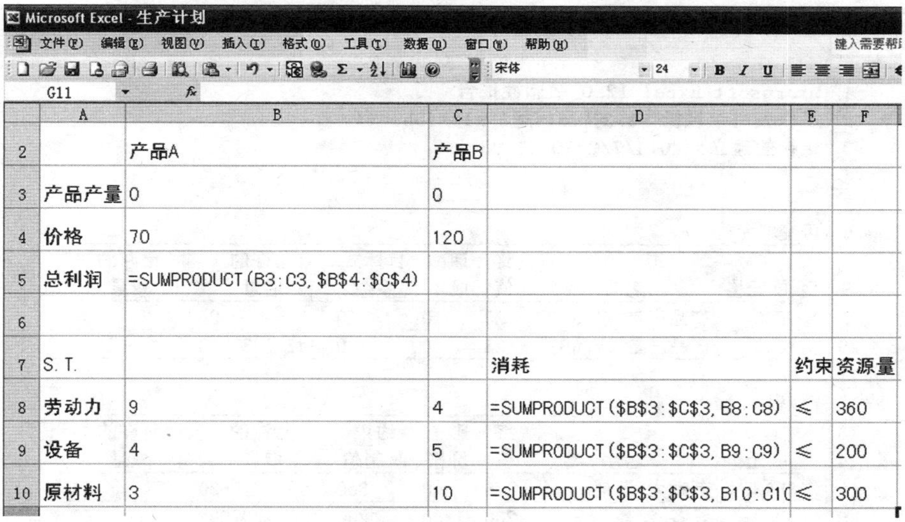

	A	B	C	D	E	F
2		产品A	产品B			
3	产品产量	0	0			
4	价格	70	120			
5	总利润	=SUMPRODUCT(B3:C3,$B$4:$C$4)				
6						
7	S.T.			消耗	约束	资源量
8	劳动力	9	4	=SUMPRODUCT($B$3:$C$3,B8:C8)	≤	360
9	设备	4	5	=SUMPRODUCT($B$3:$C$3,B9:C9)	≤	200
10	原材料	3	10	=SUMPRODUCT($B$3:$C$3,B10:C1(	≤	300

图 1－9　生产计划建模

求解结果如图 1－10 所示。

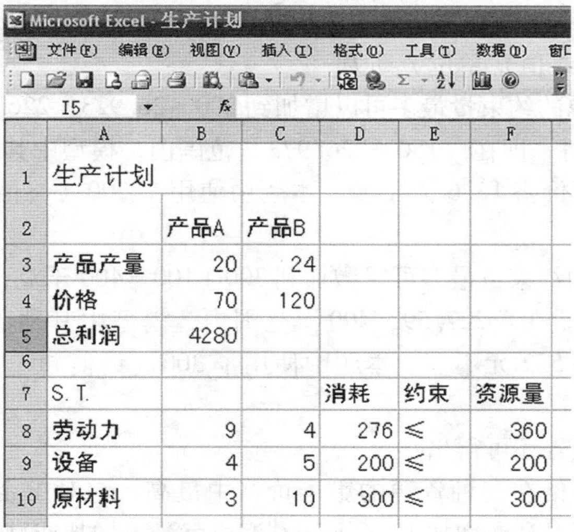

	A	B	C	D	E	F
1	生产计划					
2		产品A	产品B			
3	产品产量	20	24			
4	价格	70	120			
5	总利润	4280				
6						
7	S.T.			消耗	约束	资源量
8	劳动力	9	4	276	≤	360
9	设备	4	5	200	≤	200
10	原材料	3	10	300	≤	300

图 1－10　求解结果

产品 A 产量为 20 单位，产品 B 为 24 单位。

（1）允许的增量表示 A 产品的价值系数最高可达到 70＋26＝96 元，允许的减量表示最低可降到 70－34＝36 元，即在［36，96］的范围内变动，模型中其他参数保持不变的情况下，最优解不变。

（2）同理，B 产品在［120－32.5，120＋113.333］的范围内变动，模型中其他参数保持不变的情况下，最优解不变。

约束条件右端项变化的灵敏度分析如图 1 – 11 所示：

单元格	名字		终值	递减成本	目标式系数	允许的增量	允许的减量
Microsoft Excel 12.0 敏感性报告							
工作表 [上机操作1.2排产问题1.xlsx]Sheet1							
报告的建立：2014/7/2 10:21:23							
可变单元格							
单元格	名字		终值	递减成本	目标式系数	允许的增量	允许的减量
$B$3	产品产量 产品A		20	0	70	26	34
$C$3	产品产量 产品B		24	0	120	113.3333333	32.5
约束							
单元格	名字		终值	影子价格	约束限制值	允许的增量	允许的减量
$D$8	劳动力 消耗		276	0	360	1E+30	84
$D$9	设备 消耗		200	13.6	200	26.92307692	50
$D$10	原材料 消耗		300	5.2	300	100	72.4137931

图 1 – 11　灵敏度分析

（1）劳动力资源的约束量最多可以增加到无穷，最少可以减到 360 – 84 = 276 工时，即在 [276，∞] 范围内，模型中其他参数保持不变的情况下，劳动力的影子价格不变。本题中只使用了 276（终值）单位劳动力。

（2）设备台时资源的约束量最多可以增加到 200 + 26.923 = 226.923 台时，最少可以减到 200 – 50 = 150 台时，即在 [150，226.923] 范围内，模型中其他参数保持不变的情况下，设备台时的影子价格 13.6 元不变。本题中使用了 200（终值）单位设备台时量，用尽该种资源。

（3）原材料资源的约束量最多可以增加到 300 + 100 = 400 千克，最少可以减到 300 – 72.41 = 227.59 千克，即在 [227.59，400] 范围内，模型中其他参数保持不变的情况下，原材料的影子价格 5.2 元不变。本题中使用了 300（终值）单位原材料，用尽该种资源。

从上面的灵敏度报告还可得出：

设备台时的影子价格在三种资源的影子价格中最高，它对于企业的稀缺程度最高。每增加一个设备台时可对利润增加 13.6 元的利润贡献量。增加或减少的量一定在可变范围内，如果超出范围，影子价格会发生变化，需重新计算影子价格。

上机操作 1.3

如图 1 – 12 所示建立 Excel 模型，如图 1 – 13 所示输入规划求解参数值。

	A	B	C	D	E	F	G	H
1	设X_1、X_2、X_3、X_4分别为每吨配料从1、2、3、4地的来料量							
2	目标函数：MIN=$800X_1+400X_2+600X_3+500X_4$							
3								
4								
5	约束条件：$10X_1+3X_2+8X_3+2X_4$≥5							
6	$90X_1+150X_2+75X_3+175X_4$≥100							
7	$45X_1+25X_2+20X_3+37X_4$≥30							
8	$X_1+X_2+X_3+X_4$=1							
9								
10		x_1		x_2	x_3	x_4		
11	配比量	0		0	0	0		
12	目标函数系数	800		400	600	500		
13						实际配比量		
14	约束条件 A	10		3	8	2	=SUMPRODUCT(B14:E14, $B$11:$E$11)	≥	5
15	B	90		150	75	175	=SUMPRODUCT(B15:E15, $B$11:$E$11)	≥	100
16	C	45		25	20	37	=SUMPRODUCT(B16:E16, $B$11:$E$11)	≥	30
17		1		1	1	1	=SUMPRODUCT(B17:E17, $B$11:$E$11)	=	1
18								
19	目标函数MIN	=SUMPRODUCT(B12:E12, B11:E11)						

图 1 – 12　配料 Excel 模型

图 1 – 13　配料规划求解参数输入

求解结果如图 1-14 所示。

	A	B	C	D	E	F	G	H
1	设X₁、X₂、X₃、X₄分别为每吨配料从1、2、3、4地的来料量							
2	目标函数: MIN=800X₁+400X₂+600X₃+500X₄							
3								
4								
5	约束条件: 10X₁+3X₂+8X₃+2X₄≥5							
6	90X₁+150X₂+75X₃+175X₄≥100							
7	45X₁+25X₂+20X₃+37X₄≥30							
8	X₁+X₂+X₃+X₄=1							
9								
10		X₁	X₂	X₃	X₄			
11	配比量	0.26	0.70	0.04	0.00			
12	目标函数系数	800	400	600	500			
13						实际配比量		
14	约束条件 A	10	3	8	2	5	≥	5
15	B	90	150	75	175	131.6666667	≥	100
16	C	45	25	20	37	30	≥	30
17		1	1	1	1	1	=	1
18								
19	目标函数MIN	511.11						

图 1-14 求解结果

（1）成本最低的混料配比为：0.26 : 0.70 : 0.04 : 0，总成本为 511.11 元。

（2）每吨最优混合配料中 A 为 5 千克，B 为 131.67 千克，C 为 30 千克。

（3）因为 A 的灵敏度范围是 [4.75，7.375]，如果 A 的最低需要量降到 4.75 千克，该值仍在灵敏度范围内，A 的用量降低了 0.25 千克，影子价格为 44.44 元，所以成本下降，下降值为 0.25×44.44=11.11 元，降低到 511.11-11.11=500 元；如果 A 的最低需要量提高到 8 千克，已经超出了灵敏度范围，需重解最优解，成本为 666.67 元。

（4）不可以降低成本。

（5）成本增加了 50 元，在灵敏度范围之内，因此生产方案不变，则成本增加值为：50×0.70=35 元。

（6）因为 4 地的灵敏度范围的下限为 91.11 元，因此，允许的减少量为：500-91.11=408.89，大约降低到 408 元。

第二模块 多目标规划

案例

丹麦高品质 CD 播放器制造商 Electronica 即将向市场推出一款 CD 播放机。公司正考虑在电视和专业期刊上对该新产品进行广告宣传。虽然公司非常清楚其产品主要面对的是中等收入或高收入用户，但是广告媒体的选择却不一样，需要考虑如何使广告在目标群体中更有效。人均广告覆盖规模如表 2−1 所示。

表 2−1 人均广告覆盖规模

1 美元广告费所能覆盖的大众规模	电视	期刊
所覆盖的总人口规模	40	16
所覆盖的中等收入或高收入人群的规模	3	4

换句话说，如果 Electronica 投资 1 000 美元做电视广告，估计将会有 40 000 人被覆盖；在这些人口中，预计目标收入群体的数量为 3 000 人。另外，如果该公司在期刊上投放 1 000 美元广告，将共有 16 000 人阅读该产品信息，其中约 4 000 人属于目标收入群体。

从公司的财务及经营战略角度，还有如下方面的考虑：

（1）广告总支出不超过 200 000 美元；

（2）至少有 72 万中等收入或高收入的人士能够接触该产品广告所提供的信息；

（3）在期刊上的支出不应超过 70 000 美元；

（4）在电视广告上的开支至少应占总开支的 50%。

Electronica 应该如何分配电视和期刊上的广告预算，才能使接触广告的人最多？

公司人员根据第一模块的思想，建立了线性模型：

变量：设 x_1 为电视广告支出费用，单位为千元；设 x_2 为期刊广告支出费用，单位为千元。

目标函数：$\max z = 40 x_1 + 16 x_2$

约束条件（s. t.）：最大支出量 $x_1 + x_2 \leqslant 200$

接触广告信息的中、高收入人群的最小数量 $3 x_1 + 4 x_2 \geqslant 720$

在期刊上的最大支出 $x_2 \leqslant 70$

电视广告支出占总支出的比重 $x_1 \geqslant 0.5 (x_1 + x_2) \geqslant 0$

$x_1, x_2 \geqslant 0$

经过计算，得到如图 2−1 所示的结果，规划求解找不到有用的解。

	A	B	C	D	E	F	G	
1		电视资金X₁	杂志资金X₂					
2	变量		70					
3	目标函数系数	120						
4								
5	约束条件	系数						
6	最大支出量							
7	接触广告信息的中高收入人群的最							
8	在杂志上的最大支出							
9	电视广告支出占总支出的比重	0.5	0.5	30	≥	0		

规划求解结果

规划求解找不到有用的解。

◉ 保存规划求解结果(K)
◯ 恢复为原值(O)

报告(R)
运算结果报告
敏感性报告
极限值报告

确定　　取消　　保存方案(S)...　　帮助(H)

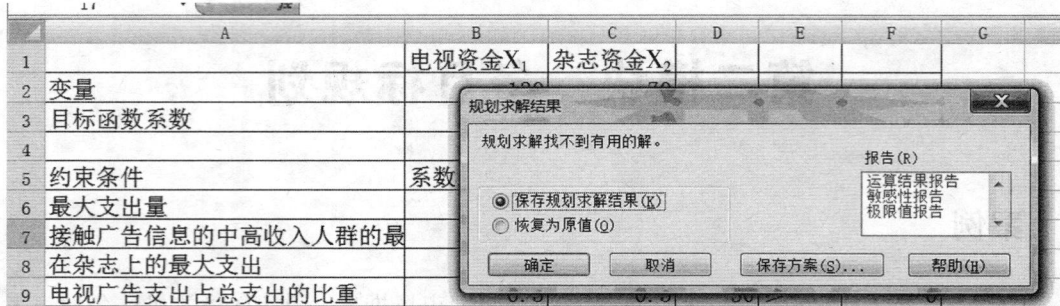

图2-1　广告分配资金求解结果

（案例改编自格雷戈里·P.普拉斯塔克斯的《管理决策：理论与实践》）

实验课前预习

1. 案例中利用的线性规划模型为什么得不到解决方案？
2. 减少某个约束条件可否得到解决方案？
3. 这些约束条件都保留，公司有什么方法能得出最优方案？

实验课上讲解

第一模块研究的优化模型，是假定决策者力求在一些约束条件下优化单一目标。但是现实世界的复杂性，造成许多决策情况仅考虑一个目标是不够的。如一家工厂的生产计划问题除了考虑利润目标外，还要考虑降低成本、充分利用劳动力、减少污染等。通常，决策者考虑到的各个目标，其中有些是相互补充的，另外一些是相互抵触的。

目标规划方法是解决多目标决策问题的有效工具，在目标规划中，决策者的所有目标可按其重要程度的顺序在模型中加以考虑。它的解是对每一个决策变量，根据各个目标与预定目标值的偏差量为最小的方式来赋予数值。如果所有的目标不能同时得到满足，目标规划技术能够按优先级来满足各个目标。此外，目标规划还可以方便地以同一形式来处理目标和约束条件（实际问题中目标和约束条件有时是难以明显区分的），并处理存在相互矛盾的约束条件的规划问题。

在目标规划中有一些约束是不能违背的，称为硬约束。还有一类称为软约束，它可以表达为"约大于"、"约小于"或"约等于"，表示约束尽可能满足，如果满足不了，离目标值的偏差也要尽量小。超过目标值的部分，叫正偏差，用 d^+ 表示；低于目标值的部分，叫负偏差，用 d^- 表示。决策值要么大于目标值，则正偏差存在，负偏差不存在；要么决策值小于目标值，则负偏差存在，正偏差为零，所以正负偏差中至少有一个为零，即

$$d_i^+ \times d_i^- = 0$$

对于一个目标（软约束）：

$g_i(x) = b_i$，则应 $\min(d_i^+ + d_i^-)$，无论正偏差还是负偏差取其中最小的；

$g_i(x) \leq b_i$，则应 $\min d_i^+$，取其最小的正偏差；

$g_i(x) \geq b_i$，则应 $\min d_i^-$，取其最小的负偏差。

多目标规划的变量是目标值的各个偏差和方案解，目标函数是求各项软约束的相对偏差和最小。

多目标规划一般在 Excel 环境中提供了两种方法来建立求解公式：

第一种称为"加权目标规划"，先给各个目标值赋予权重来表示相对重要性，然后找出各个目标偏差的加权之和最小的解。

第二种称为"优先目标规划"，先确定各个目标的重要性的顺序，然后按照这个顺序一次完成一个目标。将达到的目标变成约束条件，再寻找满足第二目标的方案。

实验课上操作

实验讲解 1

某厂生产 A、B 两种产品，生产过程必须经过两个车间，有关数据如表 2 - 2 所示。（加权目标规划）

表 2 - 2　A、B 两种产品使用资源及利润

产品	利润（元）	生产时间（小时）	
		车间 1	车间 2
产品 A	80	2	1
产品 B	100	1.5	2

如果车间 1 和车间 2 每周正常工作时间分别为 50 小时和 40 小时，决策者在车间 1 的生产时间受到严格限制的基础上考虑：首先是产品 B 的产量不超过 10 单位；其次是利润额不低于 1 600 元；再次是充分利用车间 2 的正常生产时间，不加班，试寻找决策方案。

操作：第一步，设变量 x_1 为产品 A 的产量；x_2 为产品 B 的产量。

约束条件（s. t.）：

$$x_2 \leqslant 10 \rightarrow x_2 + d_1^- - d_1^+ = 10 \qquad\qquad 求 \min d_1^+$$

$$80x_1 + 100x_2 \geqslant 1\,600 \rightarrow 80x_1 + 100x_2 + d_2^- - d_2^+ = 1\,600 \qquad 求 \min d_2^-$$

$$x_1 + 2x_2 = 40 \rightarrow x_1 + 2x_2 + d_3^- - d_3^+ = 40 \qquad\qquad 求 \min(d_3^+ + d_3^-)$$

$$2x_1 + 1.5x_2 \leqslant 50$$

$$x_1 + 2x_2 \leqslant 40$$

$$x_1, x_2 \geqslant 0, d_i^+, d_i^- \geqslant 0$$

目标函数：$\min z = \dfrac{d_1^+}{10}w_1 + \dfrac{d_2^-}{1\,600}w_2 + \dfrac{d_3^-}{40}w_3 + \dfrac{d_3^+}{40}w_3$，$w_i$ 代表的是权重，本题设为 1。

第二步，将数据按照图 2 - 2 所示输入 Excel 表格，输入的公式如图 2 - 3 所示。

	A	B	C	D	E	F	G	H
1		产品A	产品B					
2	产量	0	0					
3	利润	80	100					
4								
5								
6	约束条件			负偏差	正偏差	实际值		目标值
7	产品B	0	1	0	0	0	=	10
8	利润	80	100	0	0	0	=	1600
9	工时	1	2	0	0	0	=	40
10	工时	2	1.5			0	≤	50
11								
12				相对负偏差	相对正偏差			
13			产品B	0	0			
14			利润	0	0			
15			工时	0	0			
16								
17	权重			负偏差	正偏差			
18			产品B	0	1			
19			利润	1	0			
20			工时	1	1			
21	目标函数	0						
22								

图 2 - 2　加权目标规划 Excel 模型

	A	B	C	D	E	F	G	H
1		产品A		产品B				
2	产量	0		0				
3	利润	80		100				
4								
5								
6	约束条件			负偏差	正偏差	实际值		目标值
7	产品B	0		1	0	0	=C2+D7-E7	=	10
8	利润	80		100	0	0	=SUMPRODUCT(B8:C8,$B$2:$C$2)+D8-E8	=	1600
9	工时	1		2	0	0	=SUMPRODUCT(B9:C9,$B$2:$C$2)+D9-E9	=	40
10	工时	2		1.5			=SUMPRODUCT(B2:C2,B10:C10)	≤	50
11								
12				相对负偏差	相对正偏差			
13			产品B	=D7/$H$7	=E7/$H$7			
14			利润	=D8/$H$8	=E8/$H$8			
15			工时	=D9/$H$9	=E9/$H$9			
16								
17	权重			负偏差	正偏差			
18			产品B	0	1			
19			利润	1	0			
20			工时	1	1			
21	目标函数	=SUMPRODUCT(D13:E15,D18:E20)						

图 2 - 3　加权目标规划 Excel 模型输入公式

说明：

（1）B2：C2 和 D7：E9 是决策变量。B7：E9 是软约束系数矩阵，B10：C10 是硬约束系数矩阵。

（2）因为各软约束的量纲不同，偏差的量纲也不同，无法相加，故采用相对偏差的概念，即偏差除以目标值，去掉量纲，这样就可以计算目标函数，是各项软约束的相对偏差和最小。D13：E15 区域表示的是相对偏差的计算公式。

（3）D18：E20 区域表示的是权重，即各相对偏差在目标函数值中所占的比例，反映出该偏差对目标值的贡献大小。权重越大的偏差，它的目标约束就越重要。本实验默认为各偏差的重要程度相同，设为 1。

将规划求解参数输入到如图 2 - 4 所示的栏目中，点击"选项"，选择"采用线性模型"和"假定非负"，再点击"确定"，求解得到图 2 - 5 所示的结果。

图 2 - 4　加权目标规划的规划求解参数输入

	A	B	C	D	E	F	G	H
1		产品A	产品B					
2	产量	17.5	10					
3	利润	80	100					
4								
5								
6	约束条件			负偏差	正偏差	实际值		目标值
7	产品B	0	1	0	0	10	=	10
8	利润	80	100	0	800	1600	=	1600
9	工时	1	2	2.5	0	40	=	40
10	工时	2	1.5			50	≤	50
11								
12				相对负偏差	相对正偏差			
13			产品B	0	0			
14			利润	0	0.5			
15			工时	0.0625	0			
16								
17	权重			负偏差	正偏差			
18			产品B	0	1			
19			利润	1	0			
20			工时	1	1			
21	目标函数	0.0625						

图 2 - 5　加权目标规划的规划求解结果

实验讲解 2

某公司生产和销售两种产品，两种产品各生产一个单位分别需要 3 个工时和 7 个工时，需要用电量 4 千瓦和 5 千瓦，需要原材料 9 千克和 4 千克。公司可提供的工时为 300，可提供的用电量为 250 千瓦，可提供的原材料为 420 千克。两种产品的单位利润分别为 25 元和 30 元。假设两种产品各生产 1 个单位，试在 Excel 中建立产品组合线性规划模型，求解两种产品的最优生产量，使总利润最大、总工时最少。（优先级目标规划）

操作：第一步，创建模型，如图 2 - 6 所示。初始产量设为 10。

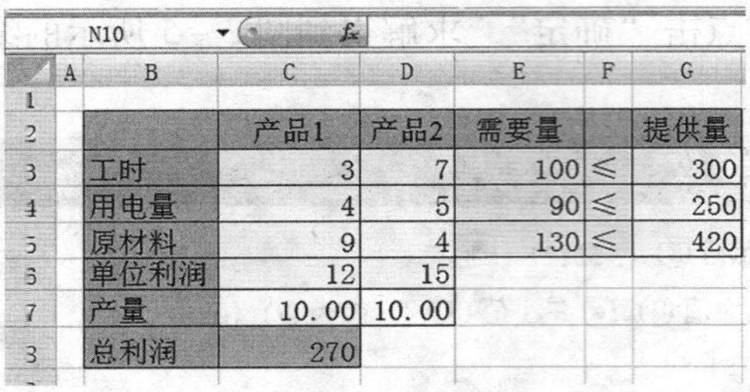

	A	B	C	D	E	F	G
1							
2			产品1	产品2	需要量		提供量
3		工时	3	7	100	≤	300
4		用电量	4	5	90	≤	250
5		原材料	9	4	130	≤	420
6		单位利润	12	15			
7		产量	10.00	10.00			
8		总利润	270				

图 2 - 6 优先级目标规划 Excel 模型

其中在 E3 单元格内输入公式"= SUMPRODUCT(C3：D3 ∗ $ C $ 7：$ D $ 7)"，回车，并下拉到 E5 单元格。在 C8 单元格中输入公式"= SUMPRODUCT(C7：D7 ∗ C6：D6)"。

第二步，求解最大总利润。规划求解参数设置如图 2 - 7 所示，求解结果如图 2 - 8 所示。

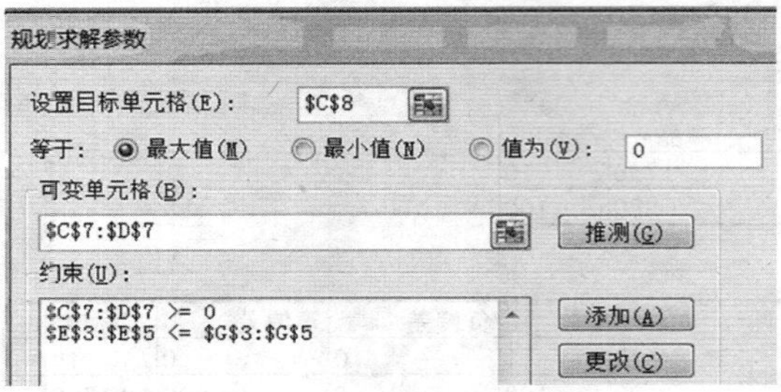

图 2 - 7 目标参数设定

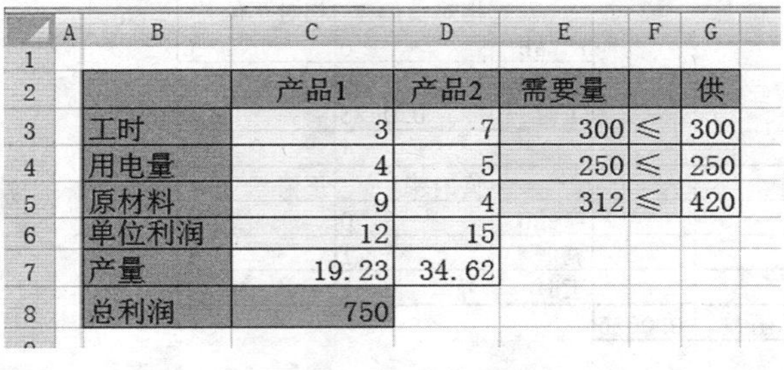

	A	B	C	D	E	F	G
1							
2			产品1	产品2	需要量		供
3		工时	3	7	300	≤	300
4		用电量	4	5	250	≤	250
5		原材料	9	4	312	≤	420
6		单位利润	12	15			
7		产量	19.23	34.62			
8		总利润	750				

图 2 - 8 第一目标结果

第三步，在保持总利润最大（ = 750）的同时，求解最少的总工时，即再增加一个约束条件，目标单元格是表示工时的 E3 单元格。规划求解的参数设置如图 2 - 9 所示，点击"选项"，选择"采用线性模型"和"假定非负"，再点击"确定"。结果如图 2 - 10 所示。

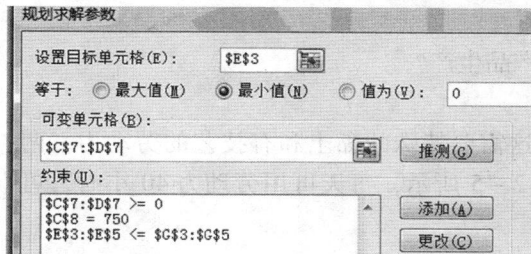

图2-9 添加第二目标参数

图2-10 第二目标结果

实验课结果分析

对于企业管理层来说，加权目标规划要事先确定目标约束偏差的权重，这增加了使用该方法的难度。权重的确定带有主观性，它会影响最优解的值。

相对来说，评估目标的重要性顺序显得较为容易。根据目标重要性顺序每次集中考虑一个目标，这一过程直观且容易理解。

实验课练习

上机操作2.1

德怀特公司有三种新产品将要投入生产，分别以产品1、2、3表示，产品利润及所需资源如表2-3所示。

表2-3 新产品的利润及所需资源

因素	产品的单位贡献		
	产品1	产品2	产品3
总利润（万美元）	1 200	900	1 500
员工水平（人）	500	300	400
投资资金（万美元）	500	700	800

现公司要求：

（1）新产品产生的总利润（净现值）不少于1.25亿美元；

（2）保持现有4 000人的员工水平；

（3）将投资资金限制在5 500万美元以内。

后来，公司高层意识到要同时实现三个目标不太现实，于是讨论得出了如表2-4所示的偏离目标严重性的罚数权重。

表2-4 德怀特公司目标偏离相对严重性的罚数权重

目标	因素	偏离目标的罚数权重
1	总利润	5（每低于目标值100万美元）
2	员工水平	4（每低于目标值100名员工）
		2（每超过目标值100名员工）
3	投资资金	3（每超过目标值100万美元）

在这种情况下，德怀特公司应该怎样安排产品生产？

上机操作 2.2

海狸小溪陶瓷公司生产陶制的碗和杯子，这需要特殊的黏土和有技艺的劳动力。两种产品生产所需的资源和单位产品的利润如表 2 - 5 所示，每天可用劳动力 40 小时，可用黏土 120 磅。

表 2 - 5　碗和杯子的资源需求

产品	资源需求		
	劳动力（小时/单位）	黏土（磅/单位）	利润（美元/单位）
碗	1	4	40
杯子	2	3	50

公司目标是在有限条件下达到最高的利润，具体约束条件如下：

（1）避免员工失业，公司不希望每天的劳动量少于 40 小时；

（2）公司希望达到的利润是每天 1 600 美元；

（3）为了避免风干，黏土必须储存在一个特殊的地方，公司希望每天的存货量不多于 120 磅；

（4）因为加班产生了高额的加班费，公司想限定加班时间最多不超过 10 小时；

（5）公司只有有限的库存空间，每天生产不能多于 30 个碗和 20 个杯子。

试寻找最佳决策方案。

上机操作 2.3

Suncoast 是一家办公用品公司，公司管理层针对不同类型的客户制定了相应的月目标和配额。Suncoast 为销售员因出差、等候以及演示和直接销售的时间提供津贴，并给每一次接洽老客户分配了 2 小时的销售时间。接洽新客户则需要更长的时间，每次需要 3 小时。通常，每个销售员每周工作 40 小时，或者在计划的 4 周内工作 160 小时；按照正常的工作安排，4 名销售员将有 4 × 160 = 640 小时的销售时间可用于接洽客户。

如有必要，管理层愿意使用一些加班时间，同时，如果所用的时间少于规定的 640 小时，他们也乐意接受。但是，不管加班时间还是不被利用的时间，管理层希望在 4 周内的时间里把它们都控制在 40 小时之内。这样，如果加班的话，管理层的目标是销售时间不超过 640 + 40 = 680 小时；如果劳动力有富余，那么管理层希望销售时间不少于 640 - 40 = 600 小时。

除了客户接触这个目标外，管理层还制定了销售额目标。基于以往的经验，估计每次与老客户的接触会带来 250 美元的销售额，而一次与新客户的接触则会带来 125 美元的销售额。管理层希望下个月的销售额至少达到 70 000 美元。

鉴于 Suncoast 的销售小组规模很小且销售时间很短，管理层决定公司目标如下：

（1）销售时间不得超过 680 小时；

（2）销售时间不得少于 600 小时；

（3）销售额不少于 70 000 美元；

（4）接洽的老客户不少于 200 位；

（5）接洽的新客户不少于 120 位。

试寻找最佳决策方案。

实验课总结

多目标决策方法是 20 世纪 70 年代中期发展起来的一种决策方法。在社会经济系统的研究控制过程中所面临的系统决策问题常常是多目标的。例如，在研究生产过程的组织决策中，既要让生产系统的产量最大，又要使产品质量高、生产成本低。这些目标之间相互影响，甚至还相互矛盾，从而使决策过程相当复杂。

实验课练习答案

上机操作 2.1

建立 Excel 模型并规划求解，如图 2-11 所示。

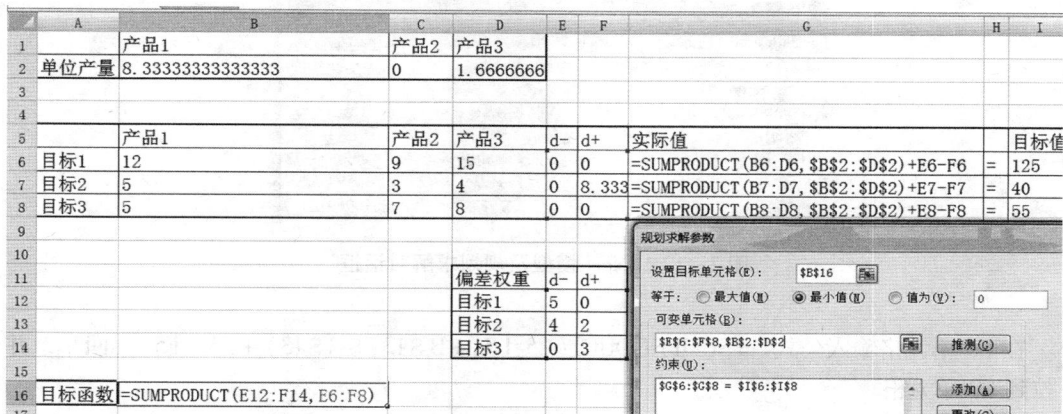

图 2-11 加权目标规划 Excel 建模及规划求解参数输入

上机操作 2.2

第一步，建立数学模型，设变量 x_1 为碗的产量，x_2 为杯子的产量。

目标函数：$\min z = p_1 d_1^- + p_2 d_2^- + p_3 d_3^+ + p_4 d_4^+ + 4p_5 d_5^- + 5p_5 d_6^-$

约束条件（s.t.）：

$$x_1 + 2x_2 + d_1^- - d_1^+ = 40$$
$$40x_1 + 50x_2 + d_2^- - d_2^+ = 1\ 600$$
$$4x_1 + 3x_2 + d_3^- - d_3^+ = 120$$
$$d_1^+ + d_4^- - d_4^+ = 10$$
$$x_1 + d_5^- = 30$$
$$x_2 + d_6^- = 20$$
$$x_1, x_2, d_1^-, d_1^+, d_2^-, d_2^+, d_3^-, d_3^+, d_4^-, d_4^+, d_5^-, d_6^- \geq 0$$

解释：目标约束中删除了 d_5^+，d_6^+，是因为第五个目标定义为生产量"不多于 30 个碗和 20 个杯子"，以及正的变量或者生产过量是不可能的。因为杯子的利润较高，对公司来说，达到杯子的生产目标更重要，其重要程度应该和所产生的利润保持一致的比例。

因此比例 5：4 就反映了杯子的目标比碗更重要。$p_5 d_5^-$，$p_5 d_6^-$ 的有效系数是 4 和 5，可以认为是权重。对这两个目标进行求和是因为它们处在相同的优先级别，但最小化 d_6^- 的目标更重要。

第二步，建立 Excel 模型，如图 2-12 所示。

图 2-12　Excel 模型及规划求解对话框

在 G5 单元格输入公式"=SUMPRODUCT(C5:D5,$B$13:$C$13)+E5-F5"，回车，并下拉到 G7 单元格。

在 G8 单元格输入"=F5+E8-F8"；

在 G9 单元格输入"=C9*B13+E9"；

在 G10 单元格输入"=D10*C13+E10"。

规划求解，在规划求解参数对话框中，输入参数，如图 2-12 所示。求解得到如图 2-13 所示的结果。

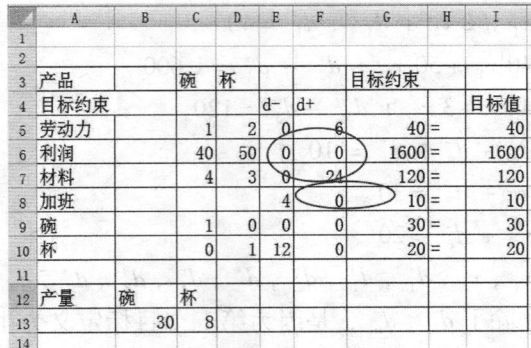

图 2-13　求解结果

第三步，从图 2-13 可以看出，结果实现了前两个优先级目标 d_1^- 和 d_2^- 的最小化，第三优先级 d_3^+ 没有实现最小化，是 24。因此，将"E5=0"和"E6=0"添加为约束条件，最小化 F7，如图 2-14 所示。

	A	B	C	D	E	F	G	H	I
3	产品		碗	杯			目标约束		
4	目标约束				d-	d+			目标值
5	劳动力		1	2	0	15	40	=	40
6	利润		40	50	0	0	1600	=	1600
7	材料		4	3	0	0	120	=	120
8	加班				0	5	10		10
9	碗		1	0	15		30		30
10	杯		0	1	0		20		20
12	产量	碗	杯						
13		15	20						

规划求解参数

设置目标单元格(E): $F$7　　　　求解(S)

等于: 最大值(M)　●最小值(N)　值为(V): 0　　关闭

可变单元格(B):
$E$5:$F$10,$E$13:$C$13　　推测(G)　选项(O)

约束(U):
$E$5:$E$6 = 0　　添加(A)
$G$5:$G$10 = $I$5:$I$10　　更改(C)　全部重设(R)
删除(D)　帮助(H)

图 2-14　增加约束条件后的规划求解参数输入及结果

第四步，从图 2-14 可以看出，结果实现了前三个优先级，d_1^-、d_2^- 和 d_3^+ 的最小化。第四个优先级 d_1^+ 没有最小化，因此可以将"F7=0"重新定义为约束条件，求解 F5 单元格，如图 2-15 所示。

	A	B	C	D	E	F	G	H	I
3	产品		碗	杯			目标约束		
4	目标约束				d-	d+			目标值
5	劳动力		1	2	0	15	40	=	40
6	利润		40	50	0	0	1600	=	1600
7	材料		4	3	0	0	120	=	120
8	加班				0	5	10		10
9	碗		1	0	15		30		30
10	杯		0	1	0		20		20
12	产量	碗	杯						
13		15	20						

规划求解参数

设置目标单元格(E): $E$5　　　　求解(S)

等于: 最大值(M)　●最小值(N)　值为(V): 0　　关闭

可变单元格(B):
$E$5:$F$10,$E$13:$C$13　　推测(G)　选项(O)

约束(U):
$E$5:$E$6 = 0　　添加(A)
$F$7 = 0　　更改(C)　全部重设(R)
$G$5:$G$10 = $I$5:$I$10　　删除(D)　帮助(H)

图 2-15　增加第三优先级为约束条件的规划求解参数及结果

从图 2-15 可以看出，并没有得到更好的求解结果，除非以牺牲更高优先级目标为代价。因此，这就是最好的结果了。

上机操作 2.3

第一步，如图 2-16 所示建立 Excel 模型。

	A	B	C	D	E	F	G	H
1		接洽的老客户数	接洽的新客户数					
2	客户数	0	0					
3								
4				d-	d+	实际值		目标值
5	目标约束1	2	3	0	0	=SUMPRODUCT(B5:C5, $B$2:$C$2)+D5-E5	=	680
6	目标约束2	2	3	0	0	=SUMPRODUCT(B6:C6, $B$2:$C$2)+D6-E6	=	600
7	目标约束3	250	125	0	0	=SUMPRODUCT(B7:C7, $B$2:$C$2)+D7-E7	=	70000
8	目标约束4	1	0	0	0	=SUMPRODUCT(B8:C8, $B$2:$C$2)+D8-E8	=	200
9	目标约束5	0	1	0	0	=SUMPRODUCT(B9:C9, $B$2:$C$2)+D9-E9	=	120
10								
11				相对d-	相对d+			
12			目标1	=D5/$H$5	=E5/$H$5			
13			目标2	=D6/$H$6	=E6/$H$6			
14			目标3	=D7/$H$7	=E7/$H$7			
15			目标4	=D8/$H$8	=E8/$H$8			
16			目标5	=D9/$H$9	=E9/$H$9			
17								
18			权重	d-	d+			
19			目标1	0	1			
20			目标2	1	0			
21			目标3	1	0			
22			目标4	1	0			
23			目标5	1	0			
24								
25	目标函数	=SUMPRODUCT(D19:E23, D12:E16)						

图 2-16 加权目标规划 Excel 模型及公式显示

第二步，如图 2-17 所示设置规划求解参数。

规划求解参数

设置目标单元格(E)：$B$25

等于：○ 最大值(M)　● 最小值(N)　○ 值为(V)：0

可变单元格(B)：
$B$2:$C$2, $D$5:$E$9

约束(U)：
$F$5:$F$9 = $H$5:$H$9

求解(S)　关闭　推测(G)　选项(O)　添加(A)　更改(C)　删除(D)　全部重设(R)　帮助(H)

图 2-17 规划求解参数输入

第三步，点击"选项"，选中"假定非负"和"采用线性模型"，求解。求解结果如图 2 - 18 所示。

	A	B	C	D	E	F	G	H
1		接洽的老客户数	接洽的新客户数					
2	客户数	220	120					
3								
4				d-	d+	实际值		目标值
5	目标约束1	2	3	0	120	680	=	680
6	目标约束2	2	3	0	200	600	=	600
7	目标约束3	250	125	0	0	70000	=	70000
8	目标约束4	1	0	0	20	200	=	200
9	目标约束5	0	1	0	0	120	=	120
10								
11				相对d-	相对d+			
12			目标1	0	0.1765			
13			目标2	0	0.3333			
14			目标3	0	0			
15			目标4	0	0.1			
16			目标5	0	0			
17								
18			权重	d-	d+			
19			目标1	0	1			
20			目标2	1	0			
21			目标3	1	0			
22			目标4	1	0			
23			目标5	1	0			
24								
25	目标函数	0.176470588						

图 2 - 18　求解结果

第三模块　图论与网络分析

案例

救护车行程安排

宾厄姆顿市有两家主要医院：西部医疗和宾厄姆顿大众。西部医疗座落于城市的西南部，而宾厄姆顿大众位于城市的东北部。

鲍勃·仲斯，西部医疗的主管，一直在和宾厄姆顿大众的主管玛格丽·约翰逊讨论救护车的时间和行程安排问题。两个主管都感到某些方面需要改进，以便更好地协调两个医院的救护服务，使他们能提供尽可能快速的紧急服务。

通过一个中心集散系统处理所有救护服务的建议正在被考虑。此集散系统会自动地把呼叫转到能够提供最快服务的医院。在研究此建议的过程中，一个由两个医院员工组成的工作组认为最好的办法是把城市分为 20 个服务区。在提到的结构中，西部医疗位于1 区而宾厄姆顿大众则位于 20 区。此 20 区的布置图以及相关区域如图 3 - 1 所示。

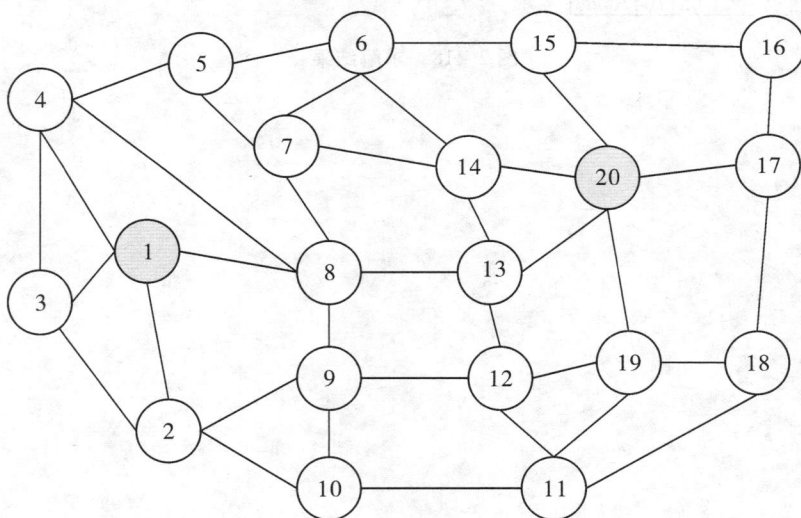

图 3 - 1　20 区的布置图以及相关区域

根据所提出的操作程序，新的紧急呼叫将会以区号划分，也就是说最靠近该区的医院会派出救护车来完成服务。然而，如果最近医院的所有救护车都在使用之中，此服务将由另一个医院完成。无论哪一个医院负责服务，要求紧急服务的个人都将会被送到最近的医院。

为了使协调性服务更加高效，救护车司机必须预先知道到达每一个区的最短路线，需要知道救护者应被带到哪个医院以及最快到达该医院的路线。

实验课前预习

1. 医院想提高服务效果应当做到什么？
2. 需要知道哪些信息才能规划好路线？
3. 有什么方法可以帮助两家医院提高服务效率、提升效果？
4. 医院的问题是网络问题中的哪一种类型？
5. 各种网络问题的差别在什么方面？
6. 图 3 – 1 是什么图，怎么画？

实验课上讲解

图论见诸文献的开端性研究之一是瑞士数学家欧拉关于哥尼斯堡城的七桥问题的研究。在 18 世纪普鲁士有一条普雷格尔河穿过哥尼斯堡城，河中有两个河心岛，有七座桥将小岛与河岸连接起来，如图 3 – 2 所示。市民们猜测能否从河岸或岛屿的任何一陆地出发，经过每座桥一次且仅一次最后回到出发点。人们试图找出答案究竟是可以还是不可以，这就是七桥问题。

1794 年欧拉经过对七桥问题的研究，发表了第一篇有关图论的论文，他将四块陆地用平面的四个点来表示，两块陆地间有一座桥相连，就在两个相应的点间连一条边，获得如图 3 – 3 所示的图示。这样七桥问题转化为一个图论问题：在图 3 – 3 中从任一顶点出发，经过每条边恰好一次回到出发点，是否可能。经研究是不可能的。

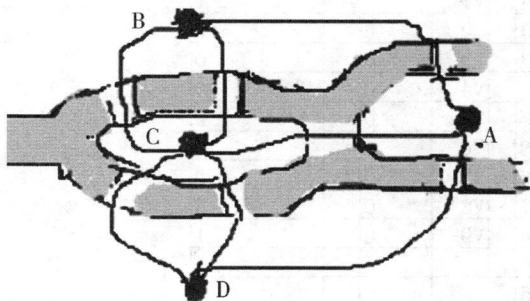

图 3 – 2　七桥位置示意图　　　　图 3 – 3　七桥问题示意图

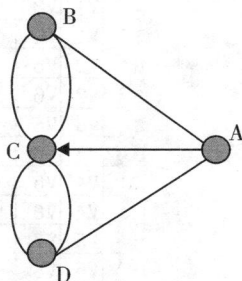

网络中只有出弧而没有入弧，称为发点（供给点）；仅有入弧而无出弧，称为收点（需求点）。网络中每一个节点的净流量是该点的流出量减去流入量。发点的流出量等于收点的流入量，任意顶点的流入量等于该点的流出量，此规则称为流量守恒方程。

从本质上讲网络优化问题是线性规划的特殊类型。网络模型的决策变量是有多少流量通过每条弧线，即每一条弧线代表了一个决策变量。确定每一条弧线上的最优流量与确定相应决策变量的最优值是等价的。一般是用一组连续的整数节点数字区分网络流问题的节点，这样可以准确地表达建立线性规划模型所需要的决策变量。例如 x_{45} 表示节点 4 到节点 5 的流量为 x。目标函数仍是最大值或最小值问题，约束条件即关于网络图中各节点的流量要求，它必须满足流量守恒方程。

实验课上操作

实验讲解

A 城的某公司要向 B 城运送一批货物，两城之间有公路相连，如图 3-4 所示，其中有若干个中转站，各点连线的数字表示相邻站点间的距离，请找出连接 A、B 两点的最短路径（最短路问题）。

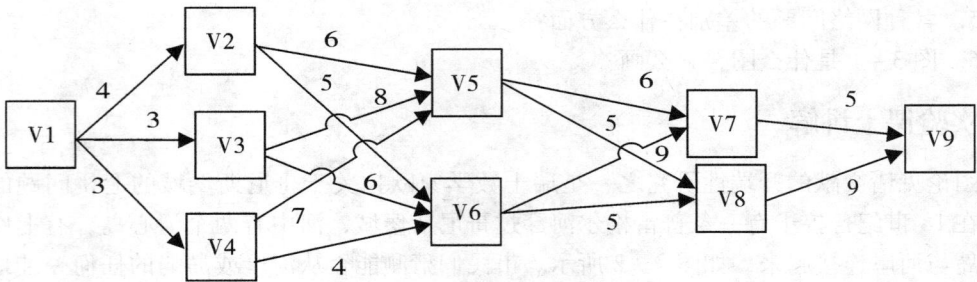

图 3-4　A、B 两城之间的道路网络

操作：第一步，将数据按图 3-5 所示输入 Excel 表格。

	从	到	是否走	距离		节点	净流量		供应/需求
	V1	V2	0	4		V1	0	=	1
	V1	V3	0	3		V2	0	=	0
	V1	V4	0	3		V3	0	=	0
	V2	V5	0	6		V4	0	=	0
	V2	V6	0	5		V5	0	=	0
	V3	V5	0	8		V6	0	=	0
	V3	V6	0	6		V7	0	=	0
	V4	V5	0	7		V8	0	=	0
	V4	V6	0	4		V9	0	=	-1
	V5	V7	0	6					
	V5	V8	0	5					
	V6	V7	0	9					
	V6	V8	0	5					
	V7	V9	0	5					
	V8	V9	0	9					
			总距离	0					

图 3-5　最短路问题 Excel 模型

说明：

（1）B3：C17 区域表达网络图中所构成的边。D3：D17 为决策变量单元格，解为 0 或 1。0 表示没有选中这条边，1 表示选中这条边。

（2）G3：J11 区域为约束条件表达区域，V1～V9 是网络图中的节点。设发点的流出流量为1，根据流量守恒定律，中间节点的净流量为0，发点的净流量为1，收点的净流量为-1。

V1节点的净流量=流出流量-流入流量=1-0=1

V9节点的净流量=流出流量-流入流量=0-1=-1

（3）在H3单元格输入公式“=SUMIF($B$3:$B$17,G3,$D$3:$D$17)-SUMIF($C$3:$C$17,G3,$D$3:$D$17)”，并下拉到H11单元格。

公式解释：H3单元格“=SUMIF(从,节点,流量)-SUMIF(到,节点,流量)”。第一个SUMIF函数将区域B3：B17中的数值与G3中的数值进行比较，如果匹配，则对D3：D17相应的数值求和。第二个SUMIF函数将区域C3：C17中的数值与G3中的数值进行比较，如果匹配，则对D3：D17相应的数值求和。通过这个公式很容易计算出问题中每个节点的总流量减去总流出量的值。这些约束单元格的右侧值在J3：J11区域给出。

（4）E18为目标函数单元格，输入公式“=SUMPRODUCT(D3:D17,E3:E17)”。

第二步，利用规划求解工具，设置规划求解参数。

如图3-6所示，输入必要的数据。再点击“选项”，选择“采用线性模型”和“假定非负”，求解。结果如图3-7所示。

图3-6 规划求解输入参数

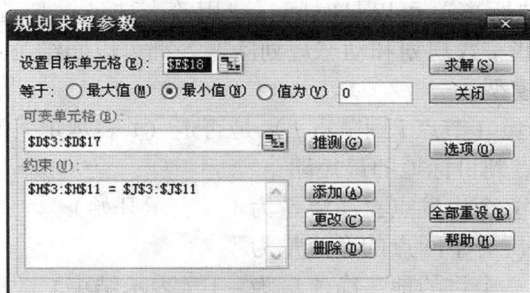

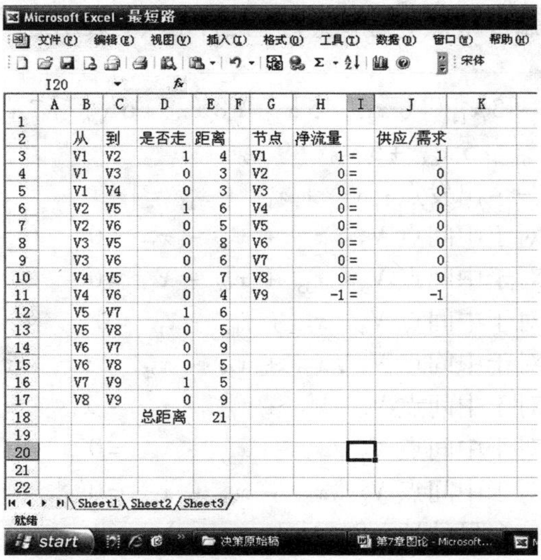

	A	B	C	D	E	F	G	H	I	J	K
1											
2		从	到	是否走	距离		节点	净流量		供应/需求	
3		V1	V2	1	4		V1	1	=	1	
4		V1	V3	0	3		V2	0	=	0	
5		V1	V4	0	3		V3	0	=	0	
6		V2	V5	1	6		V4	0	=	0	
7		V2	V6	0	5		V5	0	=	0	
8		V3	V5	0	8		V6	0	=	0	
9		V3	V6	0	6		V7	0	=	0	
10		V4	V5	0	7		V8	0	=	0	
11		V4	V6	0	4		V9	-1	=	-1	
12		V5	V7	1	6						
13		V5	V8	0	5						
14		V6	V7	0	9						
15		V6	V8	0	5						
16		V7	V9	1	5						
17		V8	V9	0	9						
18				总距离	21						
19											
20											
21											
22											

图3-7 最短路问题结果

最短路径为 21 个单位，最短路径是 V1 →V2 →V5 →V7 →V9。

实验课结果分析

网络中数字弧线的数量决定网络流线性规划模型中决策变量的数量，节点的数量决定了约束条件的数量，一个节点即一个约束。

依照流量守恒方程构建的约束规则如表 3 – 1 所示：

表 3 – 1　流量守恒方程构建的约束规则

最小成本网络流	流量守恒方程应用于每个节点
总供给 > 总需求	流入量 – 流出量 ≥ 供给或需求
总供给 < 总需求	流入量 – 流出量 ≤ 供给或需求
总供给 = 总需求	流入量 – 流出量 = 供给或需求

在本书中我们只讨论最后一种情况，即总供给 = 总需求。

在实际的网络中，"距离"可以是时间、费用等，选址、管道铺设的线路选择、设备更新、投资，以及某些整数规划和动态规划问题等都可以归结为最短路问题。

最短路问题的数学模型

决策变量：设 x_{ij} 为弧（节点 i 到节点 j）是否走（1 表示走，0 表示不走）

目标函数：从出发点到目标地的最短路

约束条件（s. t.）：一个出发点：净流量为 1（表示开始）

所有中间点的净流量为零

一个目的地：净流量为 –1（表示结束）

x_{ij} 非负

解：建立模型

决策变量：设 x_{ij} 为弧（节点 i 到节点 j）是否走（1 表示走，0 表示不走）

目标函数：

$$\min z = 4x_{12} + 3x_{13} + 3x_{14} + 6x_{25} + 5x_{26} + 8x_{35} + 6x_{36} + 7x_{45} + 4x_{46} + 6x_{57}$$
$$+ 5x_{58} + 9x_{67} + 5x_{68} + 5x_{79} + 9x_{89}$$

约束条件（s. t.）：一个出发点：$x_{12} + x_{13} + x_{14} = 1$

对于中间点 V_2，$x_{25} + x_{26} - x_{12} = 0$

对于中间点 V_3，$x_{35} + x_{36} - x_{13} = 0$

对于中间点 V_4，$x_{45} + x_{46} - x_{14} = 0$

对于中间点 V_5，$x_{57} + x_{58} - x_{25} - x_{35} - x_{45} = 0$

对于中间点 V_6，$x_{67} + x_{68} - x_{26} - x_{36} - x_{46} = 0$

对于中间点 V_7，$x_{79} - x_{57} - x_{67} = 0$

对于中间点 V_8，$x_{89} - x_{58} - x_{68} = 0$

一个目的地：$0 - (x_{79} + x_{89}) = -1$

$x_{ij} \geqslant 0$

实验课练习

上机操作 3.1

我国某石油公司经营一个油田和一家炼油厂。将从油田抽出的原油用水泵抽入管道并经若干子泵站网络到达距油田 500 千米外的炼油厂，如图 3−8 所示。由于不同的管道直径不同，图中弧旁给出的数字表示可以流过不同管道的最大石油数量（单位为每小时千桶）。公司想确定每小时从油田输送到炼油厂的最大桶数（最大流问题）。

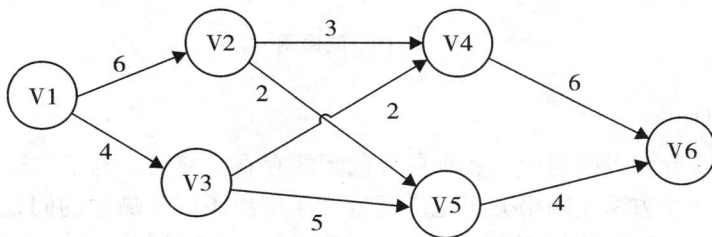

图 3−8　油田到炼油厂的道路图

上机操作 3.2

某公司有两个工厂生产产品，这些产品需要运送到两个仓库中，其配送网络图如图 3−9 所示。公司要确定一个运输方案，使配送网络的运输成本最小（最小费用问题）。

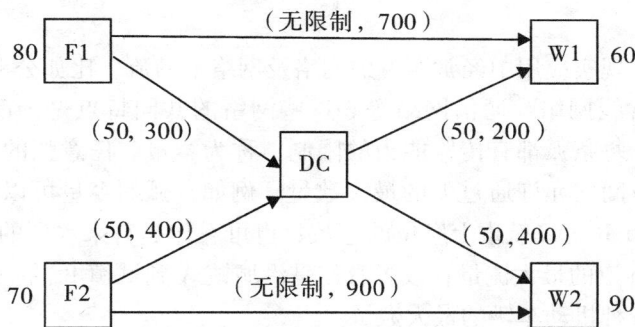

图 3−9　产品流图

在图 3−9 中，F1 和 F2 代表两个工厂，为供应点；W1 和 W2 代表两个仓库，为需求点；DC 代表配送中心，为转运点。工厂 1 生产 80 个单位，工厂 2 生产 70 个单位。仓库 1 需要 60 个单位，仓库 2 需要 90 个单位。F1 到 DC、F2 到 DC、DC 到 W1、DC 到 W2 的最大运输量均为 50 单位。单位运输成本 F1 到 DC 为 300、F2 到 DC 为 400、DC 到 W1 为 200、DC 到 W2 为 400、F1 到 W1 为 700、F2 到 W2 为 900。弧旁边括号内的数值意义为（容量，单位运输成本）。

上机操作 3.3

求如图 3−10 所示的网络的最小费用最大流。弧上数字表示的是（单位成本，容量）。

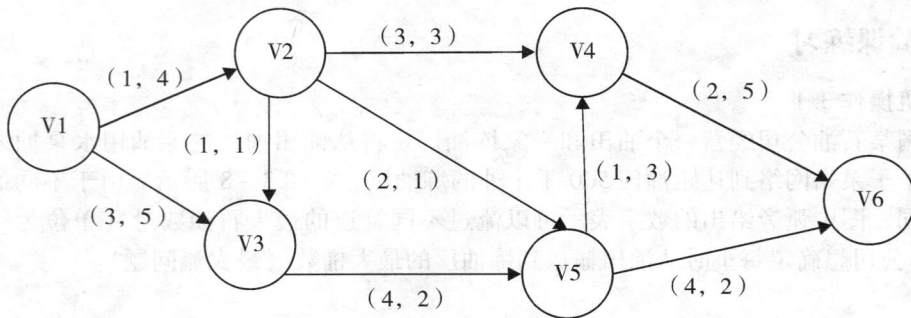

图 3 – 10 流通图

实验课总结

网络在各种实际背景问题中以各种各样的形式存在。交通、电子和通信网络遍及人们日常生活中的各个方面，网络分析也广泛应用于解决不同领域中的问题，如生产、分配、厂址选择等。在网络流问题中，从节点 i 到节点 j 的流的每个单位会产生一些成本，用 c_{ij} 表示。这个成本可能表现为货币、距离或其他形式。大多数网络流问题的目标函数是使解决问题必然产生的总成本、总距离或其他总代价最小，如最短路问题、最小费用问题，这样的问题称为最小成本网络流问题。也有求解网络流能够通过的流量最大的目标函数，如最大流问题。

网络分析有四种类型：最小支撑树问题、最短路问题、最小费用流问题和最大流问题。

最大流问题：现实应用中经常要考虑网络及网络上的流。比如公路货运或客运网络、输电网络、油气管线网络、通信网络等。这些网络的共同特点是：都是有发点、收点、中转点的有向图，每条弧都有传输能力的限制，称为容量。任意弧的容量都可以看作是某种物质在单位时间内允许通过弧的最大数量。例如，弧的容量可以看作是某个航空公司从城市 A 到城市 B 直飞航班上座位的总数；也可看作是自来水厂的输水网络中，从 A 点到 B 点的一条管道的最大流量；或者看作是沿城镇 A 到城镇 B 的一条公路，在单位时间内允许通过的各种机动车辆的最大数量。

最大流问题是要求在不超过弧的容量限制和满足流量守恒方程的前提下，求出网络中两个指定顶点间的最大流。

最大流问题的假设：

（1）网络中所有流起源于发点，所有流终止于收点；

（2）其余的节点叫作转运点；

（3）通过每一条弧的流只允许沿着弧的箭头方向流动。

最大流问题的数学模型

决策变量：设 x_{ij} 为通过弧（节点 i 到节点 j）的流量

目标函数：使通过网络的总流量最大，即从发点流出的总流量最大

约束条件（s. t.）：所有转运点的净流量为零

所有弧的流量 x_{ij} 受到弧的容量限制

所有弧的流量 x_{ij} 非负

这类问题与最短路问题相似，建立 Excel 模型的约束条件会略有差异。发点和收点没有具体的约束值，但可以肯定它们互为相反数，它们之和仍为零，符合流量守恒定律，但数值是多少，正是要解决问题的答案，所以对于最大流问题来说，约束条件中不包含对这两个点的约束。

最小费用流问题：对于一个网络，如果其每条弧都带有费用，则称之为费用网络。在这样的网络中，求流量为给定流量且费用最小的可行流，就是最小费用流问题。

最小费用流问题的假设：

（1）至少有一个供应点；

（2）至少有一个需求点；

（3）剩下的都是转运点。

网络中有足够的弧提供足够的容量，使得所有供应点产生的流都能够到达需求点。

在流的单位成本已知的前提下，通过每一条弧的流的成本和流量成正比。

在以上的假设下，当且仅当所提供的流量总和等于需求点所需要的流量总和时（即平衡条件），最小费用流问题有可行解。

最小费用流问题的数学模型

决策变量：设 x_{ij} 为通过弧（节点 i 到节点 j）的流量

目标函数：使通过网络供应的总成本最小

约束条件（s. t.）：所有供应点的净流量（总流出减总流入）为正

所有转运点的净流量为零

所有需求点的净流量为负

所有弧的流量 x_{ij} 受到弧的容量限制

所有弧的流量 x_{ij} 非负

最小费用最大流问题：给定一个带收点和发点的网络，对每一条弧，除了给出容量外，还给出了这条弧的单位流量的费用，要求寻找一个最大流，并使得总的运输费用最小。

实验课练习答案

上机操作 3. 1

决策变量：设 x_{ij} 为通过弧（节点 i 到节点 j）的流量

目标函数：使通过网络的总流量最大，即从发点 V1 流出的总流量最大

$\max z = x_{12} + x_{13}$

约束条件（s. t.）：对于转运点 V2，$(x_{24} + x_{25}) - x_{12} = 0$

对于转运点 V3，$(x_{34} + x_{35}) - x_{13} = 0$

对于转运点 V4，$x_{46} - (x_{24} + x_{34}) = 0$

对于转运点 V5，$x_{56} - (x_{25} + x_{35}) = 0$

弧的容量限制 $x_{ij} \leqslant c_{ij}$（c_{ij} 表示节点 i 到节点 j 的容量限制）

$x_{ij} \geqslant 0$

第一步，按照图 3 - 11 所示将数据输入 Excel 表格。

	从	到	流量		容量		节点	净流量		供应/需求
1										
2	从	到	流量		容量		节点	净流量		供应/需求
3	V1	V2	0	≤	6		V1	=SUMIF($A$3:$A$10, G3, $C$3:$C$10)-SUMIF($B$3:$B$10, G3, $C$3:$C$10)		
4	V1	V3	0	≤	4		V2	=SUMIF($A$3:$A$10, G4, $C$3:$C$10)-SUMIF($B$3:$B$10, G4, $C$3:$C$10)	=	0
5	V2	V4	0	≤	3		V3	=SUMIF($A$3:$A$10, G5, $C$3:$C$10)-SUMIF($B$3:$B$10, G5, $C$3:$C$10)	=	0
6	V2	V5	0	≤	2		V4	=SUMIF($A$3:$A$10, G6, $C$3:$C$10)-SUMIF($B$3:$B$10, G6, $C$3:$C$10)	=	0
7	V3	V5	0	≤	5		V5	=SUMIF($A$3:$A$10, G7, $C$3:$C$10)-SUMIF($B$3:$B$10, G7, $C$3:$C$10)	=	0
8	V3	V4	0	≤	5		V6	=SUMIF($A$3:$A$10, G8, $C$3:$C$10)-SUMIF($B$3:$B$10, G8, $C$3:$C$10)		
9	V4	V6	0	≤	6					
0	V5	V6	0	≤	4					
1										
2	最大流	=H3								

图 3 -11　最大流问题 Excel 模型

说明：

（1）变量初始值设定为 0；

（2）在 H3 单元格内输入公式"= SUMIF($A$3:$A$10,G3,$C$3:$C$10) - SUMIF($B$3:$B$10,G3,$C$3:$C$10)"，并下拉到 H8。在 B12 单元格内选择 H3 单元格。

（3）根据流量守恒定律，收点和发点的流量相等但数学符号相反，数值正是目标函数所要求解的。所以在约束条件中，收点和发点没有约束值。

第二步，利用规划求解工具，设置规划求解参数。

如图 3 -12 所示输入必要的数据。再点击"选项"，选择"假定非负"，求解，结果如图 3 -13 所示。

图 3 -12　最大流参数输入

图 3 -13　最大流问题求解结果

最优解如下：x_{12} 流量为 5；x_{13} 流量为 4；x_{24} 流量为 3；x_{25} 流量为 2；x_{34} 流量为 2；x_{46} 流量为 5；x_{56} 流量为 4。最大流量为 9。

上机操作 3.2

决策变量：设 x_{ij} 为通过弧（节点 i 到节点 j）的流量

目标函数：运输成本最小

$\min z = 700 x_{F1\to W1} + 300 x_{F1\to DC} + 200 x_{DC\to W1} + 400 x_{F2\to DC} + 900 x_{F2\to W2} + 400 x_{DC\to W2}$

约束条件（s. t.）：$x_{F1\to W1} + x_{F1\to DC} = 80$

$x_{F2\to DC} + x_{F2\to W2} = 70$

$x_{DC\to W1} + x_{DC\to W2} - (x_{F1\to DC} + x_{F2\to DC}) = 0$

$$0 - (x_{F1 \to W_1} + x_{DC \to W_1}) = -60$$

$$0 - (x_{DC \to W_2} + x_{F2 \to W_2}) = -90$$

$$x_{F1 \to DC} , x_{F2 \to DC} , x_{DC \to W_1} , x_{DC \to W_2} \leqslant 50$$

$$x_{F1 \to W_1} , x_{F1 \to DC} , x_{DC \to W_1} , x_{F2 \to DC} , x_{F2 \to W_2} , x_{DC \to W_2} \geqslant 0$$

第一步，如图 3-14 所示建立 Excel 模型。

	A B	C	D	E F	G	H I	J	K	L
1									
2	从	到	流量		容量	单位成本	节点	净流量		供应/需求
3	F1	W1	0			700	F1	=SUMIF($B$3:$B$8, I3, $D$3:$D$8)-SUMIF($C$3:$C$8, I3, $D$3:$D$8)	=	80
4	F1	DC	0	≤	50	300	F2	=SUMIF($B$3:$B$8, I4, $D$3:$D$8)-SUMIF($C$3:$C$8, I4, $D$3:$D$8)	=	70
5	DC	W1	0	≤	50	200	DC	=SUMIF($B$3:$B$8, I5, $D$3:$D$8)-SUMIF($C$3:$C$8, I5, $D$3:$D$8)	=	0
6	DC	W2	0	≤	50	400	W1	=SUMIF($B$3:$B$8, I6, $D$3:$D$8)-SUMIF($C$3:$C$8, I6, $D$3:$D$8)	=	-60
7	F2	DC	0	≤	50	400	W2	=SUMIF($B$3:$B$8, I7, $D$3:$D$8)-SUMIF($C$3:$C$8, I7, $D$3:$D$8)	=	-90
8	F2	W2	0			900				
9									
10		总成本	0						

图 3-14 最小费用 Excel 模型及公式输入

在 J4 单元格内输入公式" = SUMIF($ B $3: $ B $8, I3, $ D $3: $ D $8) - SUMIF($ C $3: $ C $8, I3, $ D $3: $ D $8)"，并下拉到 J7。

在 D10 单元格内输入公式" = SUMPRODUCT(D3:D8, G3:G8)"。

第二步，利用规划求解工具，设置规划求解参数。

如图 3-15 所示输入必要的数据。再点击"选项"，选择"采用线性模型"和"假定非负"，求解。所得结果如图 3-16 所示。

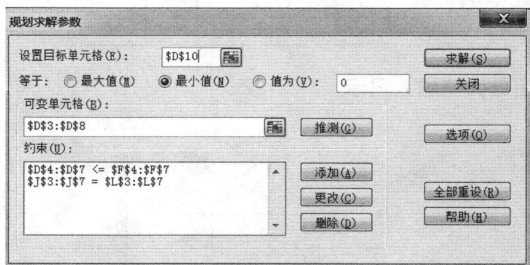

图 3-15 最大流问题输入参数

	A B	C	D	E F	G	H I	J	K	L
1									
2	从	到	流量		容量	单位成本	节点	净流量		供应/需求
3	F1	W1	30			700	F1	80	=	80
4	F1	DC	50	≤	50	300	F2	70	=	70
5	DC	W1	30	≤	50	200	DC	0	=	0
6	DC	W2	50	≤	50	400	W1	-60	=	-60
7	F2	DC	30	≤	50	400	W2	-90	=	-90
8	F2	W2	40			900				
9									
10		总成本	110000						

图 3-16 最大流问题求解结果

最优解如下：F1 到 W1 的运量为 30；F1 到 DC 的运量为 50；DC 到 W1 的运量为 30；DC 到 W2 的运量为 50；F2 到 DC 的运量为 30；F2 到 W2 的运量为 40，这样的运输成本最低，为 110 000。

上机操作 3.3

先求网络的最大流，计算方法同上机操作 3.1，经计算，网络的最大流为 5。在网络最大流的情况下，再增加一个约束条件，V1 点发出的流量为 5，再求网络系统的最小费用。经计算，最小费用为 37。计算过程分别如图 3-17、图 3-18、图 3-19 所示。

	SUM	▼	(X ✓ fx	=H3					
	A	B	C	D	E	F	G	H	I	J

	A	B	C	D	E	F	G	H	I	J
1										
2	从	到	流量		容量	单位成本	节点	净流量		供应/需求
3	V1	V2	0	≤	4	1	V1	0		
4	V1	V3	0	≤	5	3	V2	0	=	0
5	V2	V4	0	≤	3	3	V3	0	=	0
6	V2	V3	0	≤	1	1	V4	0	=	0
7	V3	V5	0	≤	2	4	V5	0	=	0
8	V4	V6	0	≤	5	2	V6	0		
9	V5	V2	0	≤	1	2				
10	V5	V4	0	≤	3	1				
11	V5	V6	0	≤	2	4				
12										
13	最大流	=H3								

图 3-17　计算最大流输入显示

	SUM	▼	(X ✓ fx	=SUMPRODUCT(C3:C11,F3:F11)

	A	B	C	D	E	F	G	H	I	J
1										
2	从	到	流量		容量	单位成本	节点	净流量		供应/需求
3	V1	V2	4	≤	4	1	V1	5		
4	V1	V3	1	≤	5	3	V2	0	=	0
5	V2	V4	3	≤	3	3	V3	0	=	0
6	V2	V3	1	≤	1	1	V4	0	=	0
7	V3	V5	2	≤	2	4	V5	0	=	0
8	V4	V6	5	≤	5	2	V6	-5		
9	V5	V2	0	≤	1	2				
10	V5	V4	2	≤	3	1				
11	V5	V6	0	≤	2	4				
12										
13	最大流	5								
14	最小费用	=SUMPRODUCT(C3:C11,F3:F11)								

图 3-18　计算最小费用最大流输入显示

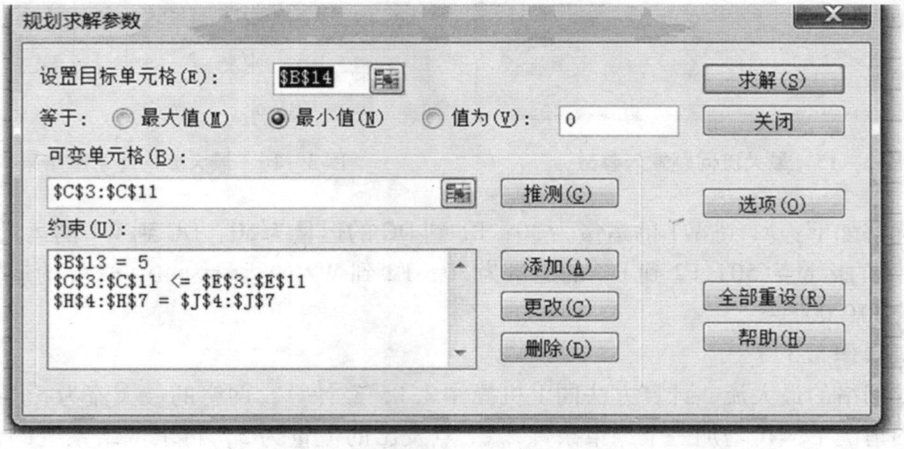

规划求解参数

设置目标单元格(E)：　$B$14

等于：　○ 最大值(M)　● 最小值(N)　○ 值为(V)：　0

可变单元格(B)：
$C$3:$C$11

约束(U)：
$B$13 = 5
$C$3:$C$11 <= $E$3:$E$11
$H$4:$H$7 = $J$4:$J$7

求解(S)　关闭　推测(G)　选项(O)　添加(A)　更改(C)　全部重设(R)　删除(D)　帮助(H)

图 3-19　计算最小费用最大流规划求解参数输入显示

第四模块　网络计划 CPM 和 PERT

案例

A 公司正在开发一种新产品，公司要求必须最迟在 24 周之后将新产品投放市场，定价为 125 元/件。由公司的市场部负责协调全部的研究与推广活动。为了做到计划、有序，市场部根据项目管理的原理和要求，做出一份项目计划。WBS 结果、工序逻辑关系以及需要的时间、成本如表 4－1 所示。根据计划，对应的网络计划图，如图 4－1 所示。

表 4－1　新产品的工序顺序及成本

序号	任务代号	任务名称	紧前任务	正常时间（周）	正常成本（元）	赶工时间（周）	赶工成本（元）
1	A	选择与订购设备	—	3	2 000	2	4 500
2	B	从供应商处接受设备	A	8	9 000	6	12 000
3	C	安装与调试设备	A	4	2 000	2	7 000
4	D	物料清单定稿	B	2	1 000	1	2 000
5	E	订购零部件	C	2	2 000	1	3 000
6	F	接受零部件	E	5	0	5	0
7	G	首次生产运行	D, F	6	12 000	3	24 000
8	H	营销计划定稿	—	4	3 500	2	8 000
9	I	做杂志广告	H	4	5 000	3	8 000
10	J	草拟电视广告	H	3	8 000	2	15 000
11	K	做电视广告	J	4	50 000	3	70 000
12	L	开始广告活动	I, K	6	10 000	6	10 000
13	M	把产品推向消费者	G, L	1	5 000	1	5 000

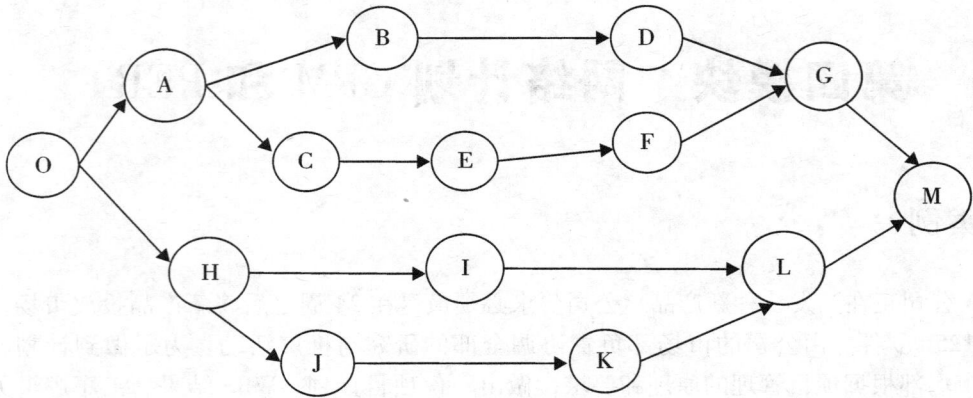

图 4-1　网络图

　　按照该计划，整个项目需 21 周完成。可在这时，总裁得到可靠消息，竞争对手 B 公司也正在开发类似的产品，而且他们也打算在差不多的时间推出。为此，总裁希望提前 6 周将该产品推出上市，前 6 周的销量大约每周 300 件。6 周以后，估计竞争对手的类似产品也会上市，于是将该产品售价降到 109 元/件，与竞争对手的差距缩小到 10 元以内，以保持产品的竞争力。总裁希望能以赶工的方式加快项目的进程。为此，市场部会同财务部一起分析了赶工的可能性和赶工需要的成本，同时公司的生产能力在产品推出市场的前 6 周时间达不到产量的规模，每周只能生产 500 件。因此，总裁需要市场部拿出一套赶工情况分析报告。

　　市场部根据表 4-1 和图 4-1 中的数据进行了分析，找出了主关键路线、次关键路线以及第三关键路线的情况，分析了每个工序赶工的成本变化情况，结果如表 4-2 所示。

表 4-2　工序赶工成本变化

序号	任务代号	每周赶工成本（元）	最大可能赶工时间（周）	主关键路线任务（21周）	次关键路线任务（20周）	第三关键路线任务（18周）
1	A	2 500	1	√	√	
2	B	1 500	2		√	
3	C	2 500	2	√		
4	D	1 000	1		√	
5	E	1 000	1	√		
6	F	无法赶工	0	√		
7	G	4 000	3	√	√	
8	H	2 250	2			√
9	I	3 000	1			√
10	J	7 000	1			√
11	K	20 000	1			√
12	L	无法赶工	0			√
13	M	无法赶工	0	√	√	√

（1）赶工 1 周分析。

如果提前 1 周，可以从较高的产品销售中获得 $16 \times 300 = 4\,800$ 元的附加利润。在主关键路线上任务 E 缩短 1 周所付出的代价最小，为 1\,000 元，小于额外所获得的利润，这样可以净节约 3\,800 元。此时，路线 A→B→D→G→M 和路线 A→C→E→F→G→M 的长度为 20 周，因此它们都是关键路线。

此时，为了平衡赶工支付的成本并保持计划的利润水平，每周产量需要提高：

$$1\,000 \text{ 元} \div (125 - 109) \text{ 元/件} = 62.5 \text{ 件}$$

（2）赶工 2 周分析。

因为现在有了两条关键路线，所以需要从每条路线上各选出一项任务（赶工费率最低的）或对公共任务进行赶工。挑选公共任务 A 进行赶工，赶工成本为 2\,500 元。项目总工期可以再缩短 1 周，赶工成本小于 4\,800 元的每周附加利润。这样可以再次净节约 2\,300 元。此时项目长度为 19 周，A→B→D→G→M 和路线 A→C→E→F→G→M 仍然都是关键路线。

此时，为了平衡赶工支付的成本并保持计划的利润水平，产量需要提高：

$$[(1\,000 + 2\,500) \text{ 元} \div 2 \text{ 元/周}] \div (125 - 109) \text{元/件} = 109 \text{ 件/周}$$

此时，安全生产经营率为 $[500 - (300 + 109)] \div 500 \times 100\% = 18.2\%$，企业将会面临较大的市场风险。

（3）赶工 3 周分析。

再次对两条关键路线进行赶工分析。从每条路线上各选出一项任务（赶工费率最低的）或对公共任务进行赶工。挑选路线 A→B→D→G→M 的任务 D 进行赶工，赶工成本为 1\,000 元。同时再挑选路径 A→C→E→F→G→M 的任务 C 进行赶工，赶工成本为 2\,500 元。项目总工期可以再缩短 1 周，成本为 $1\,000 + 2\,500 = 3\,500$ 元，小于 4\,800 元的每周附加利润。此时，将净节约 1\,300 元。项目总工期缩短 3 周，为 18 周，累计开支净节约 7\,400 元，路线 A→B→D→G→M、A→C→E→F→G→M 和 H→J→K→L→M 都是关键路线。

此时，为了平衡赶工支付的成本并保持计划的利润水平，产量需要提高：

$$[(1\,000 + 2\,500 + 3\,500) \text{ 元} \div 3 \text{ 元 / 周}] \div (125 - 109) \text{ 元 / 件 } = 146 \text{ 件/周}$$

此时，安全生产经营率为 $[500 - (300 + 146)] \div 500 \times 100\% = 10.8\%$，企业有一定的风险。

（4）赶工 4 周分析。

如果进一步考虑赶工，三条关键路线要同时赶工。任务 D 和 C 同时缩短 1 周，或者任务 G 缩短 1 周，赶工成本都是 4\,000 元。此外，任务 H 也必须缩短 1 周，所以项目总工期缩短到 17 周，需要再次增加赶工成本 $4\,000 + 2\,250 = 6\,250$ 元。由于赶工成本大于每周额外收入 4\,800 元，同时产能也达不到要求，因为此时产量需要提高 $[(1\,000 + 2\,500 + 3\,500 + 6\,250) \div 4 \text{ 元 / 周}] \div (125 - 109) \text{ 元 / 件 } = 207 \text{ 件/周}$。此时产能要求达到 $300 + 207 = 507$ 件，已超出了最大产能 500 件。出于利润和产能的考虑，本项目没有比 18 周更好的时间结构了。

各种赶工方案分析情况报给了总裁，总裁在综合考虑利润和风险的情况下，认为 19

周更好。

实验课前预习

1. 如何根据 WBS 结果、工序逻辑关系画出网络图？
2. 如何定义主关键路线？
3. 如何找关键工序？
4. 安全生产经营率是什么？
5. 为什么在决策时还要考虑安全生产经营率？

实验课上讲解

借助网络图表示各项工作与所需时间，以及各项工作的相互关系，通过网络图分析研究工程费用与工期的相互关系，并找出在编制计划及计划执行过程中的关键路线，这种方法称为主关键路线法（CPM）。

网络图的组成

节点：节点表示一项活动，用圆圈和里面的数字表示，数字表示工序的编号。

弧：表示工序或节点之间的相互顺序。用箭头表示，如图 4-2 所示。

权：表示完成某个工序所需要的时间或资源等数据，通常标注在弧的下面或其他合适的位置。

虚工序与先行（后续）作业：网络图中的虚箭线（弧）表示虚活动，是既不消耗资源也不占用时间的活动，仅仅表示前后工序的衔接关系。

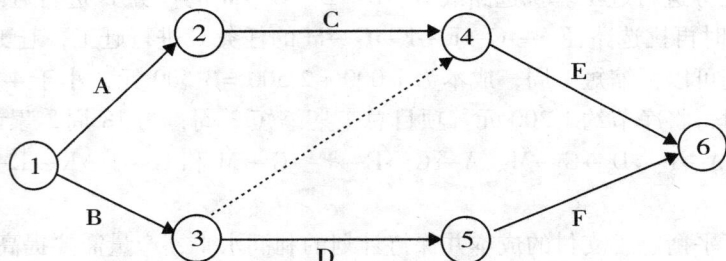

图 4-2 有虚工序的网络图

画网络图有 AON 法（单代号法，如图 4-1 所示）和 AOA 法（双代号法，如图 4-2所示）。

网络图绘制规则

在绘制网络图中，为了准确表达工程中各个工序的相互关系，应遵循一些规则：

（1）在网络图中不能出现循环线路，即弧不能从某个节点出发，又回到同一节点，如图 4-3 所示。

（2）在网络图中，每一条弧的头尾都必须有节点，不能从一条弧的中间引出另一条弧，如图 4-4 所示。

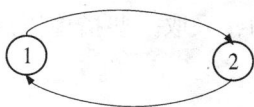

图 4 - 3　错误画法（一）

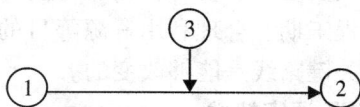

图 4 - 4　错误画法（二）

（3）不允许出现没有先行作业和没有后续作业的中间事项。如果实际出现时，把没有先行作业的中间事项同网络的始点事项连接起来，把没有后续作业的中间事项同网络的终点事项连接起来。

（4）节点的编号不能重复，否则网络就出现了循环。

（5）相邻两个节点之间只允许有一条箭线直接相连，必要时可以引入虚箭线（虚工序），如图 4 - 5 所示。

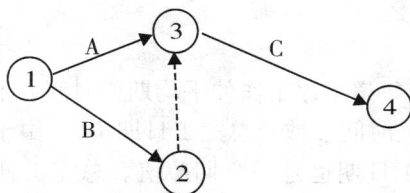

图 4 - 5　虚工序的引入

（6）方向、时序和节点编号一般遵循从左到右、从上到下、从小到大的原则。

编制网路计划的基本思想就是在一个庞大的网络图中找出关键工序。网络图中的网络时间有两个含义：一为活动的延续时间；二是活动的开始或结束时间的某一时刻。任何一个工序都必须在其紧前工序结束后才能开始。紧前工序最早结束时间即工序最早可能开始时间，简称为工序的最早开始时间。最早结束时间等于工序最早开始时间加上该工序的作业时间。在不影响工程最早结束时间的条件下，工序最迟必须结束的时间，简称为工序最迟结束时间。在不影响工程最早结束时间的条件下，工序最迟必须开始的时间，简称为工序最迟开始时间，它等于工序最迟结束时间减去工序的作业时间。在不影响工程最早结束时间的条件下，工序最早开始（或结束）时间可以推迟的时间，称为该工序的总时差。

工序时差 = 最迟结束时间 - 最早结束时间

$$EFT_i = EST_i + t_i$$

式中，t_i 表示完成工序 i 所需要的时间，EST_i 表示工序 i 最早的开始时间，EFT_i 表示工序 i 最早结束时间。

$$LST_i = LFT_i - t_i$$

式中，LST_i 表示工序 i 最迟的开始时间，LFT_i 表示工序 i 最迟的结束时间。

工序 i 的时差 = $LFT_i - EFT_i$

总时差为零的工序组成的路线即为关键路线，这些工序也就是关键工序。关键工序要优先安排资源，挖掘潜力，采取相应的措施，尽量压缩其所需的时间。而对于非关键工序，只要在不影响工程完工时间的条件下，抽出适当的资源用在关键工序上，以达到缩短工程工期、合理利用资源等目的。关键路线是相对的，采取一些措施以后，关键路线与非关键路线是能够改变的。

PERT 评审技术

在对 CPM 的讨论中，都假定完成项目的时间是已知的，没有不确定性。这在实际应用网络技术时遇到了难题，当工序时间难以估计时，该怎样控制项目的时间问题？

PERT 不同于 CPM 之处在于 PERT 并不要求确切知道完成工序的时间，它假设完成工序的时间是有一个期望值和方差的随机变量，但并没有给出每个工序指定均值和方差，而是对项目中的每个工序给出三种估计量：最短时间（乐观的，a）、最长时间（保守的，b）和最可能时间（m）。显然，最可能时间比最乐观时间和最保守时间加权重得多。因而一个工序的期望时间和方差可计算如下：

$$t_e = \frac{a + 4m + b}{6}$$

$$\sigma_e^2 = \left(\frac{b-a}{6}\right)^2$$

PERT 的计算方法：求出每道工序工作的平均期望时间 t_e 和方差 σ_e^2 后，就可以同确定型网络图一样，计算有关时间参数及总完工日期 T_E。由于各道工序本身包含着随机因素，所以整个任务的总完工日期也是一个期望值。总完工日期是关键路线上各道工序的平均工时之和，即 $T_E = \sum_{cp} t_e$，所以总的完工日期的方差就是关键路线上所有工序的方差之和 $\sigma = \sum_{cp} \sigma_e^2$。假定项目中的每个工序时间都是相互独立的，则在给定工期 x 条件下，完工概率正态分布的 λ 值为：$\lambda = \frac{x - T_E}{\sigma}$，对应的概率值可以查正态分布表或在 Excel 中用函数 NORMSDISTA(λ) 计算求得。

实验课上操作

实验讲解 1

有一个住宅项目建设工程，因为面临雨季的到来，希望能加快工程进度，现需要计算相关成本以权衡赶工时间。工序安排及各种成本如表 4-3 所示。

表 4-3 工序、成本及赶工费用表

活动名称	工序代号	紧前工序	需正常时间（天）	赶工时间（天）	工序成本（元）	工序赶工费用（元/天）
土方挖掘	A	—	3		5 000	1 000
打地基	B	A	4		12 000	3 000
铅锤定线	C	B	3		3 000	500
架构	D	B	10		20 000	1 250
外饰	E	D	8		8 000	667

（续上表）

活动名称	工序代号	紧前工序	需正常时间（天）	赶工时间（天）	工序成本（元）	工序赶工费用（元/天）
安装 HVAC	F	D	4		11 000	1 000
电气设备初装	G	D	6		3 500	500
吊顶	H	C、E、F、G	8		5 000	500
安装橱柜	I	H	5		8 000	750
油漆	J	H	5		4 000	500
管道最后安装	K	I	4		7 000	750
电气设备最后安装	L	J	2		2 000	500
铺地板	M	K、L	4		10 000	1 000

操作：

（1）计算最短完工时间及其成本。

第一步，将表 4-3 中的内容输入电子表格，如图 4-6 所示。

	A	B	C	D	E	F	G	H
1								
2								
3								
4	工序	紧前工序	工序时间	EST	EFT	LST	LFT	时差
5	A		3					
6	B	A	4					
7	C	B	3					
8	D	B	10					
9	E	D	8					
10	F	D	4					
11	G	D	6					
12	H	C、E、F、G	8					
13	I	H	5					
14	J	H	5					
15	K	I	4					
16	L	J	2					
17	M	K、L	4					

图 4-6　输入已知条件

如表 4-4 所示，在单元格中输入以下公式，计算 EST、EFT、LST、LFT 等值。

表 4-4　输入的公式

单元格	输入内容
D5	= MAX（IF（ISERR（FIND（$A$5:$A$17,B5）），0,$E$5:$E$17）） （按［Ctrl］+［Shift］+［Enter］确认）　　　　下拉到 D17
E5	= D5 + C5　　　　下拉到 E17

（续上表）

单元格	输入内容
F5	= G5 − C5　　　　　　　　　　　　　　　　　　　　　　下拉到 F17
G5	= MIN(IF(ISERR(FIND(A5 ,$B $5 :$B $17)) ,MAX（$E $5 : $E $17) ,$F $5 :$F $17)) （按［Ctrl］+［Shift］+［Enter］确认）　　　　　　　　下拉到 G17
H5	= G5 − E5　　　　　　　　　　　　　　　　　　　　　　下拉到 H17

公式说明：

= MAX(IF(ISERR(FIND($A $5 :$A $17 ,C5)) ,0 ,$F $5 :$F $17))是数组公式，一定要用［Ctrl］+［Shift］+［Enter］来确认。数组公式会在电子表格中引起"循环引用"。当一个单元格的值引自另外一个单元格，同时另外一个单元格又引用该单元格时，就会产生"循环引用"。

对于工序 A 的最早开始时间来说，D5 单元格的公式首先使用了 FIND( ) 函数来从单元格 A5：A17 的工序中寻找工序 A 的紧前工序，并填入单元格 B5 中。工序 A 没有紧前工序，所以 FIND( ) 函数返回一个错误值，函数 ISERR( ) 返回的值为"真"（True），函数 IF( ) 返回的值为 0，这是工序 A 的 *EST* 值。当把公式写入 *EST* 列时，要相应参考 B5 的变化，以对后面的每一个工序进行正确的计算。当 FIND( ) 函数在 A5：A17 的工序中找到应当写入 B 列的紧前工序时，数组公式就从 E5：E17 对应的 *EFT* 返回其中的最大值。

第二步，在 Excel 工作表，点击页面左上角的 图标，在下拉菜单的右下角点击"Excel 选项"，选择左边的"公式"，在右边选中"启用迭代计算"。

点击菜单栏上的"公式"，在"计算"子菜单点击"开始"，得到如图 4 - 7 所示的结果。

	A	B	C	D	E	F	G	H
1								
2								
3								
4	工序	紧前工序	工序时间	EST	EFT	LST	LFT	时差
5	A		3	0	3	0	3	0
6	B	A	4	3	7	3	7	0
7	C	B	3	7	10	22	25	15
8	D	B	10	7	17	7	17	0
9	E	D	8	17	25	17	25	0
10	F	D	4	17	21	21	25	4
11	G	D	6	17	23	19	25	2
12	H	C、E、F、G	8	25	33	25	33	0
13	I	H	5	33	38	33	38	0
14	J	H	5	33	38	35	40	2
15	K	I	4	38	42	38	42	0
16	L	J	2	38	40	40	42	2
17	M	K、L	4	42	46	42	46	0

图 4 - 7　计算结果显示

（2）用线性规划方法来优化时间和工期。

第一步，建立数学模型。

目标函数：$\min z = T_M + t_M - C_M$

约束条件（s. t.）：

$$T_B - T_A \geq t_A - C_A \qquad\qquad T_H - T_F \geq t_F - C_F$$

$$T_C - T_B \geq t_B - C_B \qquad\qquad T_H - T_G \geq t_G - C_G$$

$$T_D - T_B \geq t_B - C_B \qquad\qquad T_J - T_H \geq t_H - C_H$$

$$T_E - T_D \geq t_D - C_D \qquad\qquad T_K - T_I \geq t_I - C_I$$

$$T_F - T_D \geq t_D - C_D \qquad\qquad T_L - T_J \geq t_J - C_J$$

$$T_G - T_D \geq t_D - C_D \qquad\qquad T_M - T_K \geq t_K - C_K$$

$$T_H - T_C \geq t_C - C_C \qquad\qquad T_M - T_L \geq t_L - C_L$$

$$T_H - T_E \geq t_E - C_E$$

$$C_i \leq \text{工序 } i \text{ 允许缩短的完成时间}$$

$$\text{对所有的 } i \text{ 都有 } T_i \text{ 、} C_i \geq 0$$

式中，T_i 为工序 i 开始的时间，t_i 为工序 i 的常规时间，C_i 为完成工序 i 缩短的时间。

第二步，按照图 4 – 8 所示将已知条件输入电子表格 sheet 4 中，在 F5 中输入公式"F5 = D5 + H5 * G5"，并下拉到 F17。

	A	B	C	D	E	F	G	H
1								
2								
3	赶工							
4		工序	正常时间	正常费用	极限时间	费用	赶工时间	单日赶工费用元/天
5		A	3	5000	2	6000	1	1000
6		B	4	12000	3	15000	1	3000
7		C	3	3000	2	3500	1	500
8		D	10	20000	6	25000	4	1250
9		E	8	8000	5	10000	3	667
10		F	4	11000	3	12000	1	1000
11		G	6	3500	4	4500	2	500
12		H	8	5000	5	6500	3	500
13		I	5	8000	3	9500	2	750
14		J	5	4000	2	5500	3	500
15		K	4	7000	3	8500	2	750
16		L	2	2000	1	2500	1	500
17		M	4	10000	2	12000	2	1000

图 4 – 8　输入已知条件

按照图 4 – 9 所示，将表 4 – 5 中的公式输入电子表格 sheet 5 中。D5：D17 为变量单元格，初始值设定为 0。E5：E17 及 I5：I20 为约束单元格，目标单元格是 E19。

	A	B	C	D	E	F	G	H	I	J
2										
3									实际	最小
4		工序	正常时间	开始时间	赶工数量		从	到	开工时间间隔	开工时间间隔
5		A	3	0	0		A	B	0	3
6		B	4	0	0		B	C	0	4
7		C	3	0	0		B	D	0	4
8		D	10	0	0		C	H	0	3
9		E	8	0	0		D	E	0	10
10		F	4	0	0		D	F	0	10
11		G	6	0	0		D	G	0	10
12		H	8	0	0		E	H	0	8
13		I	5	0	0		F	H	0	4
14		J	5	0	0		G	H	0	6
15		K	4	0	0		H	I	0	8
16		L	2	0	0		H	J	0	8
17		M	4	0	0		I	K	0	5
18							J	L	0	5
19				结束时间	4		K	M	0	4
20							L	M	0	2
21				总费用	0					

图 4-9 在另一个电子表格中输入相关公式

表 4-5 主要单元格公式

单元格	输入内容
E19	= D17 + C17 - E17
E21	= SUMPRODUCT(E5:E17,'sheet4'! H5:H17)
I5	= VLOOKUP(H5,$B$5:$D$17,3) - VLOOKUP(G5,$B$5:$D$17,3) 下拉到 I20
J5	= VLOOKUP(G5,$B$5:$C$17,2) - VLOOKUP(G5,$B$5:$E$17,4) 下拉到 J20

公式解释：I5 单元格中第一个 VLOOKUP 函数对应着 T_B 的值。第一个 VLOOKUP 函数把单元格 H5 的内容，即字母 B 和$B$5:D6F 范围内的第一列的值进行比对（单元格 B6 的值是匹配的），然后返回上述单元格范围第三列的值即单元格 D6 的值。单元格 D6 对应 T_B。

第二个 VLOOKUP 函数情况类似，返回的是 T_A 的值。两个 VLOOKUP 函数值的差表示工序 A 和工序 B 开始时间之差。

第三步，线性规划求解，在规划求解参数对话框中输入数据，如图 4-10 所示。

图 4-10 规划求解参数输入

第二个约束条件应为"$E\$5:\$E\$17 \leq$ 'Sheet4'!$\$G\$5:\$G\$17$"，添加约束条件后按"确定"按钮，在"选项"中选择"线性规划"。结果如图 4 – 11 所示。

	A	B	C	D	E	F	G	H	I	J
2										
3									实际	最小
4		工序	正常时间	开始时间	赶工数量		从	到	开工时间间隔	开工时间间隔
5		A	3	0	1		A	B	2	2
6		B	4	2	1		B	C	11	3
7		C	3	13	0		B	D	3	3
8		D	10	5	4		C	H	3	3
9		E	8	11	3		D	E	6	6
10		F	4	12	0		D	F	7	6
11		G	6	11	1		D	G	6	6
12		H	8	16	3		E	H	5	5
13		I	5	21	2		F	H	4	4
14		J	5	21	2		G	H	5	5
15		K	4	24	2		H	I	5	5
16		L	2	24	2		H	J	5	5
17		M	4	26	2		I	K	3	3
18							J	L	3	3
19				结束时间	28		K	M	2	2
20							L	M	2	2
21				总费用	19001					

图 4 – 11　计算结果显示

项目可以在 28 天内完成，但费用增长到 19 001 元。

（3）计算赶工成本最小的进度安排。

假定该工程项目要在 35 天内完成，寻找一个成本最低的进度安排。

要想达到 35 天完成的要求，就把这个要求当作一个约束条件，求成本最小。新的线性规划求解参数对话框如图 4 – 12 所示，结果如图 4 – 13 所示。

图 4 – 12　参数输入

	A	B	C	D	E	F	G	H	I	J
2										
3									实际	最小
4		工序	正常时间	开始时间	赶工数量		从	到	开工时间间隔	开工时间间隔
5		A	3	0	0		A	B	3	2
6		B	4	2	0		B	C	16	4
7		C	3	18	0		B	D	4	4
8		D	10	6	0		C	H	3	3
9		E	8	16	3		D	E	10	10
10		F	4	16	0		D	F	10	10
11		G	6	16	1		D	G	10	10
12		H	8	21	3		E	H	5	5
13		I	5	26	0		F	H	4	4
14		J	5	26	0		G	H	5	5
15		K	4	31	0		H	I	5	5
16		L	2	31	0		H	J	5	5
17		M	4	33	2		I	K	5	5
18							J	L	5	5
19				结束时间	35		K	M	2	2
20							L	M	2	2
21				总费用	8501					

图 4 – 13　35 天完工的最低费用计算结果

工程项目在 35 天内完成，需要最少的费用是 8 501 元。

实验讲解 2

某项目有两个工序，即工序 A 和工序 B，工序 B 的紧前工序是 A，完成工序 A 的最乐观时间是 1 天，最可能时间是 3 天，最悲观时间是 5 天；而完成工序 B 的最乐观时间是 3 天，最可能时间是 5 天，最悲观时间是 7 天。求在不同的工期条件下，完工的概率有多大？

操作：第一步，按照 PERT 的计算公式，在 Excel 表格中，计算工序 A、B 的期望工作时间，以及方差值，结果如图 4–14 所示。

	A	B	C	D	E	F	G	H	I	J
1										
2										
3	工序	最乐观	最可能	最悲观		期望时间	方差		最早开工	最早完工
4	A	1	3	5		3	0.44444		0	3
5	B	3	5	7		5	0.44444		3	8
6										
7	主关键路径上方差和的开方结果						0.94281			
8										

图 4–14   A、B 工序的期望时间及方差

第二步，因为关键路径是沿工序 A、B 这条线路，所以项目完工的工期 $\mu = 3 + 5 = 8$ 天，沿主关键路径的方差和开方的结果为 $\sigma = \sqrt{0.444 + 0.444} = 0.942\,8$。

	函数库				定义的名称		公式审核		计算	
F9	f_x									
	A		B	C	D	F		G		H	I	J
1										
2										
3	工序		最乐观	最可能	最悲观	期望时间		方差		最早开工	最早完工
4	A		1	3	5	=(B4+4*C4+D4)/6		=((D4-B4)/6)^2		=0	=I4+F4
5	B		3	5	7	=(B5+4*C5+D5)/6		=((D5-B5)/6)^2		=J4	=I5+F5
7	主关键路径上方差和的开方结果							=SQRT(G4+G5)			
8										

图 4–15   主关键路径的方差和开方公式显示

第三步，给定工期 x 天所对应的完工概率正态分布 $\lambda = (x - \mu)/0.942\,8$，通过正态分布的反函数 NORMSDIST($\lambda$) 可以求得不同工期对应的完工概率，如图 4–16 所示。

E4	f_x	
	A	B	C
1	天数		概率
2	2	−6.364	0%
3	3	−5.3034	0%
4	4	−4.2427	0%
5	5	−3.182	0%
6	6	−2.1213	2%
7	7	−1.0607	14%
8	8	0	50%
9	9	1.06067	86%
10	10	2.12134	98%
11	11	3.18201	100%
12	12	4.24268	100%
13	13	5.30335	100%
14	14	6.36402	100%

E8	f_x	
	A	B	C
1	天数		概率
2	2	=(A2-8)/0.9428	=NORMSDIST(B2)
3	3	=(A3-8)/0.9428	=NORMSDIST(B3)
4	4	=(A4-8)/0.9428	=NORMSDIST(B4)
5	5	=(A5-8)/0.9428	=NORMSDIST(B5)
6	6	=(A6-8)/0.9428	=NORMSDIST(B6)
7	7	=(A7-8)/0.9428	=NORMSDIST(B7)
8	8	=(A8-8)/0.9428	=NORMSDIST(B8)
9	9	=(A9-8)/0.9428	=NORMSDIST(B9)
10	10	=(A10-8)/0.9428	=NORMSDIST(B10)
11	11	=(A11-8)/0.9428	=NORMSDIST(B11)
12	12	=(A12-8)/0.9428	=NORMSDIST(B12)
13	13	=(A13-8)/0.9428	=NORMSDIST(B13)
14	14	=(A14-8)/0.9428	=NORMSDIST(B14)

图 4–16   完工概率计算公式及结果

实验课结果分析

网络计划优化的基本方法是利用时间差，不断改善网络计划的最初方案，使之获得最佳工期、最低成本和对资源的最合理利用。逐次优化，时差便逐次减少，直至大部分或全部消失，求得最优方案。网络计划优化主要有两个方面的内容：一是时间—资源优化；二是时间—费用优化。

时间—资源优化

在一定的工期条件下，通过平衡资源，求得工期与资源的最佳结合。具体做法是：

（1）优先安排关键工序所需要的资源；

（2）利用非关键工序的总时差，错开各工序的开始时间，拉开资源需要量的高峰；

（3）在确实受到资源限制，或者在考虑综合经济效益的条件下，也可以适当推迟工程的完工时间。

时间—费用优化

在编制网络计划的过程中，研究如何使得工程完工的时间短、费用少，或者在保证既定工程完工时间的条件下，所需的费用最少；或在限制费用的条件下，工程完工时间最短。这是时间—费用优化所要研究和解决的问题。

完成一项工程需要的费用分为两大类：

（1）直接费用。

包括直接生产工人的工资及附加费，设备能源、工具及材料消耗等直接与完成工序有关的费用。在一定条件下，工序的作业时间越短，直接费用越多。

（2）间接费用。

包括管理人员的工资、办公费等。间接费用通常按照施工时间的长短分摊，在一定的生产规模内，工序的作业时间越短，分摊的间接费用越多。

实验课练习

上机操作 4.1

某项工程的工序名称、工序时间以及工序之间的逻辑关系如表 4 - 6 所示，请绘制该工程项目的网络图并找出关键路径。

表 4 - 6　某工程工序时间及工序逻辑关系表

工序（作业）名称	A	B	C	D	E	F	G	H	I
紧前工序	—	—	A	B	B	C, D	C, D	E, F	G
工序时间	4	6	6	7	5	9	7	4	8

上机操作 4.2

某项目有 A～I 共 9 道工序，逻辑关系及每项工作的最乐观时间、最可能时间、最悲观时间如图 4 - 17 所示。求不同的工期条件下，完工的概率有多大？

	A	B	C	D	E	F
1	项目管理					
2						
3	工序	工作描述	紧前工作	乐观时间	最可能时间	悲观时间
4	A	选择地点		21	21	21
5	B	建立组织和制订计划		20	25	30
6	C	确定需求的人力资源	B	15	20	30
7	D	定位设计	A, C	20	28	42
8	E	人力资源安排	D	40	48	66
9	F	人力资源平衡	C	12	12	12
10	G	雇用新雇员	F	20	25	32
11	H	撤回关键人员	F	28	28	28
12	I	人力资源培训	E, G, H	10	15	24

图 4 – 17   项目的工序顺序及时间

实验课总结

用网络分析的方法编制的计划称为网络计划。它是 20 世纪 50 年代末发展起来的一种编制大型工程进度计划的有效方法。

从根本上说，CPM 和 PERT 的区别是，在 CPM 中，使用的是单一的或确定的活动时间估计值；而在 PERT 中，使用的是概率时间估计值。

实验课练习答案

上机操作 4.1

第一步，画出如图 4 – 18 所示的网络图。

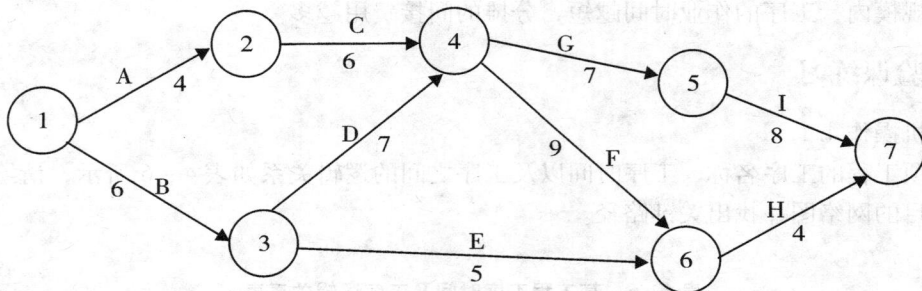

图 4 – 18   网络图

知识链接

网络时间、关键路线与关键工序。

在网络图中，从始点开始，按照各个工序的顺序，连续不断地到达终点的一条通路称为路线。如图 4 – 18 所示，共有 5 条路线。5 条路线的组成及所需的时间如表 4 – 7 所示。

表 4-7　5 条路线的组成工序

路线	路线组成	各工序所需的时间之和
1	①→②→④→⑤→⑦	4+6+7+8=25
2	①→③→④→⑥→⑦	6+7+9+4=26
3	①→③→④→⑤→⑦	6+7+7+8=28
4	①→③→⑥→⑦	6+5+4=15
5	①→②→④→⑥→⑦	4+6+9+4=23

完成各个工序需要时间最长的路线称为关键路线。关键路线上的工序为关键工序。如果能缩短完成关键工序的时间，就可以缩短工程的完工时间。

第二步，将表 4-8 中相关单元格的公式录入 Excel 表格，如图 4-19 所示。

表 4-8　相关单元格的输入公式

单元格	输入内容
D2	=MAX(IF(ISERR(FIND($A$2:$A$10,B2)),0,$E$2:$E$10))　（按［Ctrl］+［Shift］+［Enter］确认）　　　　下拉到 D10
E2	=D2+C2　　　　　　　　　　　　　　　　　　　　下拉到 E10
F2	=G2-C2　　　　　　　　　　　　　　　　　　　　下拉到 F10
G2	=MIN(IF(ISERR(FIND(A2,$B$2:$B$10)),MAX($E$2:$E$10),$F$2:$F$10))　（按［Ctrl］+［Shift］+［Enter］确认）　　　　下拉到 G10
H2	=G2-E2　　　　　　　　　　　　　　　　　　　　下拉到 H10

	A	B	C	D	E	F	G	H
1	工序名称	紧前工序	工序时间	EST	EFT	LST	LFT	时差
2	A		4					
3	B		6					
4	C	A	6					
5	D	B	7					
6	E	B	5					
7	F	C, D	9					
8	G	C, D	7					
9	H	E, F	4					
10	I	G	8					

图 4-19　建立 Excel 模型并输入相关公式

第三步，经过迭代计算，获得如图 4-20 所示的结果。图中时差为零的是关键工序，即 B、D、G、I，对应的路径为 1→3→4→5→7。

	A	B	C	D	E	F	G	H
1	工序名称	紧前工序	工序时间	EST	EFT	LST	LFT	时差
2	A		4	0	4	3	7	3
3	B		6	0	6	0	6	0
4	C	A	6	4	10	7	13	3
5	D	B	7	6	13	6	13	0
6	E	B	5	6	11	19	24	13
7	F	C, D	9	13	22	15	24	2
8	G	C, D	7	13	20	13	20	0
9	H	E, F	4	22	26	24	28	2
10	I	G	8	20	28	20	28	0
11								

图 4－20　工序时差的计算结果

上机操作 4.2

第一步，计算各工序的期望时间及方差值，结果如图 4－21 所示。

	A	B	C	D	E	F	G	H
1	项目管理							
2								
3	工序	工作描述	紧前工作	乐观时间	最可能时	悲观时间	期望时间	方差
4	A	选择地点		21	21	21	21	0
5	B	建立组织和制定计划		20	25	30	25	1.666667
6	C	确定需求的人力资源	B	15	20	30	20.83333	2.5
7	D	定位设计	A, C	20	28	42	29	3.666667
8	E	人力资源安排	D	40	48	66	49.66667	4.333333
9	F	人力资源平衡	C	12	12	12	12	0
10	G	雇用新员工	F	20	25	32	25.33333	2
11	H	撤回关键人员	F	28	28	28	28	0
12	I	人力资源培训	E, G, H	10	15	24	15.66667	2.333333

图 4－21　期望值及方差的结果

第二步，画网络图，如图 4－22 所示。

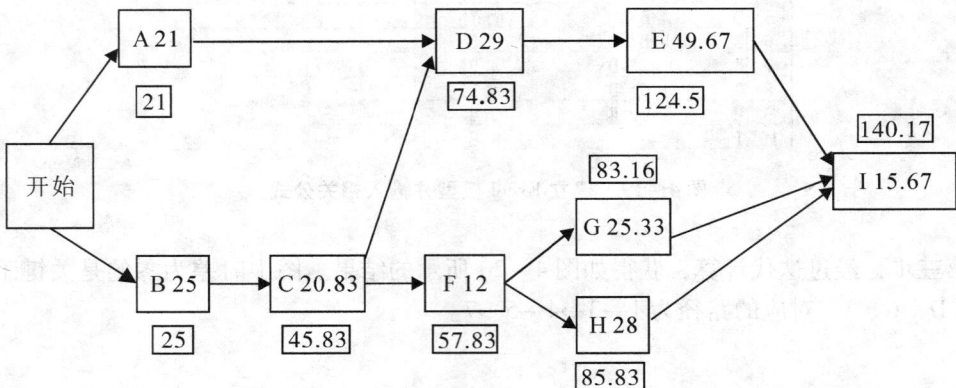

图 4－22　网络图

由图 4 - 22 可知，关键路径是 B、C、D、E、I，对应的项目工期是 140.17 天。

第三步，对沿关键路径的方差和进行开方，结果如图 4 - 23 所示。

关键路径上工序的方差之和：

$$\sigma^2 = B(2.778) + C(6.25) + D(13.444) + E(18.778) + I(5.444) = 46.694$$

对应的标准差为：$\sigma = 6.833$

可以计算出给定的不同天数所对应的正态分布的 λ 值，$\lambda = (x - \mu) / \sigma$，其中 x 为给定的不同天数，μ 为项目的完工期望值，σ 为关键路径上的标准差。项目对应的完工概率，可以通过反函数 NORMSDIST(λ) 求解，结果如图 4 - 24 所示。

	A	B	C
	B20　▼　fx		
1			
2	不同的天数	λ	对应的完工概率
3	140	=(A3-$B$11)/$B$12	=NORMSDIST(B3)
4	145	=(A4-$B$11)/$B$12	=NORMSDIST(B4)
5	150	=(A5-$B$11)/$B$12	=NORMSDIST(B5)
6	155	=(A6-$B$11)/$B$12	=NORMSDIST(B6)
7	160	=(A7-$B$11)/$B$12	=NORMSDIST(B7)
8	165	=(A8-$B$11)/$B$12	=NORMSDIST(B8)
9			
10			
11	项目期望时间	140.17	
12	关键路径上工序方差和的开方	6.833	

图 4 - 23　关键路径上工序方差和的开方结果

	A	B	C
	C13　▼　fx		
1			
2	不同的天数	λ	对应的完工概率
3	140	-0.0248793	0.490075634
4	145	0.70686375	0.760174423
5	150	1.43860676	0.924869015
6	155	2.17034977	0.985009821
7	160	2.90209279	0.998146606
8	165	3.6338358	0.999860381
9			
10	项目期望时间	140.17	
11	关键路径上工序方差和的开方	6.833	

图 4 - 24　给定不同天数所对应的完工概率结果

第五模块　盈亏平衡分析

案例

"洗衣角"洗衣店

当莫利·莱购买"洗衣角"洗衣店的时候，她认为洗衣店处在毗邻几个高收入社区的好地点，如果她提高洗衣店的店面形象，生意自然会更好一些。因此她花了很多钱重新装修洗衣店的内部和外部，但是第一年虽然她非常卖力地工作，也只是做到了收支平衡，所以她不觉得收益有多好。莫利没有意识到洗衣业的竞争是多么激烈，成功与否取决于价格和服务质量，包括快速洗衣服务，这比洗衣店的店面形象更为重要。

为了提高她的服务，莫利计划购买一台新的干洗设备，这样可以大大提高干洗速度和平整度。这台新机器要花费 16 200 美元，每小时可洗 40 件衣服（合每天 320 件）。莫利估计在购买新设备后，她的干洗可变成本可以维持在每件 0.25 美元不变。她现在的每月固定成本是 1 700 美元，每件干洗衣物她收取顾客 1.1 美元。

实验课前预习

1. 案例中现在莫利每个月的洗衣量是多少？
2. 如果莫利购买这台新设备，她每个月要额外干洗多少件衣服才能达到盈亏平衡？
3. 莫利估计依靠这台新设备可以把每个月的洗衣量提高到 4 300 件，如果保持这个数量，她未来 3 年内可以获得多少利润？3 年后的获利情况又会怎样呢？
4. 莫利相信如果不购买这台新设备，而是把每件衣服的干洗费降到 0.99 美元，这在一定程度上也可以扩大业务量。如果她降到这个价格，新的盈亏平衡点将是多少？如果降价可以使她的营业量达到每月 3 800 件，那么每个月的利润将是多少？

实验课上讲解

在经营分析中，盈亏平衡分析的目的是通过分析产品产量、成本与方案盈利能力之间的关系，找出投资方案盈利与亏损在产量、产品价格、单位产品成本等方面的界限，以判断在各种不确定因素作用下方案的风险情况。盈亏平衡点的表达形式有多，它可以用实物产量、单位产品售价、单位产品可变成本以及年固定成本总量表示，也可以用生产能力利用率（盈亏平衡点率）等相对量表示。根据生产成本、销售收入与产量（销售量）之间是否呈线性关系，盈亏平衡分析可分为线性盈亏平衡分析和非线性盈亏平衡分析。

线性盈亏平衡分析被用来分析销售收入、生产成本与产品产量的关系。

模型运用必须具备以下假设前提：

（1）产量等于销售量，销售量变化，销售单价不变，销售收入与产量呈线性关系，企业主管不会通过降低价格增加销售量；

（2）假设正常生产年份的总成本可划分为固定成本和可变成本两部分，其中固定成本不随产量变动而变化，可变成本总额随产量变动呈比例变化，单位产品可变成本为一常数，总可变成本是产量的线性函数；

（3）假定在分析期内，产品市场价格、生产工艺、技术装备、生产方法、管理水平等均无变化；

（4）假定只生产一种产品，或当生产多种产品时，产品结构不变，且都可以换算为单一产品计算；

（5）假定生产销售活动不会明显影响市场供求状况，假定其他市场条件不变，产品价格不会随销售量的变化而变化，可以看作一个常数；销售收入与销售量呈线性关系，即

销售收入 = 单价 × 销量，或 $R = PQ$

式中，R 为销售收入，P 为单位产品价格，Q 为产品销售量。

在生产销售活动中，根据发生的成本费用与产量的关系可以将总成本费用分解为固定成本和可变成本。总成本是固定成本与变动成本之和，它与产品产量的关系也可以近似地认为是线性关系，即

总成本 = 固定成本 + 变动成本，或 $C = C_f + C_v Q$

式中，C 为总成本，C_f 为固定成本，C_v 为可变成本。

成本、收入与利润间的关系可表示为：$\pi = PQ - C = PQ - (C_f + C_v Q)$

其中 π 为利润，在同一坐标图上表示出来，可以构成线性量—本—利分析图，如图 5 - 1 所示：

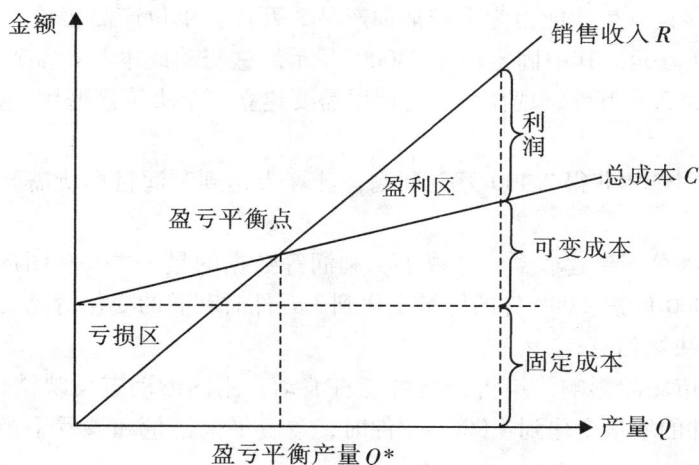

图 5 - 1 盈亏平衡（量—本—利）分析图

图 5 - 1 中纵坐标表示销售收入与产品成本，横坐标表示产品产量。销售收入线 R 与总成本线 C 的交点称为盈亏平衡点，所对应的产量称为盈亏平衡产量，即 Q^*，它是盈利与亏损的临界点。在 Q^* 的左边，总成本大于销售收入，即为亏损；在 Q^* 的右边，销

售收入大于总成本，即为盈利；在 Q^* 点上，不亏不盈。

在销售收入及总成本都与产量呈线性关系的情况下，可以求出以产品产量、生产能力利用率、产品销售价格、单位产品变动成本等表示的盈亏平衡点。在盈亏平衡点，销售收入 R 等于总成本 C，有：

$$R = PQ = C = PQ = C_f + C_v Q$$

盈亏平衡产量：

$$Q^* = \frac{C_f}{P - C_v}$$

因为只有盈亏平衡点以上的销售额才能为企业提供利润，所以如果目标利润用 π_0 来表示，则目标销量 Q_0 和目标销售收益 R_0 的计算公式为：

$$Q_0 = \frac{C_f + \pi_0}{P - C_v}$$

$$R_0 = \frac{C_f + \pi_0}{K}$$

上式中，K 为边际贡献率，即边际贡献（单价与可变动成本之差）占单价之比，公式为：

$$K = \frac{P - C_0}{P} = 1 - \frac{C_0}{P}$$

$$S = Q - Q^* = \frac{\pi_0}{P - C_0}$$

实验课上操作

实验讲解

某工业项目年设计生产能力为生产某种产品 3 万件，单位产品售价 3 000 元/件，总成本费用为 7 800 万元，其中固定成本 3 000 万元，总变动成本与产品产量成正比例关系。当前的销量为 2.5 万件，现在公司管理层需要建立一个决策模型用于盈亏平衡分析。有如下要求：

（1）假定公司希望获得 2 400 万元利润，计算为达到利润目标所需要的销量及销售收益；

（2）提供反映公司销售收益、总成本、利润等数据的量—本—利图形，通过图形动态反映销量从 8 000 件按 2 000 件的增量变化到 3 万件时利润的变化情况及"盈利"、"亏损"、"保本"的决策信息；

（3）考虑到市场的影响，销售价格可能有波动，用图形动态反映销售价格从 2 500 元/件按 200 元/件的增量变化到 4 000 元/件时，盈亏平衡销量和盈亏平衡销售收益的相应变化。

操作：第一步，计算单位产品变动成本和盈亏平衡产量。

单位产品变动成本：

$$C_v = \frac{(7\ 800 - 3\ 000) \times 10^4}{3 \times 10^4} = 1\ 600\ (\text{元/件})$$

盈亏平衡产量：

$$Q^* = \frac{C_f}{P - C_v} = \frac{3\,000 \times 10^4}{3\,000 - 1\,600} = 21\,429 \text{（件）}$$

第二步，在 Excel 中建立盈亏平衡分析模型。

模型结构如图 5-2 所示，在相关的单元格中输入下列公式，如表 5-1 所示。

	A	B	C
1		盈亏平衡分析	
2		销量	28571
3			
4			单位：元
5		单位产品售价	3000
6		单位可变成本	1600
7		固定成本	30000000
8			
9		单位边际贡献	1400
10		边际贡献率	47%
11		销售收入	85713000
12		总成本	75713600
13		利润	9999400
14			
15		盈亏平衡销量	21429
16		盈亏平衡销售收益	64285714

图 5-2　盈亏平衡分析模型

表 5-1　主要单元格输入公式

单元格	输入公式
C9	= C5 − C6
C10	= C9/C5
C11	= C2 × C5
C12	= C2 × C6 + C7
C13	= C11 − C12
C15	= C7/C9
C16	= C15 * C5

第三步，利用单变量求解方法得出目标利润对应的目标销量和目标销售收益。

该公司目标利润为 2 400 万元，选中单元格 C13，点击菜单栏的"数据"，选中"数据工具"中的"假设分析"选项卡，点击"单变量求解"命令。在"单变量求解"对话框中的"目标值"文本框中输入目标值 24 000 000，选择可变单元格 C2，如图 5-3 如示，按"确定"后，模型中单元格 C2 的值显示为 38 571，同时销售收益单元格 C11 的值显示为 115 714 285.7。

这里需注意的是，在模型单元格 C2 中不能采用公式（即没有等号开头）。因为使用单变量求解或规划求解来求解目标销量的方法所求得的值是作为一个常量值出现在销量单元格 C2 中的。

图 5-3　"单变量求解"对话框

第四步，根据公司的销售收益、总成本、利润等数据，绘制量—本—利图形；通过图形动态反映出销量从 8 000 件按 2 000 件的增量变化到 3 万件时利润的变化情况及"盈利"、"亏损"、"保本"的决策信息，具体操作步骤如下：

1. 采用模拟运算表准备作图数据

以销量为自变量，同时对销售收益、总成本、利润三个函数进行一维模拟运算。如图 5 - 4 中单元格 E2：H5 所示。在 F3 单元格输入" = C11"，G3 单元格输入" = C12"，H3 单元格输入" = C13"，分别引用销售收入、总成本和利润的计算公式。

在单元格 E4：E5 输入自变量的各个值，因为本例是一个线性问题，所以只需输入自变量——销量的起始值（0）和终止值（30 000）。对于非线性问题必须采用多个自变量值。因为在非线性问题中，两个自变量值间的增量越小且自变量值越多，非线性曲线就越平滑、越精确。

进行灵敏度分析即求解模拟运算表的步骤：选取单元格 E3：H5，点击菜单栏的"数据"，选中"数据工具"中的"假设分析"选项卡，点击"数据表"命令。本例采用纵向放置（列引用）自变量的各个值，在模拟运算表对话框的"输入引用列的单元格"文本框中，选择模型中的单元格 C2。数据表（即模拟运算表）的含义是用自变量 E4 和 E5 的值来替代 C2 的值，分别计算出对应的销售收入、总成本和利润的值，并将计算结果放置在单元格 F4：H5 区域。

在应用模拟运算表分析问题时，需要注意的是，模拟运算表的计算结果不能部分删除或修改，如需改变给定值，则需要提供新值来替换工作表上原来输入的值，并重新进行操作。由于运算结果是在数组中，所以不能清除单个值，而必须清除所有的值。

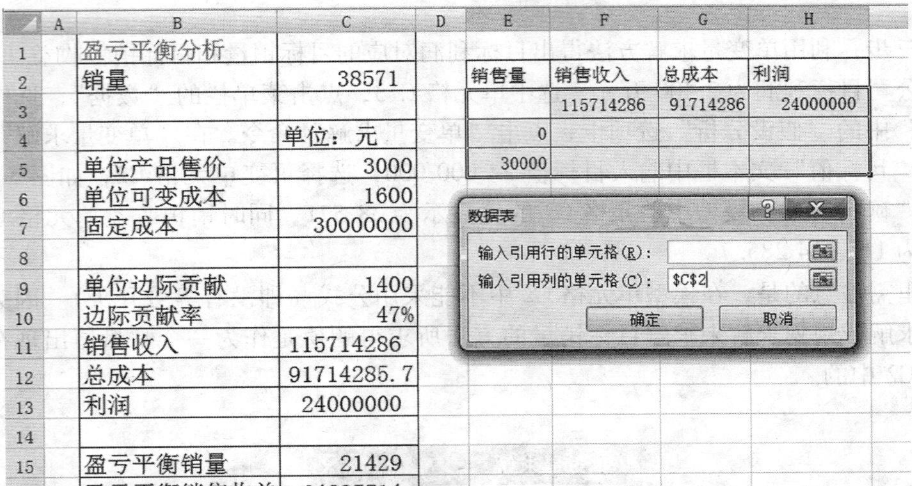

	A	B	C	D	E	F	G	H
1		盈亏平衡分析						
2		销量	38571		销售量	销售收入	总成本	利润
3						115714286	91714286	24000000
4			单位：元		0			
5		单位产品售价	3000		30000			
6		单位可变成本	1600					
7		固定成本	30000000					
8								
9		单位边际贡献	1400					
10		边际贡献率	47%					
11		销售收入	115714286					
12		总成本	91714285.7					
13		利润	24000000					
14								
15		盈亏平衡销量	21429					
16		盈亏平衡销售收益	64285714					
17								

数据表
输入引用行的单元格(R)：
输入引用列的单元格(C)：$C$2
确定　取消

图 5 - 4　"数据表"对话框

2. 利用数据表的数据绘制图形，以图形方式来反映盈亏平衡模型

利用单元格 E4：H5 的数据绘制一个 *XY* 散点图，然后编辑图形，对 *X* 轴和 *Y* 轴的刻度进行固定，以图形方式反映销售收入、总成本、利润三者间的关系，如图 5 - 5 所示。

	A	B	C	D	E	F	G	H	I	J	K	L	M	N	O
1	盈亏平衡分析														
2	销量		25000		销售量	销售收入		总成本	利润						
3						75000000		70000000	5000000						
4					0	0		30000000	-30000000						
5		单位：元			30000	90000000		78000000	12000000						
6	单位产品售价		3000												
7	单位可变成本		1600		盈亏平衡销量垂直参考线										
8	固定成本		30000000		21429	100000000									
9	单位边际贡献		1400		21429	64285714									
10	边际贡献率		47%		21429	-40000000									
11	销售收入		75000000												
12	总成本		70000000		当前销量垂直参考线										
13	利润		5000000		25000	100000000									
14					25000	75000000									
15	盈亏平衡销量		21429		25000	70000000									
16	盈亏平衡销售收益		64285714		25000	5000000									
17					25000	-40000000									
18															
19	结论														
20	销量=25000时，盈利														
21	售价=3000元，盈亏平衡销量=21429														

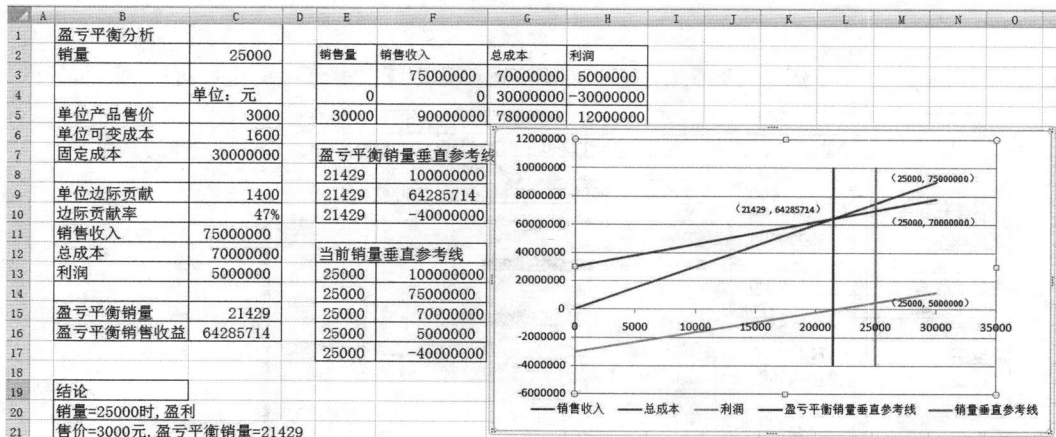

图 5-5　盈亏平衡分析图形

（1）选中 E4：H5 区域，点击菜单栏的"插入"，选中"图表"中的"散点图"选项卡，选择"带直线的散点图"。如图 5-6 所示。

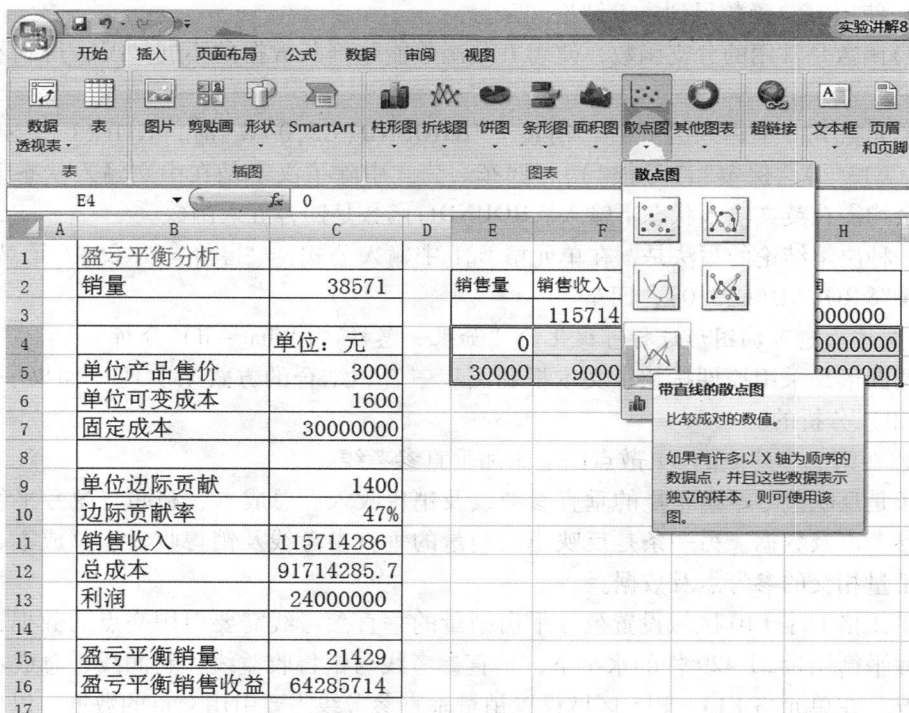

图 5-6　散点图的图形选择

（2）选中所做图形，点击鼠标右键，选择"选择数据源"，弹出对话框，如图 5-7所示。

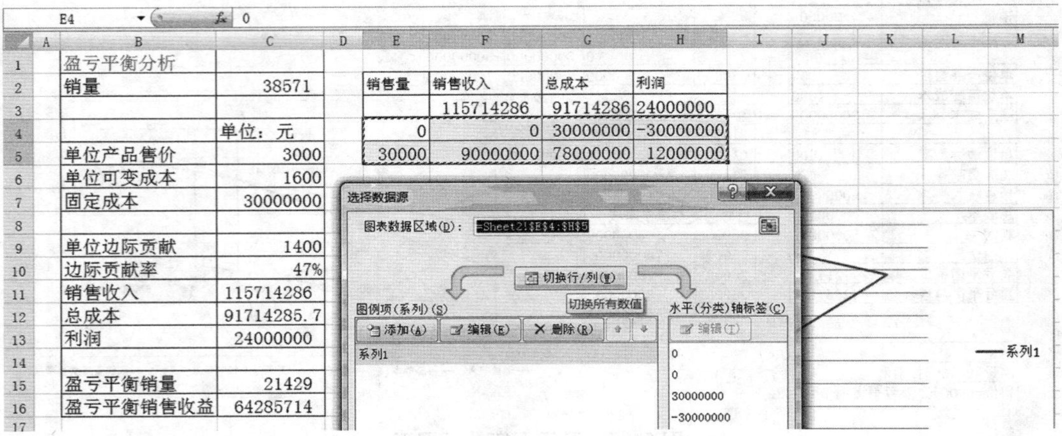

E4 ▼ *fx* | 0

	A	B	C	D	E	F	G	H
1		盈亏平衡分析						
2		销量	38571		销售量	销售收入	总成本	利润
3						115714286	91714286	24000000
4			单位：元		0	0	30000000	-30000000
5		单位产品售价	3000		30000	90000000	78000000	12000000
6		单位可变成本	1600					
7		固定成本	30000000					
9		单位边际贡献	1400					
10		边际贡献率	47%					
11		销售收入	115714286					
12		总成本	91714285.7					
13		利润	24000000					
15		盈亏平衡销量	21429					
16		盈亏平衡销售收益	64285714					

选择数据源

图表数据区域(D)：　=Sheet2!$E$4:$H$5

切换行/列(W)

切换所有数值

图例项（系列）(S)　　　　　　　　　水平（分类）轴标签(C)

添加(A)　编辑(E)　删除(R)　　编辑(T)

系列1

图5-7　"选择数据源"对话框

点击"切换行/列"，修改系列名称。选中"系列1"，点击"编辑"，输入"销售收入"，再"确定"。同理修改"系列2"和"系列3"的名称。

（3）使用 IF() 函数得到决策结论文字。

IIF() 函数是常用的分支函数，使用 IF() 函数能够判断数据的不同情况，得到不同的决策结论。

在单元格 B20 中输入公式："销量＝"&ROUND(C2,0)&"时,"& IF(C13>0,"盈利", IF(C13=0,"保本","亏损"))，回车。公式中除了汉字是在中文输入状态下输入外，其余均需在英文输入状态下输入。ROUND() 函数是四舍五入函数。

另一种决策结论的写法是，在单元格 B21 中输入公式：="售价＝"&C5&"元,盈亏平衡销量＝"&ROUND(C15,0)，回车。

3. 制作动态可调图形进行可视化的"如果—怎样"（What-If）分析

可调图形是采用控件按钮、文本框和图表三者相结合的方式来实现"如果—怎样"（What-If）分析的。

（1）在第二步建立的 *XY* 散点图上添加垂直参考线。

一条是反映盈亏平衡销量的垂直参考线及销售收入、总成本、利润与盈亏平衡销量相交的参考点及数据。另一条是反映当前销量的垂直参考线及销售收入、总成本、利润与当前销量相交的参考点及数据。

在单元格 F8：F10 区域设置盈亏平衡销量的垂直参考线需要引用交点的数据，以反映在盈亏平衡销量 21 429 件的水平下，垂直参考线与销售收益线、利润线、总成本线的交点情况。在单元格 E13：F15 区域设置销量垂直参考线需要引用交点的数据，以反映在当前销量 25 000 件的水平下，垂直参考线与销售收益线、利润线、总成本线的交点情况。单元格输入公式如表5-2所示。

表5－2　盈亏平衡销量的垂直参考线和销量垂直参考线各单元格的输入公式

单元格	输入内容	单元格	输入内容
E8	= C15	F8	= 100 000 000（注：纵坐标轴刻度上的最大值）
E9	= C15	F9	= C16
E10	= C15	F10	= －40 000 000（注：纵坐标轴刻度上的最小值）
E13	= C2	F13	= 100 000 000
F14	= C2	F14	= C11
E15	= C2	F15	= C12
E16	= C2	F16	= C13
E17	= C2	F17	= －40 000 000

　　选择单元格E8：F10，单击"复制"按钮，再单击图形，先打开菜单"开始"中的"剪贴板"选项卡中的"粘贴"，然后选择"选择性粘贴"命令，出现如图5－8所示的窗口，在该对话框窗口中进行参数设置后，按"确定"键，便会出现经过盈亏平衡销量为21 429件的一条垂直线。此时，点中该垂直线，按鼠标右键，便会出现如图5－9所示的命令选项卡，点中"添加数据标签"后，该垂直线上便会出现相应的交点值。此时，还可以再点中该垂直线，按鼠标右键，就会出现"设置数据标签格式"的选项，就可根据需要设置是否显示X轴或Y轴等值的标签格式了。同理，复制单元格E13：F17，用相同步骤做当前销量的垂直参考线。

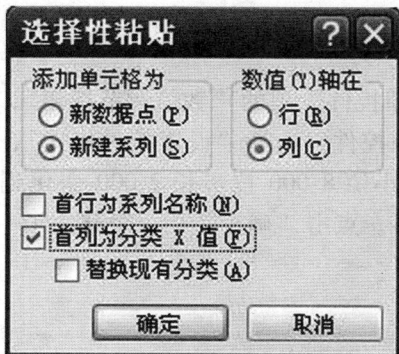

图5－8　"选择性粘贴"对话框　　　　图5－9　"添加数据标签"选项

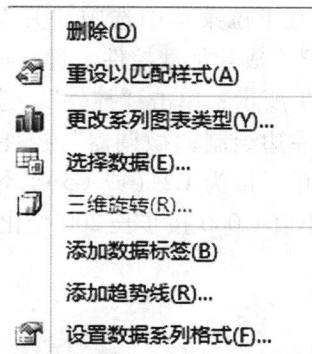

　　（2）添加制作可以改变参数值的控件按钮，并利用文本框与单元格链接的功能制作可随控件值动态变化的结论文字和数据。具体操作要点是：

　　首先在图形中画一个空白文本框，点击选中这个文本框，然后将光标定位在编辑栏中，输入"＝"，再单击被链接的单元格B20（或B21），最后按"Enter"键即可，如图5－10所示。

	B20	▼	× ✔ fx	=$B$20						
	A	B	C	D	E	F	G	H	I	J
1		盈亏平衡分析								
2		销量	25000		销售量	销售收入	总成本	利润		
3						75000000	70000000	5000000		
4			单位：元		0	0	30000000	-30000000		
5		单位产品售价	3000		30000	90000000	78000000	12000000		
6		单位可变成本	1600							
7		固定成本	30000000		盈亏平衡销量垂直参考线					
8					21429	100000000				
9		单位边际贡献	1400		21429	64285714				
10		边际贡献率	47%		21429	-40000000				
11		销售收入	75000000							
12		总成本	70000000		当前销量垂直参考线					
13		利润	5000000		25000	100000000				
14					25000	75000000				
15		盈亏平衡销量	21429		25000	70000000				
16		盈亏平衡销售收益	64285714		25000	5000000				
17					25000	-40000000				
18										
19		结论								
20		销量=25000时，盈利								
21		售价=3000元，盈亏平衡销量=21429								

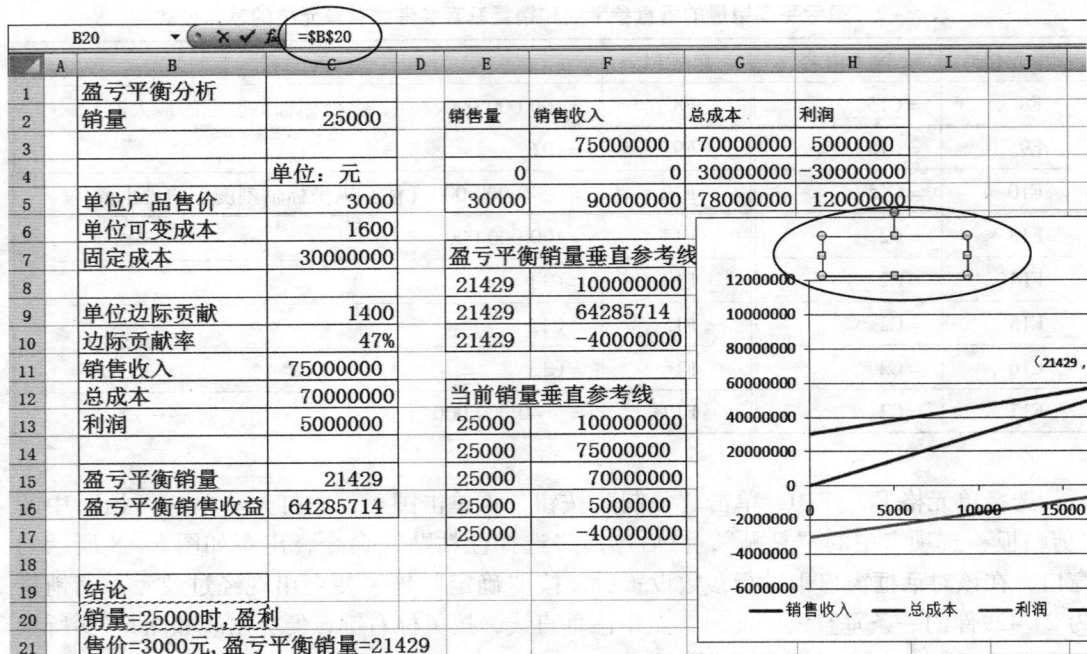

图 5-10　添加单元格链接显示

然后，打开"控件"工具栏。如果常用工具栏上没有此选项，点击页面左上角的 图标，在下拉菜单的右下角点击"Excel 选项"，选择左边的"自定义"，再点击右边的"常用命令"，在下拉菜单中选中"开发工具选项卡"，再选择"控件"并按"添加"，再点击"确定"。成功加载控件工具。

如图 5-11 所示，单击"控件"，选择"表单控件"里的"数值调节按钮"，在前面设置的文本框左边绘制"微调器"控件，右击该控件，选择"设置控件格式"，进行参数设置：链接单元格为 C2（或 C5），销量从最小值 8 000 按步长 2 000 变化到 30 000（或单价从最小值 1 000 按步长 200 变化到 4 000）。点击"确定"后，就建立了一个微调器控件。

图 5-11　控件选项卡

最后，将控件、文本框和图形组合，设置并调整相关格式后，便形成了如图 5 - 12 所示的可调图形。在该图形上进行可调操作后，出现的效果即可满足例题中所提出的要求。

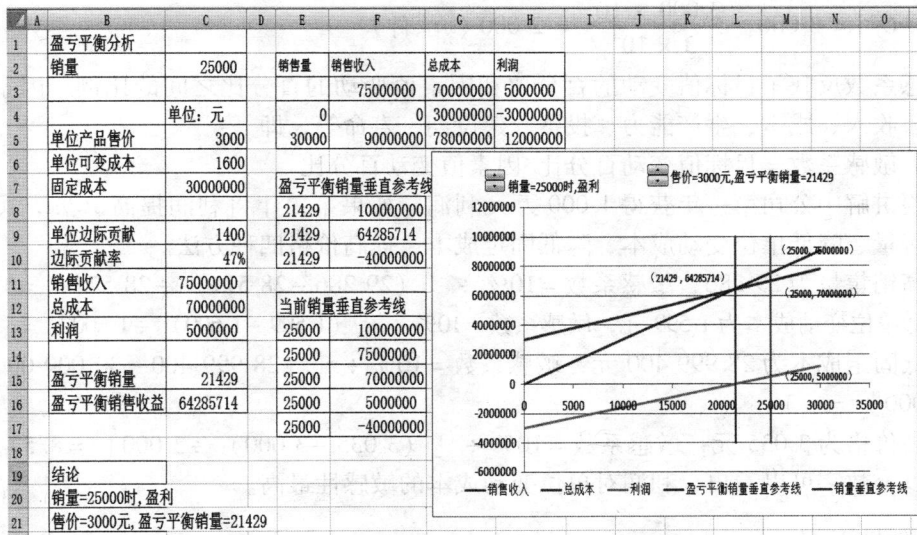

图 5 - 12　动态的盈亏平衡分析图

实验课结果分析

在销售收入及总成本都与产量呈线性关系的情况下，不仅能够计算出盈亏平衡点的销量，还可以求出以生产能力利用率、产品销售价格、单位产品变动成本等表示的盈亏平衡点。

若项目设计生产能力为 Q_C，则盈亏平衡生产能力利用率为：

$$E^* = \frac{Q^*}{Q_c} \times 100\% = \frac{C_f}{(P - W)Q_c} \times 100\%$$

若按设计能力进行生产和销售，即 $Q^* = Q_c$，则盈亏平衡销售价格为：

$$P^* = \frac{R}{Q_c} = C_v \frac{C_f}{Q_c}$$

此价格为产品的最低价格，产品最高价格是替代品的价格，所以产品实际定价应在最低价格和最高价格之间。

若按设计能力进行生产和销售，即 $Q^* = Q_c$ 且销售价格已定，则盈亏平衡单位产品变动成本为：

$$C_v^* = P - \frac{C_f}{Q_c}$$

这是在该价格下，产品的最高单位可变成本。如果产品想在此价格下售卖，要想盈利产品的单位可变成本必须要控制在此成本以下。

实验讲解的盈亏平衡生产能力利用率为：

$$E^* = \frac{3\,000 \times 10^4}{(3\,000 - 1\,600) \times 3 \times 10^4} \times 100\% = 71.43\%$$

盈亏平衡销售价格为:

$$P^* = 1\,600 + \frac{3\,000 \times 10^4}{3 \times 10^4} = 2\,600 \text{ (元/件)}$$

盈亏平衡单位产品变动成本为:

$$C_v^* = 3\,000 - \frac{3\,000 \times 10^4}{3 \times 10^4} = 2\,000 \text{ (元/件)}$$

敏感系数反映了目标值变动的百分比和因素值变动的百分比之间的比例。因素一般选择销售收入、成本、生产能力、投资、建设期、寿命等,即

敏感系数 = 目标值变动百分比/因素值变动百分比

实验讲解中公司第一年获得 1 000 万元利润,如果第二年将利润提高 10%,可以有提高销售量、降低单位变动成本、降低固定成本、提高价格四种方法。

提高销售量为 29 286,敏感系数 = 10% ÷ [(29 286 − 28 571) ÷ 28 571] = 4

降低单位变动成本为 1 599 元,敏感系数 = 10% ÷ [(1 599 − 1 600) ÷ 1 600] = −160

降低固定成本为 28 999 400 元,敏感系数 = 10% ÷ [(28 999 400 − 30 000 000) ÷ 30 000 000] = −3

提高价格为 3 035 元,敏感系数 = 10% ÷ [(3 035 − 3 000) ÷ 3 000] = 8.57

从以上数字可以看出,利润对单位变动成本的敏感性最高。

实验课练习

上机操作 5.1

某公司生产一种产品,其销售单价为 1 000 元/件,固定成本为 800 000 元,生产一件产品需要用的工时和原材料分别是 3 小时和 5 千克。假设单位工时和原材料的成本分别是 100 小时和 80 元。要求:

(1) 在工作表中生成一个以销量和工时为自变量的模拟运算表计算相应的利润。其中销量的取值范围是 1 000 ~ 5 000,步长为 500,工时的取值范围是 1 ~ 3,步长为 0.5。

(2) 绘制一个如图 5 − 13 所示的、对应各个不同工时值的、利润随销量变化的图形。

(3) 在图中绘制各利润线与横坐标轴的交点。

(4) 在图中添加一条利润线的盈亏平衡垂直参考线以及该参考线与横坐标轴的交点。

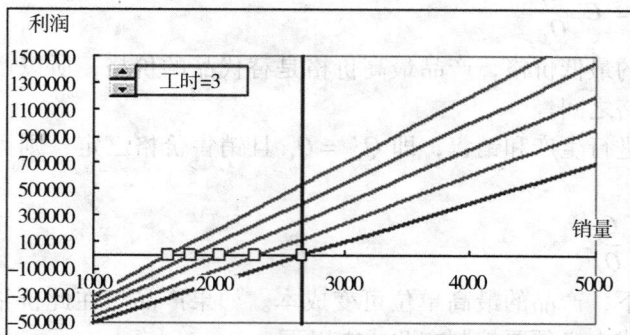

图 5 − 13 在不同工时下利润随销量变化的图形

上机操作 5.2

某公司销售一种商品，其销售单价为 30 元/件。这种商品需要从供应商处购买，采购价格由采购量（需求量）决定，原价为 20 元，若采购量达到 5 000 件时单价可以降为 17 元。设固定成本为 25 000 元（其中包括雇员的固定工资）。雇员在销售产品时可以提成，提成方式是每销售一件产品，销售价格的 5% 可做为其报酬。试在工作表中建立模型并输入适当的公式，并要求：

（1）在销量为 6 000 件时，计算单位边际贡献、边际贡献率和利润。

（2）在工作表中生成必要的数据，然后绘制一个利润随销量变化的图形，如图 5 - 14 所示。其中销量的变化范围是 1 000 ~ 10 000。

（3）在图 5 - 14 中添加盈亏平衡参考线及该参考线与横坐标轴的交点。

（4）在图 5 - 14 中添加一条表示当前年销量的垂直参考线，以及该参考线与利润线的交点，并显示交点处的利润值。

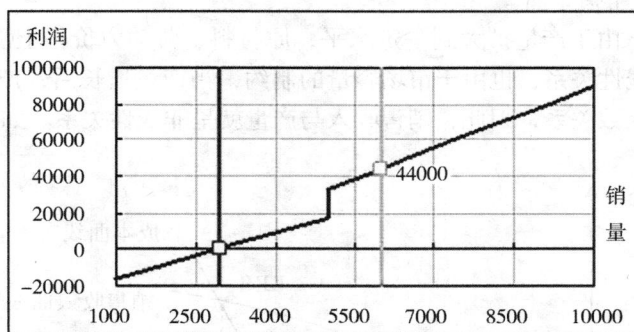

图 5 - 14　利润随销量变化的图形

上机操作 5.3

某公司生产一种产品，其销售单价为 500 元/件，固定成本为 500 000 元，生产一件产品需要用的工时、电量和原材料分别是 1 小时、2 千瓦和 5 千克。假设单位工时、用电量和原材料的成本分别是 50 元、20 元和 60 元。试在工作表中建立模型并输入适当的公式，并要求：

（1）在工作表中生成必要的数据，然后绘制一个总成本、销售收益和利润随销量变化的图形，如图 5 - 15 所示。

（2）在图 5 - 15 中添加一条盈亏平衡参考线，以及该参考线与总成本、销售收益和利润线的交点。

（3）在图 5 - 15 中添加一个用于调节销售单价的微调器，可调范围为 60 ~ 450 元/件，步长为 10 元/件。

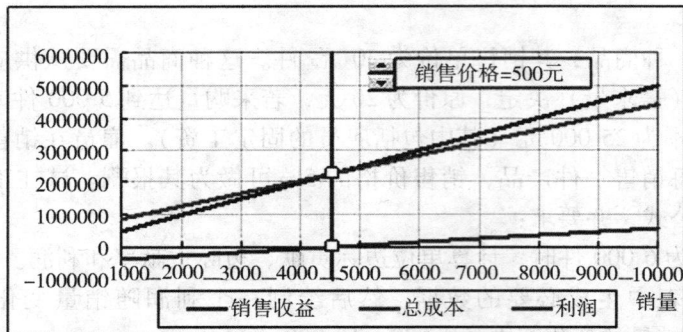

图 5 - 15　利润等随销量变化的图形

实验课总结

1. 非线性盈亏平衡分析

在生产实践中，由于产量扩大到一定水平，原材料、劳动力价格上涨会造成项目生产成本并非与产量呈线性关系，也由于市场容量的制约，当产量增长后，产品售价也会下降，价格与产量呈某种函数关系，因此，销售收入与产量就呈非线性关系。如图 5 - 16 所示。

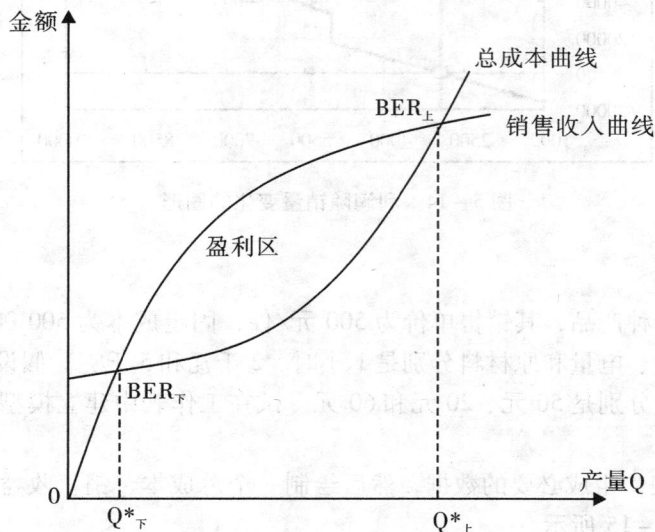

图 5 - 16　非线性盈亏平衡关系示意图

2. 成本结构与经营风险分析

销售量、产品价格及单位产品变动成本等不确定因素发生变动所引起的项目盈利额的波动称为项目的经营风险（business risk）。销售量及成本变动所引起的经营风险的大小与项目固定成本占总成本的比例有关。

设预期的年销售量为 Q_c，预期的年总成本为 C_c，固定成本占总成本的比例为 S，则固定成本为：

$$C_f = C_c \cdot S$$

单位产品变动成本为：

$$C_v = \frac{C_c(1 - S)}{Q_c}$$

当产品价格为 P 时，盈亏平衡产量为：

$$Q^* = \frac{C_c S}{P - \frac{C_c(1 - S)}{Q_c}} = \frac{Q_c C_c}{\frac{1}{S}(PQ_c - C_c) + C_c}$$

盈亏平衡单位产品变动成本为：

$$C_v^* = P - \frac{C_c S}{Q_c}$$

可以看出，固定成本占总成本的比例越大，盈亏平衡产量越高，盈亏平衡单位产品变动成本就越低。高的盈亏平衡产量和低的盈亏平衡单位产品变动成本会导致项目在面临不确定因素的变动时发生亏损的可能性增大。

设项目的年净收益为 NB，对应于预期的固定成本和单位产品变动成本，有：

$$NB = PQ - C_f - C_v Q = PQ - C_c S - \frac{C_c(1 - S)}{Q_c} Q$$

$$\frac{d(NB)}{dQ} = P - \frac{C_c(1 - S)}{Q_c}$$

显然，当销售量发生变动时，变动越大，年净收益的变化率就越大。也就是说，固定成本的存在扩大了项目的经营风险，固定成本占总成本的比例越大，这种扩大作用就越强。这种现象称为运营杠杆效应。

固定成本占总成本的比例取决于产品生产的技术要求及工艺设备的选择。一般来说，资金密集型的项目固定成本占总成本的比例比较高，因而经营风险也比较大。

3. 安全边际分析

在企业日常运营中，管理人员通过了解盈亏平衡点可以对企业在下一个周期中预定的产品销量或项目产能是否能够做到不亏损有了明确的概念，但对未来的经营状态进行计划时，仅根据下一时期计划销量超过盈亏平衡点的情况就乐观地认为不会发生亏损的话，那将是很危险的。市场上存在着许多不确定的因素，实际情况完全可能达不到事先的计划值，这时如果该计划销量不是比盈亏平衡销量高出许多的话，就很可能会出现亏损。因此，为了保险起见，人们在做计划决策时必须争取使销量达到超过盈亏平衡销量一个较大的"边际"量，即要进行安全边际分析，才可以得到一些保证。

安全边际是指正常销售量超过盈亏平衡点销售量的差额，表明销售量下降多少企业仍不致亏损。差额越大，企业发生亏损的可能性就越小，企业的经营就越安全。

安全边际 = 正常销售量 – 盈亏临界点销售量，或 $S = Q - Q^*$

安全边际率是安全边际与正常销量之间的比例，它反映的是产品盈利的安全程度，即安全边际率越高，该产品盈利的安全系数也就越大。它也可看作是安全边际指标的一种相对数的表现形式。

安全边际率 = 安全边际/正常销售量，或：

$$S = \frac{S}{Q} = \frac{Q - Q^*}{Q} = \frac{R - R^*}{R}$$

相对数指标可便于不同企业或不同行业之间进行比较。西方企业评价安全程度的经验标准，如表5-3所示。

表5-3 企业安全程度经验标准

安全边际率	10%以下	11%~20%	21%~30%	31%~40%	41%以上
安全程度	危险	值得注意	比较安全	安全	很安全

实验课练习答案

上机操作5.1

第一步，建立盈亏平衡分析模型。

计算出销售收益、总成本、利润、盈亏平衡销量及盈亏平衡销售收益，如图5-17所示。

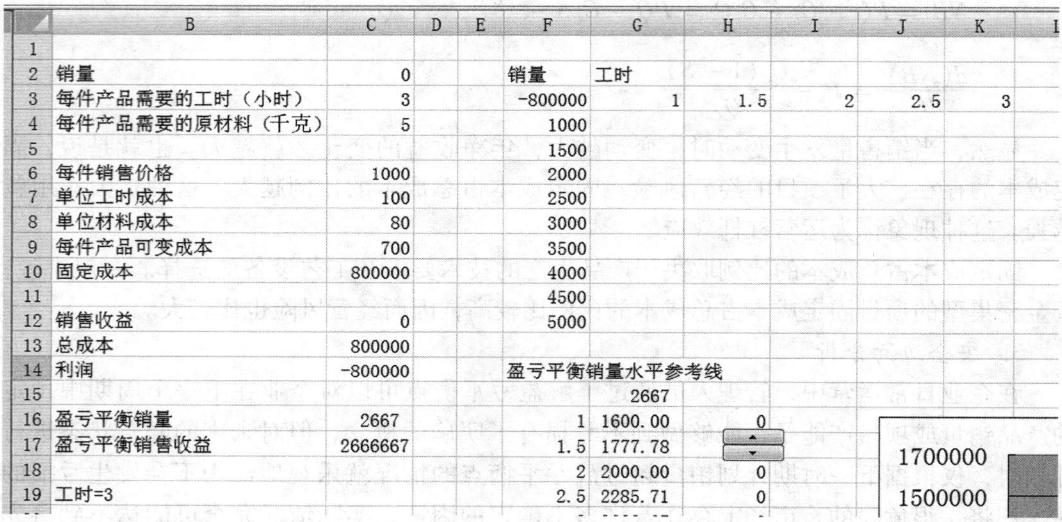

	B	C	D	E	F	G	H	I	J	K
1										
2	销量	0			销量	工时				
3	每件产品需要的工时（小时）	3			-800000	1	1.5	2	2.5	3
4	每件产品需要的原材料（千克）	5			1000					
5					1500					
6	每件销售价格	1000			2000					
7	单位工时成本	100			2500					
8	单位材料成本	80			3000					
9	每件产品可变成本	700			3500					
10	固定成本	800000			4000					
11					4500					
12	销售收益	0			5000					
13	总成本	800000								
14	利润	-800000			盈亏平衡销量水平参考线					
15						2667				
16	盈亏平衡销量	2667			1	1600.00	0			
17	盈亏平衡销售收益	2666667			1.5	1777.78				1700000
18					2	2000.00	0			
19	工时=3				2.5	2285.71	0			1500000

图5-17 建立Excel模型

在图5-17相关单元格输入下列公式，如表5-4所示。

表5-4 相关单元格输入公式

单元格	公式	单元格	公式
C3	$= 0.5 \times D3$	C14	$= C12 - C13$
C9	$= C3 \times C7 + C4 \times C8$	C16	$= C10/(C6 - C9)$
C12	$= C2 \times C6$	C17	$= C16 \times C6$
C13	$= C2 \times C7 + C10$	B19	$= $ " 工时 = "$\&C3$

第二步，准备作图数据。（第一问）

在单元格 F3：K12 建立一个利润相对于工时和销量的二维模拟运算表。分别将工时 1~3 输入 G3：K3 区域，销量 1 000~5 000 输入 F4：F12 区域。

在单元格 F3 输入"=C14"，选中 F3：K12 区域，点击菜单栏的"数据"，选中"数据工具"中的"假设分析"选项卡，点击"数据表"命令。弹出如图 5-18 所示的对话框。

此时，首先需要判断各变量的一系列给定值是放在同一行还是同一列，然后判断单元格 F3 公式中的函数关系所涉及的所有单元格中哪些是可变量。在本例中变量"工时"的给定值放在同一行，所以应该单击"输入引入行的单元格"后面的输入框，引入单元格为 C3；变量"销售量"的给定值放在同一列，所以应该单击"输入引入列的单元格"后面的输入框，引入单元格为 C2。

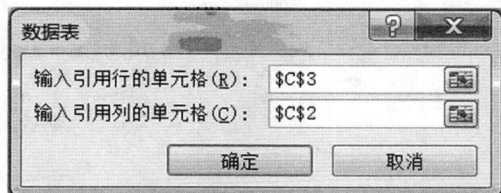

图 5-18 数据表引用单元格输入

第三步，制作折线图。（第二问）

（1）选择 F4：K12 区域绘制 *XY* 散点图，选择带直线的散点图，选中横坐标轴，双击鼠标右键，选择"设置坐标轴格式"，修改最小值为固定 1 000。

（2）在利润线与横轴交点处插入文本框，选中"文本框"，同时按"Ctrl"键，选中图，在菜单栏选择"格式"中的"组合"。（第三问）

（3）在 F14：H20 区域建立一个以工时为自变量的盈亏平衡点的模拟运算表，得出数据，添加盈亏平衡水平参考线，添加标签。同理，在 F22：G25 区域进行模拟运算，添加盈亏平衡垂直参考线和参考点。（第四问）

（4）添加控件、文本框，将它们组合，如图 5-19 所示。

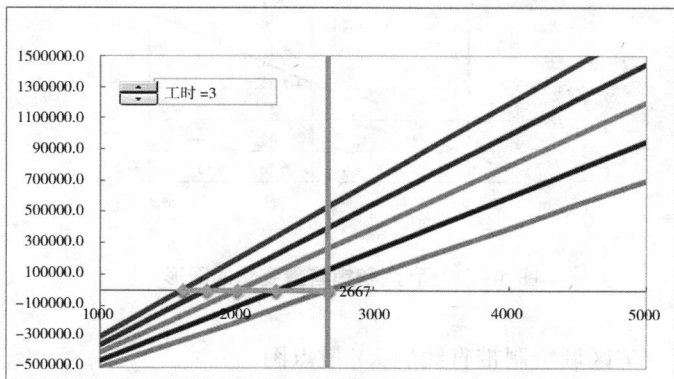

图 5-19 在不同工时下利润随销量变化的图形

上机操作 5.2

第一步，建立盈亏平衡分析模型，如图 5 – 20 所示，计算出单位边际贡献、边际贡献率、销售收益、总成本、利润、盈亏平衡销量及盈亏平衡销售收益。在 B5 单元格输入"= IF（B1 <5 000，20，17）"表示如果销量小于 5 000 件，单价为 20 元；销量大于等于 5 000 件，单价为 17 元。

	A	B	C	D	E	F	G	H
1								
2	销量	6200				销量	利润	
3	单位：元						46300	
4	销售单价	30.0	28.5			1000	−16500	
5						4999	17491.5	
6	单位可变成本	17.0				5000	32500	
7						10000	90000	
8	固定成本		25000					
9	单位边际贡献		11.5					
10	边际贡献率		40.4%			盈亏平衡销量垂直参考线：		
11	销售收益		176700			2941	100000	
12	总成本		130400			2941	0	
13	利润		46300			2941	−20000	
14								
15								
16		<5000	≥5000					
17	单位边际贡献	8.5	11.5					
18	盈亏平衡销量初算		2174			当前销量垂直参考线：		
19	盈亏平衡销售终值		2941			6200	120000	
20	盈亏平衡销售收益		83824			6200	46300	
21	结论					6200	−40000	
22	销量=6200时，盈利							
23	售价=30元，盈亏平衡销量=2941							
24								

图 5 – 20　建立 Excel 模型

第二步，准备作图数据。

在单元格 F3：G7 建立一个利润相对于销量的模拟运算表。

第三步，制作曲线图，如图 5 – 21 所示。

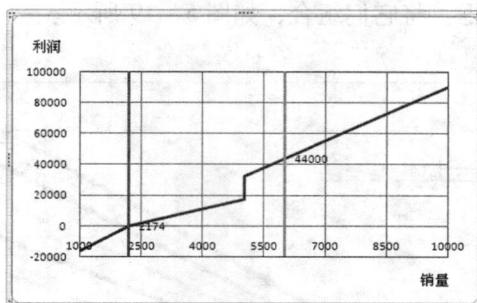

图 5 – 21　利润随销售量变化的图形

（1）选择 F4：G7 区域绘制带直线的 XY 散点图。

（2）在 F11：G13 区域建立盈亏平衡销量垂直参考线数据表，根据其数据，添加盈亏平衡参考线，添加标签。

（3）在 F19：G21 区域建立当前销量垂直参考线数据表。

（4）在 A22 单元格输入" = "销量 = "&ROUND（B2,0）&" 时," &IF（B13 > 0,"盈利"，IF（B13 = 0,"保本","亏损"））"。

（5）在 A23 单元格输入"= "售价 = "&B4&" 元，盈亏平衡销量 = "&ROUND（F11,0）"。

上机操作 5.3

第一步，建立盈亏平衡分析模型。

计算出销售收益、总成本、利润、盈亏平衡销量及盈亏平衡销售收益，如图 5 - 22 所示。

	A	B	C
1			
2	销量		5000
3			
4			
5	每件销售价格		500
6	每件可变成本		390
7	固定成本		500000
8			
9	单位边际贡献		=C5-C6
10	边际贡献		=C9/C5
11	销售收益		=C5*C2
12	总成本		=C6*C2+C7
13	利润		=C11-C12
14			
15	盈亏平衡销量		=ROUND(C7/C9, 0)
16	盈亏平衡销售收益		=C15*C5
17			
18	="销售价格="&$C$5&"元"		

图 5 - 22 建立 Excel 盈亏平衡分析模型

第二步，准备作图数据。

在单元格 F3：I5 建立一个销售收益、总成本、利润相对于销量的模拟运算表，如图 5 - 23 所示。

	A	B	C	D	E	F	G	H	I
1									
2		销量	5000			销量	销售收益	总成本	利润
3							2500000	2450000	50000
4						1000	500000	890000	-390000
5		每件销售价格	500			10000	5000000	4400000	600000
6		每件可变成本	390						
7		固定成本	500000			盈亏平衡销量垂直参考线			
8						4545	6000000		
9		单位边际贡献	110			4545	2272500		
10		边际贡献	0.22			4545	0		
11		销售收益	2500000			4545	-100000		
12		总成本	2450000						
13		利润	50000						
14									
15		盈亏平衡销量	4545						
16		盈亏平衡销售收益	2272500						
17									
18		销售价格=500元							

图 5 - 23 模拟运算表

第三步，制作曲线图。

（1）选择 F4：I5 区域绘制 *XY* 带折线散点图，点击"图形"，然后点击鼠标右键，选中"选择数据"，在弹出的对话框中点击"切换行/列"，如图 5 - 24 所示。

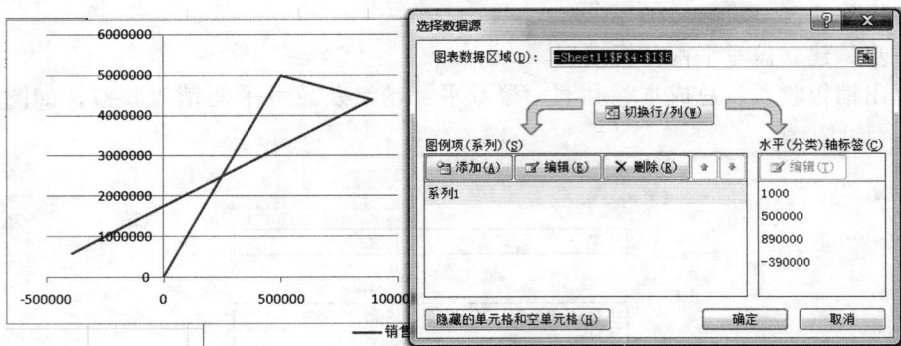

图 5 - 24 图形切换行列

（2）在图表上添加一个对销售价格控制的控件，连接单元格是 B18，使（G4：I5）变成一条移动的曲线。

（3）在 F8：G12 区域建立盈亏平衡销量表，根据其数据，添加盈亏平衡参考线，添加标签。

（4）添加控件、文本框，将它们组合，如图 5 - 25 所示。

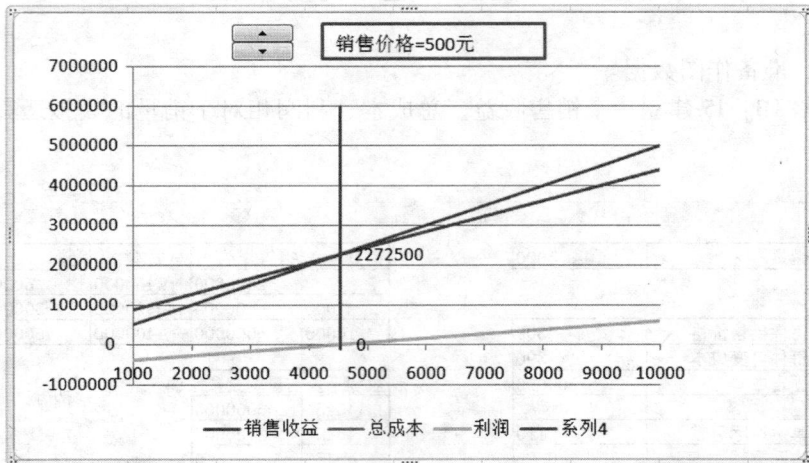

图 5 - 25 销售量与盈亏平衡销量垂直参考线

第六模块 库存论

案例

"以纯"是一个优质时尚的服装品牌，于1997年成立。在2010年涉足电子商务，但由于线下线上难以统一，于2013年1月关停了以纯的所有线上销售，推出了新的网络品牌"A21"。

"A21"是 always 21，永远年轻的意思，主要面向的消费群体是年轻人，价格比以纯线下品牌略低。无论在实体店还是网店，服装都是以女装为主的，只有少数的男装。A21就是看中了男装市场。目前，A21 的男装主要有三个系列：STREET 高街时尚系列、COLLEGE 优雅学院系列、BASIC 简约百搭系列。A21 模仿 ZARA 的全球买手制，通过多款少量，令每位顾客都可以找到称心如意的衣服。

1. 以纯 A21 在 2013 年 "双 11" 中的成果

（1）天猫 "双 11" 成果。

2010 年 11 月 11 日零点，天猫 "11·11 购物狂欢节" 正式开始。2012 年 "双 11" 当天天猫网站的销售额达到了 191 亿元，这让其他的电子商务平台可望而不可即。2013 年的 "双 11" 其他的电子商务平台也加入其中，如：京东、拍拍、苏宁易购、亚马逊、国美在线、易迅网等。但是，淘宝天猫当天的销售额以 350.19 亿元完美结束。天猫的订单增长率为 1 870%，较 2012 年环比增长了 83%，成为当天最大的赢家。

（2）A21 "双 11" 成果。

A21 于 2013 年 3 月 21 日正式上市，第一个月的销售额为 38 万，到 10 月份销售额为 500 万，在天猫的男装排名中从第 28 名上升到第 11 名。这个成绩无疑为 "双 11" 的到来打下了扎实的基础，拥有了一定的顾客群。"双 11" 对于电商来说，是能力的较量，是决定下一年销售额的重要因素。自 2013 年 11 月 11 日 0 点到 12 点 30 分，A21 的销售额就已突破 1 000 万元，到 23 点 59 分 59 秒为止，A21 订单总数达到了 24 万，销售商品共计 36 万件，销售总额达到 3 884 万元，取得了 "双 11" 促销的开门红。3 884 万元的销售额对于一个成立还不到一年的品牌来说，无疑是一份不错的成绩单。

分析一下 A21 为 "双 11" 做的准备：

（1）3 月开始确定 "双 11" 当天的款式和主推的大货款式；

（2）5 月开始准备库存，制订相应的订货计划和未来几个月的销售计划，以确保 11 月 11 日当日有充足的库存；

（3）6 月开始制订相应的营销计划；

（4）7 月到 8 月制订 "双 11" 当天的人员配备安排计划；

（5）9 月为夏装做最后促销，清库存、推出秋装；

（6）10 月各种营销方案开始实施，库存准备充分。

A21 在半年前就开始为 "双 11" 做准备，到 "双 11" 当天，其在男装的排名是第

11 名。和以纯电子商务相比，其销售额年增长达到 41.2%，同年增长 35.7%，客单价是 261 元，转化率达到 12%。

2. 以纯 A21 库存管理构成现状

A21 是以纯集团的网络专供品牌，因此有以纯集团 28 家制衣工厂作为上级供应商，为 A21 快速生产、快速补货提供了保障。A21 的库存主要是以当季衣服为主，大约占总库存的 70%；过季的衣服大约占库存总量的 30%，即有 10 多万件是转到下一年或者是促销时候清库存的。还有一小部分的次品，包括无吊牌、有瑕疵等，都要退回到工厂。

将 A21 的库存管理系统绘制成特性要因图（如图 6 - 1 所示），就能更简单明了地看出 A21 的库存决定因素。

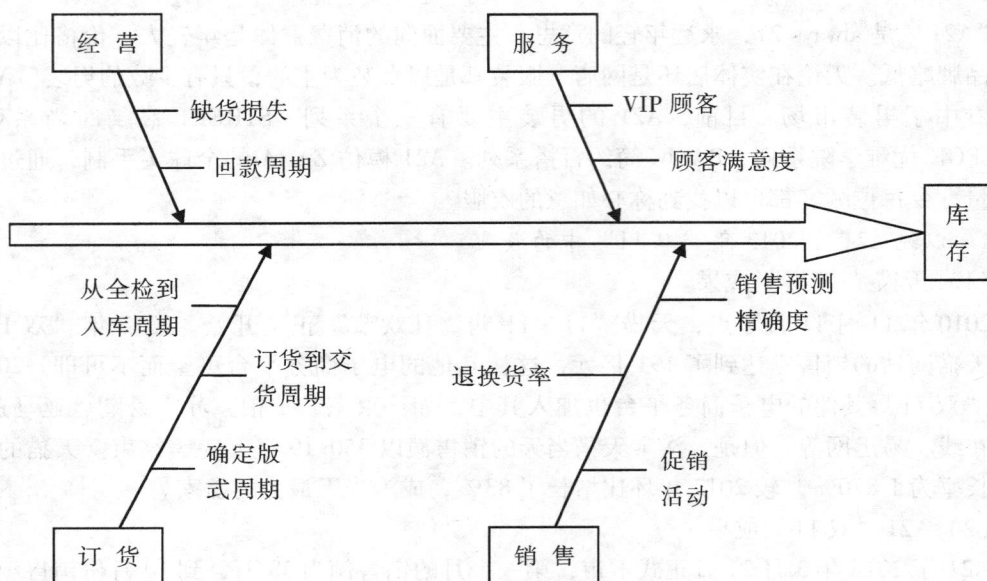

图 6 - 1 因素

由图 6 - 1 可知，库存是由多方面决定的，而且一家 B2C 网店的服装款式少则几十款多则上百款。由于服装的流行性和季节性特点，不同款式、颜色、尺码的衣服须分开存放，使服装的库存管理很复杂。A21 的库存管理由以下几个方面组成：

（1）后台管理系统。

A21 每一件衣服的入库和出库都要经过电脑的扫描，这样就可以清晰地确定库存量。库存管理系统就是 B2C 网店的后台，与前台数据进行实时对接，可以清楚订货量和订货时间。为经营决策、销售活动，提供了数据的支持。后台是整个库存管理的中心，所有的库存数据都要经过这个系统。只要查询后台，就可以了解每一款衣服的库存量。

①A21 的库存管理是由后台 WMS（Warehouse Management Systems）处理的，从服装的入库、前台网站订单锁定库存、打印订单拣货、服装的出库发货，到次品的跟踪处理、退换货的登记处理以及退换货的入库、出库等，都由后台统一管理。后台与前台网站保持数据同步，库存数量保持一致。当顾客选完商品，确认付款，生成一张新的订单时，前台与后台都相应地减少库存。

②A21 的库存管理中还设置了安全库存。同一颜色、同一尺码的衣服如果库存低于 10 件就会被下架，这 10 件就是安全库存。理论上，B2C 的前台库存与后台库存是实时更新的，可以不设置安全库存。但是，前台与后台存在信息的延迟，为了防止出现超卖现象，是要设置一定的安全库存的。

（2）SKU 码。

A21 的衣服款式有接近 200 款，每一款的衣服也有不同的颜色、尺码，单款的数量并不多。为了存储、拣货、盘点方便，A21 使用国际上的 SKU（Stock Keeping Unit）码为库存单位。每款服装都有一个 SKU 码，便于识别不同的款式。一款衣服有多色，则有多个 SKU 码，例：一件衣服，有红色、白色、蓝色，则这三种颜色衣服的 SKU 码也不相同，如果相同则会出现混淆，导致发错货。

（3）小货架、大货架配合使用。

小货架摆在大货架前，主要用来存放当季的服装，按不同区不同款号、颜色、尺码，即按不同的 SKU 码进行摆放，每一个 SKU 码上会摆放 10 件衣服。当需要发货时，就可以快速地拣货、打包。大货架用于存放小货架上不能放下的衣服，也是按 SKU 码摆放，销量好的会放在大货架下面的三层，方便快速地补货到小货架上。

（4）临时货位。

临时货位的作用：①用来存放从工厂里面运送过来的，但未进行全检的衣服；②存放已经进行全检，但未进行入库扫描的衣服；③存放在拣货过程中拣错的，但又未摆放到相应的货架上的货；④大促销时，摆放大货架的衣服；⑤存放顾客退换货的未拆包检查的衣服或者是已经检查但是未扫描入库的衣服。

A21 使用的是小批量、多批次、多品种、快进货、快出货的方式，这样能降低库存的总量。有效的管理和摆放可以准确地知道库存量，有效降低不合理的库存量。

3. 以纯 A21 在"双 11"前的库存管理

每一年的"双 11"都是电子商务企业的一次大型考验，将决定其下一年在电子商务中的排名与发展，备货就是其中一项大型任务之一。A21 是 2013 年才上市的，所以不存在前一年过季的库存，准备的都是新款当季的衣服。因此，在备货上要比同一层次的 B2C 更早地进行。A21 在 2013 年 5 月就开始为"双 11"备货，制订订货计划。

A21 主要是多批次、小批量地订货，所以订货周期一般控制在 25 天到 1 个月之间。实际上，A21 为"双 11"准备的存货主要是当季的大众款式，大部分款式的库存是足够的。所以，在销售的时候，重点是推荐大众款式，可以保证尺码、颜色齐全，不会出现缺货的现象，也能提高顾客满意度。A21 为"双 11"做的库存准备情况如下：

（1）库存总量剧增。

库存在 60 万件到 70 万件，吊牌总价在 2 亿元左右。平时，库存大概控制在 30 万件左右。订货是根据销售的历史数据，包括区域数据、年龄数据、喜好数据等，进行多批次、小批量地进货，收货的时间主要集中在 10 月的中旬和下旬。

（2）货位的调整。

将大众款存放临时货位区，节省了小货架补货的时间。大货架的第一和第二层也用于存放大众款式的衣服，大货架的上面几层用来存放小货架放不下的衣服。小货架存放库存量不多和过季的衣服。

（3）补货中转区。

存放大众款的衣服，便于小货架随时补货。

（4）临时货位。

存放大众款的衣服，还有顾客退换货寄回来的衣服和包裹。

（5）打包区。

存放包装用的盒子和快递袋，也是衣服最后打包发货的位置。"双11"大概用了8万个盒子，14万个袋子。

4. 以纯A21"双11"期间库存管理存在的问题

"双11"前，A21总库存的吊牌价是2亿元，占用资金在5 000万元到6 000万元。库存占用的资金比A21在10月份的销售总额还要多，"双11"当天在天猫中售出19万件货，只销售出1/3，库存剩余量在40万件到50万件。销售量远低于库存总量，使资金回款速度下降。

A21在天猫、京东、拍拍、一号店都有自己的B2C网店，在库存的分配上也是有所差别的。天猫是主要网店，库存占50%，京东和拍拍共同分配到的库存占30%，一号店占10%，还有10%的安全库存。"双11"当天，A21在天猫男装的销售排名是11，总销售额是3 884万元；在拍拍网中式男装的销售中排名第一，销售额达到了1 000多万元。显然，A21在库存的分配上存在一定的问题：按历史销售数据分配，不同网站的大型促销活动会导致销售总量的不同，因此这种库存分配是存在严重不足的。网站的销售量与网站的大型促销活动、网店的流量、点击率等，都有着重大关系。库存的分配，不能直接按历史销售量决定，更应该结合营运部门的各网站促销活动和历史的销售数据决定。库存的分配应该每月或者是每半个月就更新一次。

实验课前预习

1. 库存成本的构成有哪些？
2. 什么是库存的有效控制？
3. 什么是安全库存？
4. 对于库存管理，管理者面临的基本决策是什么？

实验课上讲解

1. 库存的总成本

（1）订货成本：请购手续成本、采购成本、进货验收成本、进库成本、其他成本；

（2）储存成本：资金成本、搬运成本、仓储成本、折旧及陈腐成本、其他成本；

（3）缺货成本：停工待料、有了物料后的加班、计划的变动、信誉的损失、延迟订货及销售损失；

（4）采购成本：物品年需求量的购买成本。

2. 在库存管理中经常用到的模型

（1）经济订货量模型；

（2）有计划缺货模型；

（3）EOQ模型的数量折扣；

（4）概率需求下的单阶段库存模型。

本实验内容是基于最简单的经济订货量模型来分析的。

经济订货量是采用数学的方法计算出库存的每次订货量，而这个订货量能够使一定时期内某一品种的库存总成本最少。

经济订货量模型假设：每次订货的数量相同，订货的提前期固定，需求率固定不变，不缺货，也不考虑数量折扣，初始库存为零，单件物品的存储费率不变。

D——某库存物资的年需求量（件/年）； P——单位采购成本（元/件）；

C——单位订货成本（元/次）； Q——每次订货批量（件）；

DP——全年采购成本（元/年）； TC——总费用（元/年）；

$QK/2$——全年平均库存保管费用（元/年）； DC/Q——订货费用（元/年）；

K——单件库存平均年库存保管费用（元/件）（保管费用）；

即 $TC = DP + \dfrac{DC}{Q} + \dfrac{QK}{2}$

若使 TC 最小，将上式对 Q 求导数后令其等于零，

即 $\dfrac{DC}{-Q^2} + \dfrac{K}{2} = 0$

则得到特定的经济订货批量 Q，

$$EOQ = \sqrt{\dfrac{2CD}{K}}$$

实验课上操作

实验讲解

雄鹰公司需采购某零配件，年需求量为 15 000 件，每次订货成本为 500 元，单件零配件的年储存成本为 30 元，当订货量为 900 件时，请计算年总成本及经济订货批量。

操作：第一步，如图 6-2 所示，建立 Excel 模型，输入相应的数据及公式。

	A	B	C
1			
2		年需求量（D）	15000
3		一次订货的订货成本（C）	500
4		单位年储存成本（K）	30
5			
6		订货量（Q）	900
7		年订货成本	=(C2/C6)*C3
8		年储存成本	=C4*C6/2
9		年总成本	=C7+C8
10			
11		经济订货量（EOQ）	=SQRT(2*C2*C3/C4)
12		EOQ下的年订货成本	=C2/C11*C3
13		EOQ下的年储存成本	=C11/2*C4
14		EOQ下的年总成本	=C12+C13

图 6-2　计算年库存成本及经济订货批量

第二步，求解。结果如图 6 – 3 所示。

	A	B	C
1			
2		年需求量（D）	15000
3		一次订货的订货成本（C）	500
4		单位年储存成本（K）	30
5			
6		订货量（Q）	1000
7		年订货成本	7500
8		年储存成本	15000
9		年总成本	22500
10			
11		经济订货量（EOQ）	707.1
12		EOQ下的年订货成本	10606.6
13		EOQ下的年储存成本	10606.6
14		EOQ下的年总库存成本	21213.2

图 6 – 3　求解结果

实验课结果分析

实际企业运行过程中需要了解一些关键变量在一定范围内变化会导致库存成本及经济订货批量怎样的变化。对实际情况变化所产生的结果有充分的预测才能做出正确的决策。

订货量变化对年最小总库存成本的灵敏度分析

通过作图显示当零部件年需求量从 10 000 按增量 1 000 变化到 20 000 时，经济订货批量和库存成本最小值的变动情况。

建立以订货量为自变量，以年订货成本、年储存成本、年总成本为因变量的一维模拟运算表，并做经济订货量垂直参考线及当前订货量垂直参考线的数据表，如图 6 – 4 所示。根据表格画图，增加控件进行年需求量和订货量的调节，显示图形和数据的变化，进行灵敏度分析。如图 6 – 5 所示。

	A	B	C	D	E	F	G	H	I	J
1										
2		年需求量（D）	15000			订货量	年订货成本	年储存成本	年总成本	
3		一次订货的订货成本（C）	500				=C7	=C8	=C9	
4		单位年储存成本（K）	30			200	=TABLE(,C6)	=TABLE(,C6)	=TABLE(,C6)	
5						300	=TABLE(,C6)	=TABLE(,C6)	=TABLE(,C6)	
6		订货量（Q）	1000			400	=TABLE(,C6)	=TABLE(,C6)	=TABLE(,C6)	
7		年订货成本	=(C2/C6)*C3			500	=TABLE(,C6)	=TABLE(,C6)	=TABLE(,C6)	
8		年储存成本	=C4*C6/2			600	=TABLE(,C6)	=TABLE(,C6)	=TABLE(,C6)	
9		年总成本	=C7+C8			700	=TABLE(,C6)	=TABLE(,C6)	=TABLE(,C6)	
10						800	=TABLE(,C6)	=TABLE(,C6)	=TABLE(,C6)	
11		经济订货量（EOQ）	=SQRT(2*C2*C3/C4)			900	=TABLE(,C6)	=TABLE(,C6)	=TABLE(,C6)	
12		EOQ下的年订货成本	=C2/C11*C3			1000	=TABLE(,C6)	=TABLE(,C6)	=TABLE(,C6)	
13		EOQ下的年储存成本	=C11/2*C4			1100	=TABLE(,C6)	=TABLE(,C6)	=TABLE(,C6)	
14		EOQ下的年总成本	=C12+C13			1200	=TABLE(,C6)	=TABLE(,C6)	=TABLE(,C6)	
15						1300	=TABLE(,C6)	=TABLE(,C6)	=TABLE(,C6)	
16		="年需求量="&C2				1400	=TABLE(,C6)	=TABLE(,C6)	=TABLE(,C6)	
17		="订货量="&C6								
18						经济订货量垂直参考线			当前订货量垂直参考线	
19						=C11	35000		=C6	35000
20						=C11	=C13		=C6	=C7
21						=C11	=C14		=C6	=C8
22						=C11	0		=C6	=C9
23									=C6	0

图 6 – 4　模拟运算表和垂直参考线公式显示图

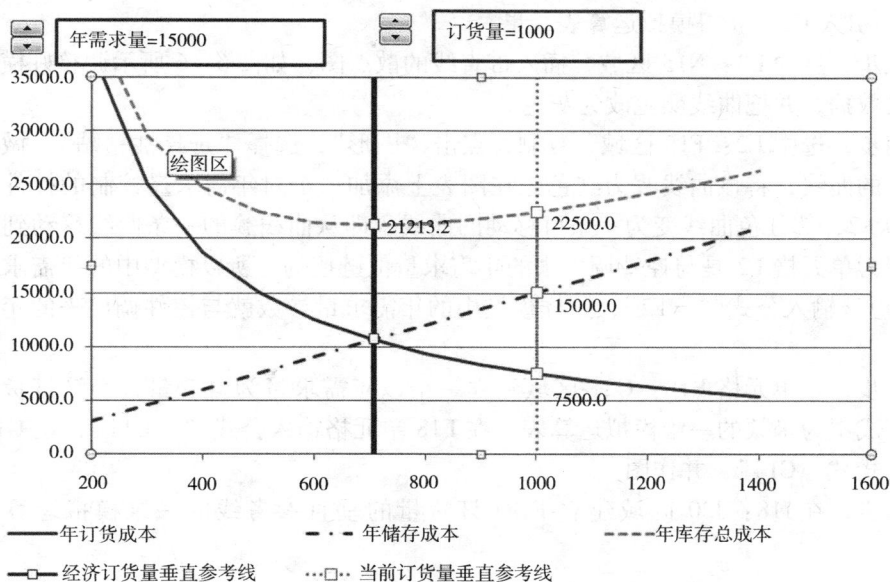

图 6 – 5 经济订货量图形

如果商品年需求量存在着较大的不确定性，决策者估计它可能在一个相当大的范围（例如 10 000 ~ 20 000 件）内变化，现在需要观察年需求量的这种变化对于经济订货量的影响。如图 6 – 5 所示，在图形上放置两个可以分别对年需求量与订货量进行调节的微调器，那么操作者便可以在年需求量固定的条件下观察订货量变化时三项成本沿各自曲线的变化，还可以观察在年需求量变化时三条年成本曲线的位置与经济订货量（以及在特定订货量下的三项年成本）的变化。

年需要量变化对年最小总库存成本的灵敏度分析

不同年需求量当然会有不同的最小总库存成本。可以绘制出不同年需求量的一簇年总成本（随订货量）变化曲线和一条特定年需求量对应的曲线，以及与该曲线联系着的经过经济订货批量的垂直参考线。如果添加一个可以对年需求量精细调节的微调器，特定曲线就会在此微调器的控制下从曲线簇中的一条曲线转移到另一条曲线，这样就能很清晰地知道在不同年需求量下，年最小总库存成本的变化情况。

用 8 条灰色背景曲线分别与年需求量 11 000、12 000 至 18 000 等数值对应，制作一个受年需求量控件控制的反映当前年需求量的红色曲线，使得在年需求量控件的操纵下红色曲线会在 8 条灰色曲线簇中由一个位置移动到另一个位置，在这个过程中红色曲线的最低点应会沿橙色轨迹线移动，而经过该最低点的垂直参考线则应会相应地左右移动。

第一步，按照图 6 – 6 所示在单元格 B2：C14 建立模型。

第二步，在单元格 E2：N15 中建立一个年总库存成本相对于年需求量和订货量的二维模拟运算表。E2 单元格输入 "= C9"，E3：E15 区域分别输入 "200、300、400、500、600、700、800、900、1000、1100、1200、1300、1400"，F2 单元格输入 "15000"，在 G2：N2 区域输入 "11000、12000、13000、14000、15000、16000、17000、18000"。

选中 E2：N15 区域，点击"数据"菜单，再选"假设分析"中的"数据表"，行引入 C2，列引入 C6，获得模拟运算表结果。

第三步，选中 E3：N15 区域，插入带直线的散点图，如图 6-6 所示调整好横轴和纵轴的标尺数据，并把曲线颜色改为灰色。

第四步，选中 E2：F15 区域，复制，点击"图形"，选择"选择性粘贴"，做出一条带有颜色的曲线，将该曲线改为红色。在图表上添加一个对年需求量控制的控件，链接单元格为 F2，使红色曲线变为一条可移动的曲线，即从曲线簇的一条曲线移动到另一条曲线。因为单元格 F2 是与控件调出来的年需求量值链接的，所以模型中的年需求量单元格 C2 中应该输入公式"=F2"，这样模型中的年需求量参数就与控件调出来的年需求量一致了。

第五步，在单元格 E18：G26 区域建立一个以年需求量为自变量，经济订货量、最小总库存成本为函数的一维模拟运算表。在 F18 单元格输入公式"=C11"，在 G18 单元格输入公式"=C14"，并作图。

第六步，在 I18：J20 区域建立 EOQ 订货量的垂直参考线的一维模拟运算表，并作图。

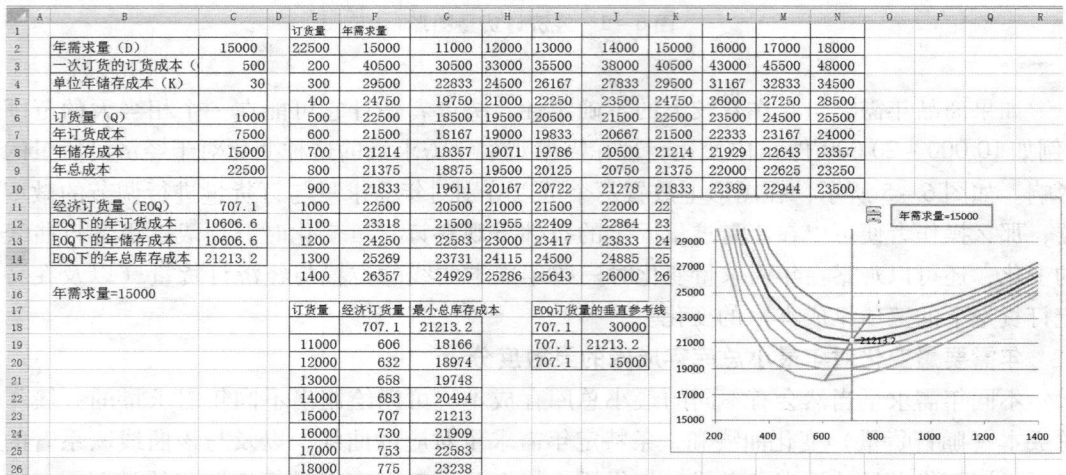

图 6-6　不同年需求量的年总库存成本

上述模型一方面反映了年总库存成本随决策变量（订货量）变化的规律，由垂直参考线标识。另一方面反映了在不同年需求量情况下，年总库存成本关于订货量的函数曲线有不同的位置，决策者可将这些曲线簇看作情景分析的背景，以了解当控制年需求量的微调器调出一系列不同的年需求量时，年总库存成本曲线可能所处的位置。

在实际经营中，实际的订货量受到供货方订货数量的影响，不一定能按照本企业计算的经济订货批量订货，当订货量微小偏离经济订货量时，会导致库存成本的增加。表6-1 显示了一个企业的实际订货量的库存成本增加幅度，明显看出大于经济订货量的库存成本增加幅度比小于经济订货量的库存成本增加幅度要小。

表6-1　随订货量变动的库存成本增加幅度

订货量	0.5	0.8	0.9	1	1.1	1.2	1.5	2
成本增加	25.0%	2.5%	0.5%	0	0.4%	1.6%	8.9%	25.0%

实验课练习

上机操作1.1

雄鹰公司需采购某零配件，年需求量为15 000件，每次订货成本为500元，单件零配件的年储存成本为30元。订货单位提供有折扣优惠，每次订货量大于等于1 500件时，采购单价在原价4.5元/件的基础上可以享受5%的优惠折扣。请决策每次订货数量。

上机操作1.2

假定年需求量为10 000件，订货周期为20天，初始库存量为0，一年按365天计算。在每天固定需求的情况下，模拟在满足经济订货量的前提下100天内产品库存随时间（天数）的变化情况。

上机操作1.3

某商店全年需求量为15 000件，每次订货成本为500元，单件零件的年储存成本为30元，一般订货量为200件。假定初始库存为100件，每日发生的储存成本与当日期末库存量成比例，一年为360天，每日需求是固定的，模拟交货期为1天（即某日发出订货要求，所订货物在次日商店开始营业前如数送达）。在此前提下，模拟360天的营业库存，并在此基础上确定模拟情况下的年订货成本、年储存成本、年总库存成本随订货量变化的规律，并制作图形验证理论上的经济订货量的正确性。

实验课总结

模拟技术是应用计算机来解决各种工程技术问题与管理决策问题的一种十分重要的方法。

由于在商品不断销售完又定期补充的情况下，库存水平是以一种三角形的"波形"起伏变动的，在刚订完货时库存量等于订货量，然后每天以固定的速度降低，经过一个周期的销售到下一次订货前它降低到零的水平。上机操作1.2从这个角度进行了模拟，可以了解库存总成本的变动情况。

上机操作1.3是针对特定的订货量，模拟商店一年（360天）每天发生的销售、订货、储存成本、总成本累加得到全年的成本值。借助模拟运算表对不同的订货量进行模拟，获得给定范围内所有订货量的全年订货成本、储存成本及总成本。

实验课练习答案

上机操作6.1

第一步，如图6-7所示建立Excel模型。

	A	B	C
1			
2		单价折扣率	0
3		折扣阈限值	1500
4		年需求量	15000
5		一次订货的订货成本（C）	500
6		单位年储存成本（K）	30
7		名义采购单价	4.5
8		实际采购单价	=IF(C9>=C3,C7*(1-C2),C7)
9		订货量（Q）	=C3
10		年订货成本	=C4/C9*C5
11		年储存成本	=C6*C9/2
12		年采购成本	=C4*C8
13		年总成本	=C10+C11+C12
14			
15		经济订货量（EOQ）	=SQRT(2*C4*C5/C6)
16		EOQ下的年订货成本	=C4/C15*C5
17		EOQ下的年储存成本	=C15/2*C6
18		EOQ下的年采购成本	=C7*C4
19		EOQ下的年总库存成本	=C16+C17+C18
20			
21		="折扣阈现值="&C3	
22		=IF(C19<C13,"采用经济订货批量，不接受折扣优惠",IF(C19=C13,"皆可","接受折扣优惠"))	
23		="单价折扣率="&C2*100&"%"	

图 6 - 7　折扣优惠时的订货决策 Excel 模型

第二步，准备作图数据。

在单元格 E3：F13 建立以订货量为自变量、年总库存成本为函数的一维模拟运算表。在 E16：F18 准备水平参考线的数据，在 E21：F23 准备 EOQ 订货量垂直参考线的数据。数据公式如图 6 - 8 所示。

	A	E	F
1			
2		订货量	年总库存成本
3			=C13
4		300	=TABLE(,C9)
5		400	=TABLE(,C9)
6		500	=TABLE(,C9)
7		600	=TABLE(,C9)
8		700	=TABLE(,C9)
9		800	=TABLE(,C9)
10		900	=TABLE(,C9)
11		=C3-0.001	=TABLE(,C9)
12		=C3	=TABLE(,C9)
13		4000	=TABLE(,C9)
14			
15		EOQ水平参考线	
16		300	=IF($C$19<$C$13,$C$19,$C$13)
17		=IF(C19<C13,C15,C9)	=IF($C$19<$C$13,$C$19,$C$13)
18		=4000	=IF($C$19<$C$13,$C$19,$C$13)
19			
20		EOQ订货量垂直参考线	
21		=E17	80000
22		=E17	=F17
23		=E17	125000

图 6 - 8　折扣优惠时的订货决策图形数据公式

在建立订货量与年总库存成本的一维模拟运算表时必须反映出达到折扣阈现值时的

转折点，在 E11 单元格输入公式"= C3 - 0.001"，在 E12 单元格输入公式"= C3"。模拟运算表的自变量是 C9，表示分别用 E4：E13 中的每个值来替代 C9 单元格中的值，分别计算出相应的各个年总库存成本值。

在 C9 单元格输入公式"= C3"，表示将折扣优惠规定的阈现值作为订货量。因为在订货量超出经济订货量以后，同等价格情况下订货量越小年总库存成本就越小，所以没有必要将订货量超过折扣阈现值。

在 E16 单元格中输入"300"；在 E17 单元格中输入公式"= IF（C19 < C13, C15, C9）"；在 E18 单元格中输入"4000"；在 F16 单元格中输入公式"= IF（$C $19 < $C $13, $C $19, $C $13）"，回车，并下拉到 F18。在 E21：E23 单元格中分别输入公式"= E17"。在 F21 单元格中输入"80000"；在 F22 单元格中输入公式"= F16"；在 F23 单元格中输入"125000"。

在图形中添加经过经济订货量的垂直参考线和参考点，通过对折扣阈现值从 1 000 按增量 50 变化到 3 500，对单价折扣率从 5% 按增量 1% 增加到 20% 进行变化，考察灵敏性变化，并通过水平参考线和图形变化显示。

上机操作 6.2

第一步，如图 6 - 9 所示建立 Excel 模型，计算出每天的库存情况。

1		
2	年需求量	10000
3	日需求量	=C2/365
4	订货周期	20
5	订货量	=C3*C4
6	初始库存量	0
7	时间（天）	30
8	已过去订货周期数	=INT(C7/C4)
9	本周期已过去天数	=C7-C8*C4
10	库存量	= C5-C9*C3
11		
12	="订货周期="&C4&"天"	
13	="时间（天）="&C7&"天"	

图 6 - 9 建立 Excel 库存模型

第二步，模拟 100 天库存。

在单元格 F2：G103 建立以天数为自变量、库存量为函数的一维模拟运算表。如图 6 - 10 所示。

第三步，绘制图形。

为了能在图形上表达反映当天库存量的红色柱子，先在 H3 单元格中输入公式"= IF（F3 = $C $7, G3, 0）"，回车，并下拉到 H103 单元格。在图形上生成的反映某天库存量的单个红色柱子会随着天数控件值的改变而变化。

说明：

IF() 函数的含义：单元格 H3：H103 反映出由控件控制的天数 C7 中的值与模拟运算表中单元格 F3：F103 中的某个天数相等时，取这一天的库存量值，否则为零。

	A	B	C	D	E	F	G	H
1							库存量	
2		年需求量	10000				328.8	
3		日需求量	27.4			0	547.9	0.0
4		订货周期	20.0			1	520.5	0.0
5		订货量	547.9			2	493.2	0.0
6		初始库存量	0.0			3	465.8	0.0
7		时间（天）	28.0			4	438.4	0.0
8		已过去订货周期数	1.0			5	411.0	0.0
9		本周期已过去天数	8.0			6	383.6	0.0
10		库存量	328.8			7	356.2	0.0
11						8	328.8	0.0
12		订货周期=20天				9	301.4	0.0
13		时间（天）=28天				10	274.0	0.0
14						11	246.6	0.0
15						12	219.2	0.0
62						62	465.8	0.0
103						100	547.9	0.0

图 6 – 10   建立 100 天的库存量模拟表

选择单元格 G3：H103 做簇状柱形图，调整坐标轴，接入控件，如图 6 – 11 所示。

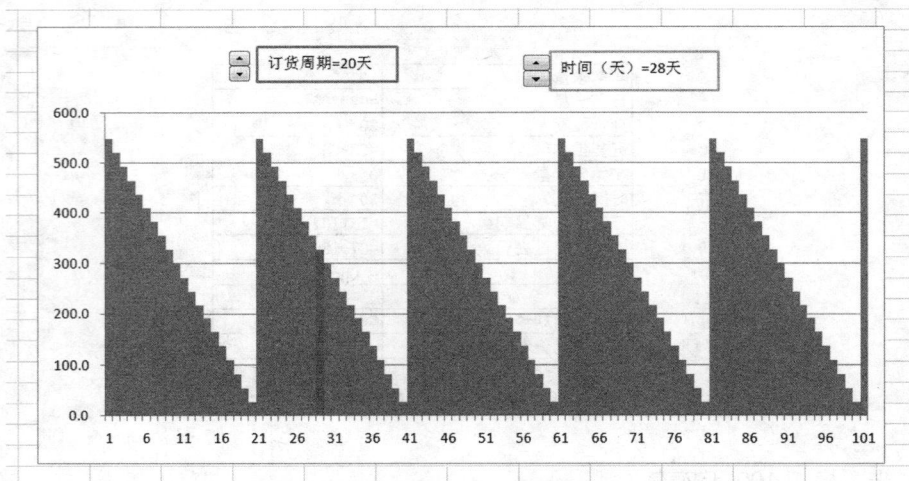

图 6 – 11   100 天的库存图形

上机操作 6.3

第一步，建立经济订货量的 Excel 模型，如图 6 – 12 所示，单元格内涵公式如上图 6 – 2 所示。

	A	B	C
1			
2		年需求量	15000
3		一次订货的订货成本（C）	500
4		单位年储存成本（K）	30
5			
6		订货量（Q）	200
7		年订货成本	37500
8		年储存成本	3000
9		年总成本	40500
10			
11		经济订货量（EOQ）	707.1
12		EOQ下的年订货成本	10606.6
13		EOQ下的年储存成本	10606.6
14		EOQ下的年总库存成本	21213.2

图6-12　建立 Excel 库存模型

第二步，模拟交货期为1天（即某日发出订货要求，所订货物在次日商店开始营业前如数送达）的商店全年的库存情况，如图6-13所示。

A	N	O	P	Q	R	S	T	U	V	W
1		初始库存	交货天数	日需求量	日储存成本					
2		100	1	41	0.083333333					
3	天	日期初库存量	日到货量	日需求量	日期末库存量	订货标记	交货期（天）	订货成本	储存成本	总库存成本
4	0				100					
5	1	100	0	41	59	0	0	0	4.92	4.92
6	2	59	0	41	18	1	1	500	1.50	501.50
7	3	18	200	41	177	0	0	0	14.75	14.75
8	4	177	0	41	136	0	0	0	11.33	11.33
9	5	136	0	41	95	0	0	0	7.92	7.92
10	6	95	0	41	54	0	0	0	4.50	4.50
11	7	54	0	41	13	1	1	500	1.08	501.08
12	8	13	200	41	172	0	0	0	14.33	14.33
13	9	172	0	41	131	0	0	0	10.92	10.92
14	10	131	0	41	90	0	0	0	7.50	7.50
15	11	90	0	41	49	0	0	0	4.08	4.08
16	12	49	0	41	8	1	1	500	0.67	500.67
17	13	8	200	41	167	0	0	0	13.92	13.92
18	14	167	0	41	126	0	0	0	10.50	10.50
19	15	126	0	41	85	0	0	0	7.08	7.08
20	16	85	0	41	44	0	0	0	3.67	3.67
21	17	44	0	41	3	1	1	500	0.25	500.25
22	18	3	200	41	162	0	0	0	13.50	13.50
23	19	162	0	41	121	0	0	0	10.08	10.08
24	20	121	0	41	80	0	0	0	6.67	6.67
25	21	80	0	41	39	1	1	500	3.25	503.25

图6-13　固定需求下交货期为1天的模型

首先，计算出日需求量和日储存成本，在相应单元格输入如表6-2所示的内容。

表6-2　计算日需求量和日储存成本单元格输入内容

单元格	输入内容	单元格	输入内容
O2	100	Q2	= INT（$C$2/360）
P2	1	R2	= $C$4/360

其次，在 N4：N364 单元格区域中产生序号。

在 R4 单元格输入"= $O$2"，并在相应单元格输入如表6-3所示的内容。

表6-3　交货期1天模拟计算360天的订货成本和总库存成本单元格输入公式

单元格	输入内容	单元格	输入内容
O5	R4	T5	= IF（S5 = 1,$P$2,0）
P5	= IF（S4 = 1,$C$6,0）	U5	= IF（S5 = 1,$C$3,0）
Q5	= $Q$2	V5	= $R$2 * R5
R5	= O5 + P5 - Q5	W5	= U5 + V5
S5	= IF（R5 < $Q$2,1,0）		

选中 O5：W5 区域，下拉到 O364：W364，计算出每天对应的三种成本值。

最后，在 U2：W2 区域计算全年的订货成本、储存成本和年总库存总成本，相应单元格输入内容如表6-4所示，结果如图6-14所示。

表6-4　订货成本、储存成本和年总库存总成本计算输入公式

单元格	输入内容	单元格	输入内容
U2	= SUM（U5：U364）	W2	= SUM（W5：W364）
V2	= SUM（V5：V364）		

	N	O	P	Q	R	S	T	U	V	W
1		初始库存	交货天数	日需求量	日储存成本			模拟订货成本	模拟储存成本	模拟总库存成本
2		100	1	41	0.083333333			37000	2985.00	39985.00
3	天	日期初库存量	日到货量	日需求量	日期末库存量	订货标记	交货期（天）	订货成本	储存成本	总库存成本
4	0				100					
5	1	100	0	41	59	0	0	0	4.92	4.92
6	2	59	0	41	18	1	1	500	1.50	501.50
7	3	18	200	41	177	0	0	0	14.75	14.75

图6-14　订货成本、储存成本和年总库存总成本计算结果

第三步，利用模拟运算表计算出不同订货量时的理论与模拟的订货成本、储存成本和年总库存总成本。如图6-15所示。

	D	E	F	G	H	I	J	K	L
1									
2			订货量	年订货成本	年储存成本	年总库存成本	模拟订货成本	模拟储存成本	模拟总库存成本
3				=C7	=C8	=C9	=U2	=V2	=W2
4			200						
5			300						
6			400						
7			500						
8			600						
9			700						
10			800						
11			900						
12			1000						
13			1100						
14			1200						
15			1300						
16			1400						

图 6 - 15　不同订货量理论成本与模拟成本模拟公式

第四步，利用模拟数据表绘制图形进行对比，如图 6 - 16 所示。

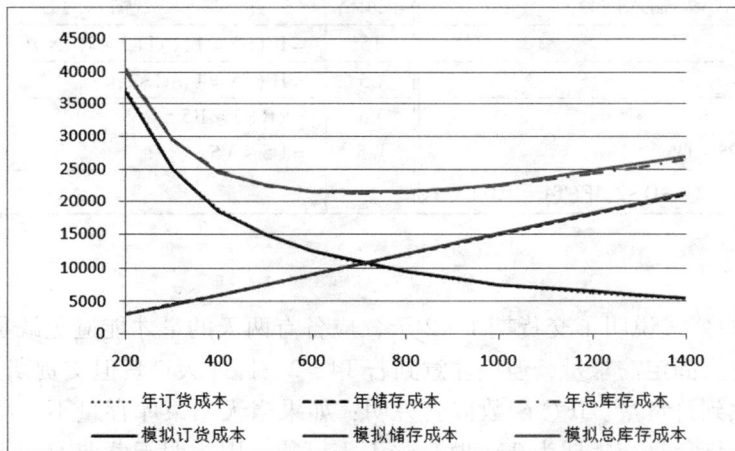

图 6 - 16　固定需求下交货期为 1 天的年成本随订货量变化的图形

第五步，模拟交货期为 1～2 天的情况（即某日发出订货要求，所订货物在次日或后日商店开始营业前如数送达），建立动态模拟 360 天营业的模型，确定模拟情况下的订货成本、储存成本和年总库存总成本随订货量变化的规律，制作图形验证理论与经济订货量公式的正确性。

首先，建立 360 天的库存模型，如图 6 - 17 所示。

	A	N	O	P	Q	R	S	T	U	V	W
1			初始库存	交货天数	日需求量	日储存成本			模拟订货成本	模拟储存成本	模拟总库存成本
2			100	1~2	41	0.083333333			37000	3651.67	40651.67
3		天	日期初库存量	日到货量	日需求量	日期末库存量	订货标记	交货期	订货成本	储存成本	总库存成本
4		0				100					
5		1	100	0	41	59	1	2	500	4.92	504.92
6		2	59	0	41	18	0	0	0	1.50	1.50
7		3	18	200	41	177	0	0	0	14.75	14.75
8		4	177	0	41	136	0	0	0	11.33	11.33
9		5	136	0	41	95	0	0	0	7.92	7.92
10		6	95	0	41	54	1	1	500	4.50	504.50
11		7	54	200	41	213	0	0	0	17.75	17.75
12		8	213	0	41	172	0	0	0	14.33	14.33
13		9	172	0	41	131	0	0	0	10.92	10.92
14		10	131	0	41	90	0	0	0	7.50	7.50

图 6-17　固定需求下交货期为 1~2 天的模型

第 0 天，在 R4 单元格输入" = $O $2"；

第 1 天，输入表 6-5 所示的内容。

表 6-5　交货期 1~2 天模拟计算 360 天的订货成本和总库存成本单元格输入公式

单元格	输入内容	单元格	输入内容
O5	R4	T5	= IF(S5 = 1, INT(2 * RAND() + 1), 0)
P5	0	U5	= IF(S5 = 1, $C $3, 0)
Q5	= $Q $2	V5	= $R $2 * R5
R5	= O5 + P5 - Q5	W5	= U5 + V5
S5	= IF(R5 < 2 * $Q $2, IF(T4 = 2, 0))		

说明：

S5 单元格的公式说明了交货期 1~2 天，应备有两天的量才能避免缺货，公式中必须反映两倍的每天固定需求量，但应注意到若 T4 = 2，即昨天订货但交货期为 2，那么明天营业前即可收到订货量。IF() 函数嵌套说明：如果当天结束库存量不够明后两天的需求，但商店昨天订货且交货期为 2 天时，仍不需订货，因为明天营业前昨天订的货肯定送到，否则，必须订货；如果当天结束库存量够明后两天的需求，则不必订货。

T5 单元格的公式表明，若订货，交货期可能为 1 或 2 的整数 INT(2 * RAND() + 1)（均匀分布的随机变量）。

第 2 天，在 O6 单元格输入" = R5"，在 P6 单元格输入" = IF(T5 = 1, $C $6, 0) + IF(T4 = 2, $C $6, 0)"。

在营业前商店可能接收到昨天订货且交货期为 1 天的送来的货和前天订货且交货期为 2 天的送来的货。

将 Q5：W5 区域的公式复制到 Q6：W6。选中 O6：W6 区域下拉至 O364：W364 区域。

其余各单元格的输入与 1 天交货期的模型相同。

其次，利用模拟运算表计算出不同订货量时的理论与模拟的订货成本、储存成本和年总库存总成本。做法与 1 天交货期的模型相同。

再次，使用全年模拟的数据绘制 100 天内库存量的变化图形，如图 6-18 所示。

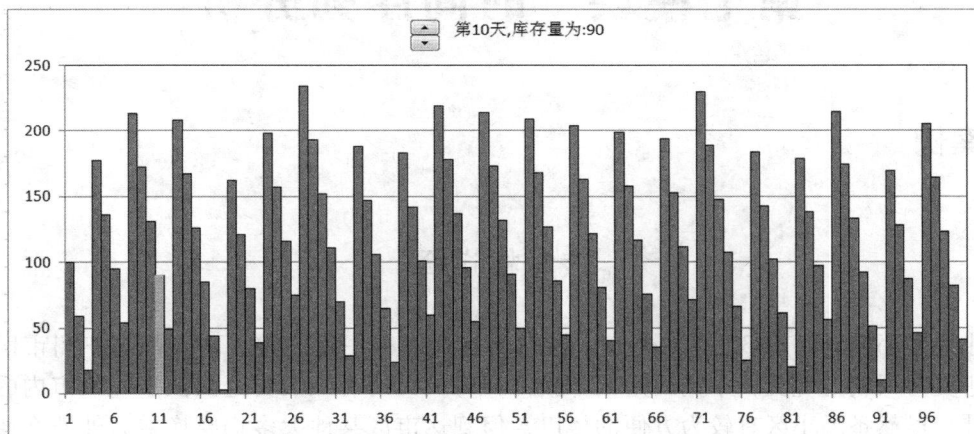

图 6-18　固定需求下交货期为 1~2 天、营业 100 天以内的库存存量变化图形

选择 N5：O364 区域画柱形图。X2 单元格用于接收控件的值，即天数，输入 10（1~100 之间的某个整数值），在 X4 单元格中输入公式"= IF($X$2 = N4,R4,0)"，回车，并下拉到 X364 单元格。

在 B17 单元格输入"= 第"&X2&"天，库存量为："&INDEX(R5：R104,X2)""。

选择 O5：O104 区域，在按住 Ctrl 键的同时选中 X5：X104，复制，点击"柱形图"，再选择"选择性粘贴"，增加控件，控件格式选择如图 6-19 所示。

图 6-19　控件格式

第七模块 时间序列分析

案例

该怎样选择

小艳和小夏是已经 30 岁的夫妇,在广州番禺拥有一套住宅。两人都在广州市区上班,小夏每天朝九晚五,小艳因是大学教师,每周大约有三天要返回位于广州市内的学校上课。虽然番禺小区有较为方便的楼巴,但到达市区某地大多仍要换乘另外的交通工具。苦于每日上班的奔波,两个人开始考虑解决办法,小夏提议买车,方便快捷;小艳提议在广州市区买房,一劳永逸。两人各有各的理由,一时意见无法统一,为此,两个人都搜集了一些资料以便驳倒对方。

表 7 - 1 是小艳找到的最近几年 93#汽油的价格变动情况。

表 7 - 1 93#汽油价格变动情况表

时间	价格(元/升)
2007 - 01 - 24	4.90
2007 - 11 - 01	5.34
2008 - 06 - 20	6.20
2008 - 10 - 07	6.37
2008 - 12 - 17	5.44
2009 - 03 - 25	5.56
2009 - 06 - 01	5.89
2009 - 06 - 30	6.37
2009 - 07 - 29	6.19
2009 - 09 - 01	6.43
2009 - 11 - 10	6.54

表 7 - 2 是小夏搜集的广州市 2009 年二手房均价变动情况。

表7-2 广州市 2009 年 4—10 月的二手房均价

月份	价格（元/平方米）
4 月	9 033
5 月	9 648
6 月	9 675
7 月	9 882
8 月	10 022
9 月	10 048
10 月	10 168

（资料来源：广州中原地产 2009 年房地产市场报告）

他们都需要从这些表中获取一些信息，例如今后的汽油价格走势和房价趋势，来支持自己的观点。

实验课前预习

1. 为说服对方，小夏和小艳需要得到什么样的结论？
2. 小夏和小艳的结论需要使用什么工具方法获得？
3. 他们得出的结论可以通过什么方法来检验？

实验课上讲解

时间序列

时间序列模型是将预测目标的历史数据按照时间的顺序排列成时间序列，然后分析它随时间变化的趋势，外推预测目标的未来值。

在时间序列中，每个时期变量数值的大小，都受到许多因素的影响。要想把各种因素加以细分，并测定其作用大小，那是很困难的。因此时间序列分析通常对各种可能发生影响的因素按性质不同分成四大成分：趋势成分、循环成分、季节成分、不规则成分。

（1）趋势成分。

尽管时间序列的数据一般呈现随机起伏的形态，但在较长的时间内，仍能表征出逐渐增加或逐渐减少的变化特点，我们把这种逐渐转变称为时间序列的趋势。一般来说趋势的表现是长期因素影响的结果。通过在 Excel 表中绘制时间序列观测值随时间变化的曲线图，再添加趋势线即可判定该时间序列是否存在趋势成分，是线性的还是非线性的。

下面给出几种时间序列可能的趋势图形，如图7-1所示。

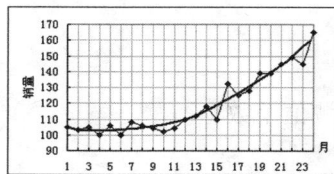

线性递增趋势

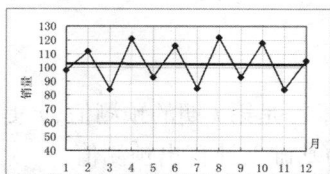

无趋势

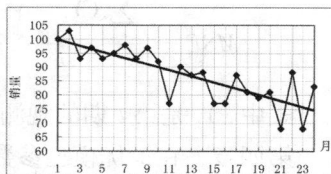

非线性趋势

图7-1 时间序列的一些可能趋势轨迹

（2）循环成分。

循环成分是以数年为周期的一种周期性变动。它与趋势成分不同，数据不是朝一个单一方向持续发展的，一个时间序列可以显示长期趋势，但时间序列的所有未来值不可能准确地落在趋势线上，事实上，有时时间序列常呈现环绕趋势线上、下波动。它的波动时间较长，变动周期长短不一，短则一年左右，长则数年、数十年，上次出现以后下次何时出现，难以预料。

循环成分的表征，一般说来是由经济中多年的循环运动引起的。任何时间间隔超过一年的环绕趋势线上、下的波动都可归结为时间序列的循环成分。

（3）季节成分。

季节成分是指由于自然条件和社会条件的影响，时间序列在一年内随着季节的转变而引起的周期的变动。季节变动的周期性比较稳定，一般是以一年为周期变动，当然也有不到一年的周期变动。例如，每天的交通流量就显示出不同的"季节"状况。要确定季节成分，至少需要两个周期的数据，而且时间序列观测值的时间间隔必须小于一年，例如季度、月、周或天。

（4）不规则成分。

不规则成分是剥离了趋势成分、循环成分、季节成分之外的剩余的或其他各种偶然性因素的成分。它是由短期的、不可预测的和不重复出现的因素引起的。例如自然灾害、意外事故、政策的改变等。因为不规则成分说明的是时间序列中的随机变动，所以是无法预测的，因此不能预测它对时间序列的影响。

时间序列的预测步骤

第一步，分析时间序列包含的成分，确定时间序列的类型。

时间序列的类型是由它所包含的成分决定的。所有的时间序列都包含不规则成分，而循环成分过于复杂，不在本书讨论范围内，故需要确定季节成分和趋势成分。

第二步，找出适合此类型的时间序列预测方法，在 Excel 表中建立模型。

对于无趋势的时间序列即平稳的序列的预测，可以选择移动平均法和指数平滑法；对于含有趋势成分的时间序列可以采用趋势预测法；对于含有季节成分的时间序列，可以采用季节指数法。

第三步，确定最优模型参数。

在不同的预测模型中，都会存在一些参数，这些参数选择的不同，直接会影响到预测的准确性，如何判断选择的参数是否合适，一般常用均方误差（*MSE*）来判定，即选择均方误差尽可能小的参数为预测模型所用参数。

$$MSE = \frac{\sum_{i=1}^{n}(Y_t - \hat{Y}_t)^2}{n}$$

式中，Y_t 是第 t 期的观测值，$\hat{Y}_t$ 是第 t 期的预测值，n 是观测值个数。

第四步，在最优模型参数的基础上计算出预测值。

本模块主要是上机操作平稳序列的预测和有趋势序列的预测。

（1）平稳序列的预测。

一个时间序列既没有趋势成分、循环成分，也没有季节成分时，我们称之为无趋势或平稳的时间序列，一般可以用移动平均预测模型和指数平滑预测模型。

（2）有趋势序列的预测。

本模块介绍含有趋势成分和季节成分的时间序列预测模型 Excel 操作。

含有线性趋势成分的时间序列，预测变量随时间的推移递增或递减，可以将预测变量的每一个时期的 Y_i 值和其对应时期 X_i 之间的线性依赖关系表示为：

$$Y_i = a + bX_i + \varepsilon_i$$

X_i 是对应时期顺序数，ε_i 代表随机因素，由于其不可预测，线性趋势预测模型表示为：$\hat{Y} = a + bX$。

在此模型中只要确定了截距 a 和斜率 b，对于每一个 X_i 就能求出对应的预测值 $\hat{Y}_i$。模型参数截距 a 和斜率 b 的确定依旧由最小均方误差获得。

季节变动预测模型是预用来测市场现象未来各季或各月的变动状况的，需要以季节变动规律结合变动趋势来确定。收集到的数据有可能按一定的时间顺序排列，有水平趋势或升降趋势，因而季节变动预测法也分为季节指数水平法和季节指数趋势法。

季节指数水平法：适用于存在季节波动的市场现象，但各年同季、同月水平波动不大，即没有趋势成分的数据预测。

预测步骤：

第一步，计算各年同季或同月的平均值 $\overline{Y}_i$，$\overline{Y}_i = \dfrac{\sum\limits_{i=1}^{n} Y_i}{n}$

式中 Y_i 为各年各月或同季观察值，n 为年数。

第二步，计算所有年度、所有季或月的平均值 $\overline{Y}_0$，$\overline{Y}_0 = \dfrac{\sum\limits_{i=1}^{n} \overline{Y}_i}{n}$

式中 n 为一年季数或月数。

第三步，计算各季或各月的季节比率 f_i（即季节指数），$f_i = \dfrac{\overline{Y}_i}{\overline{Y}_0}$

第四步，计算预测期趋势值 $\hat{X}_t$，方法如下：
①以观察年的平均值除以一年月数或季数；
②以观察年末年的年值乘以预测年的年发展速度；
③直接以观察年末年的年值除以一年月数或季数。

第五步，建立季节指数水平预测模型，$\hat{Y}_t = \hat{X}_t \times f_i$。

季节指数趋势法：适用于时间序列既有趋势又有季节性，在季节波动，但各年同月、同季水平呈上升或下降趋势。首先将时间序列的长期线性趋势删除，分析其季节变化规律。然后依据原序列的长期趋势特点，预测原时间序列的未来趋势值。最后按分析的季节变动指数调整趋势值，得出含有长期趋势、季节变动成分的预测值。

预测步骤：

第一步，以一年的季节数 4 或一年的月数 12 为 n，对观察值的时间序列进行 n 项移动平均。由于 n 是偶数，再对相邻两期移动的平均值再平均后对正，形成新的序列 M_t（称之为中心化的移动平均数），以此为长期趋势。

第二步，将各期观察值除以同期移动均值，得季节比率 f_t，即 $f_t = Y_t \div M_t$（季节不规则值，以此消除趋势）。

第三步，将各年同季或同月的季节比率平均，得季节指数 F_i，消除不规则变动。i 表示季度或月份。

第四步，计算时间序列线性趋势预测值 $\hat{X}_t$，方法如下：

①二次移动平均法；

②二次指数平滑法。

第五步，建立季节指数趋势预测模型，$\hat{Y}_t = \hat{X}_t \times F_i$。

实验课上操作

实验讲解

广州某汽车配件销售公司 2009 年 1 月至 12 月的化油器销售量如表 7 - 3 所示，请预测 2010 年 1 月的销售量。（简单移动平均模型）

表 7 - 3　2009 年 1 月至 12 月化油器的销售量　　　　　单位：个

月份	1	2	3	4	5	6	7	8	9	10	11	12
实际销售量	423	358	434	445	527	429	426	502	480	384	427	446

操作方法一：第一步，分析时间序列包含的成分，确定时间序列的类型。

（1）将数据输入 Excel 表；

（2）选中 A2：B13 区域，点击"插入"菜单，选择"图表"，选择"折线图"；

（3）选中折线图形，点击"布局"菜单，寻找"分析"子菜单中的"趋势线"，在下拉菜单中选择"线性趋势线"，在弹出的对话框中点击"系列二"，再点击"确定"。趋势线添加如图 7 - 2 所示。

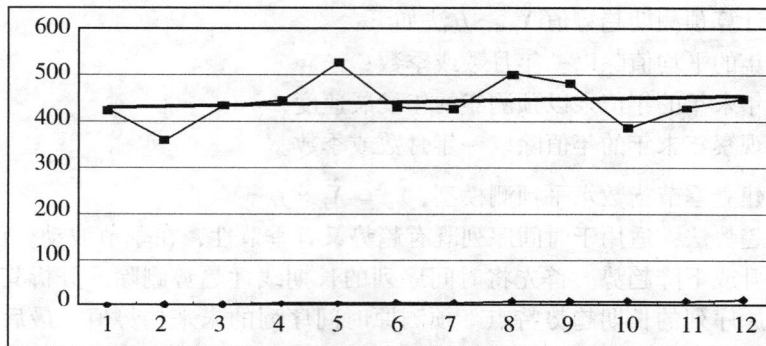

图 7 - 2　化油器的月销售量及趋势线

从图 7 – 2 看出趋势线几乎是水平的，说明化油器时间序列不包含趋势成分，围绕一个稳定的水平上下波动，因此采用简单移动平均模型预测。

第二步，在 Excel 表中建立模型。

在 G1 单元格中假定移动平均跨度为 3，在 G2 单元格输入" = AVERAGE(E2∶E13)"，如图 7 – 3 所示；

在 C5 单元格中输入" = IF(A4 < $G$1,"",AVERAGE(OFFSET(C5, – G 1, – 1, $G $1,1)))"；

在 D5 单元格中输入 " = IF(C5 = "","", B5 – C5)"；

在 E5 单元格中输入 " = IF(C5 = "","", D5^2)"。

	A	B	C	D	E	F	G
1	月份	销售量	移动平均预测值	预测误差	误差平方	移动平均跨度	3
2	1	423				MSE	=AVERAGE(E2:E13)
3	2	358					
4	3	434					
5	4	445	=IF(A4<$G$1,"",AVERAGE(OFFSET(C5,-$G$1,-1,$G$1,1)))	=IF(C5="","",B5-C5)	=IF(C5="","",D5^2)		
6	5	527					
7	6	429					
8	7	426					
9	8	502					
10	9	480					
11	10	384					
12	11	427					
13	12	446					

图 7 – 3　建立 Excel 简单移动平均预测模型

公式解释：

C5 单元格公式：用 IF() 函数判断，A4（月次）是否小于 G1（平均移动跨度），如果是，则 C5 单元格为空，本月没有预测值；如果不是，C5 应有预测值，预测值为 AVERAGE() 函数计算值，因为 G1 值是可变的，所以计算平均值的区域也是可变的，用 OFFSET() 这个函数将可变区域与 G1 的变化联动，求出不同的 G1 的平均区域。

OFFSET() 函数的功能是以指定的范围为参照系，通过给定偏移量得到新的范围。返回（求出）的范围可以为一个单元格或单元格区域，并可以指定返回的行数或列数。它需要 5 个参数，第一个参数作为参照系的基准位置；第二个参数是相对于这个基准位置向上（用负数表示）或向下（用正数表示）偏移的行数；第三个参数是相对于这个基准位置向左（用负数表示）或向右（用正数表示）偏移的列数。第四个参数是要返回数据范围的行数；第五个参数是要返回数据范围的列数。前 3 个参数指定了要返回数据范围的起始单元格。本例中这样解释公式：以 C5 单元格为起点，向上偏移 3 行，再向左偏移 1 列得到的从 B2 单元格开始的，3 行 1 列的一个范围（即单元格 B2∶B4），即前 3 周的观测值。当 G1 单元格的值改为 4 时，这个范围会变成 B2∶B5。这正是移动平均模型的估计公式所要求的观测值。

D5 和 E5 单元格公式解释：如果 C5 单元格（即预测值）是空白，那么 D5 和 E5 单元格也是空白；反之，D5 和 E5 单元格分别计算预测误差和误差平方。

将 C5、D5、E5 公式分别下拉到 C13、D13、E13。

第三步，确定最优模型参数。

直接利用均方误差极小化的原理进行计算分析。首先假定移动平均跨度值，用它求出移动平均模型各观测值相应的预测值，并计算出预测值与观测值之间的均方误差。最后利用 Excel 的规划求解工具找到均方差极值所对应的移动平均跨度的取值。

点击"数据"菜单，选择"分析"子菜单中的"规划求解"命令，在弹出的对话框中：

（1）"设置目标单元格"方块拖入 G2，此处为 MSE 值；

（2）"等于"选择"最小值"选项；

（3）"可变单元格"方块拖入 G1，此处为移动平均 n 的取值；

（4）"约束"栏的右侧点击"添加"按钮，在"单元格引用位置"处拖入 G1，在符号处选择"< ="，在"约束值"里输入"12"。

再点击"添加"按钮，在"单元格引用位置"处拖入 G1，在符号处选择"int"，如图 7 - 4 所示。

图 7 - 4 添加约束条件对话框

再点击"添加"按钮，在"单元格引用位置"拖入 G1，在符号处选择"> ="，在"约束值"里输入"1"。按"确定"按钮，输入结果如图 7 - 5 所示。

点击"求解"，选择"确定"即得出最优参数为 5。

图 7 - 5 规划参数输入

第四步，在最优模型参数的基础上计算出预测值。

将鼠标选定 C13 单元格，下拉到 C14，即得到第 13 周的预测值。如图 7 - 6 所示。

图 7 - 6　预测结果显示

第五步，画图显示动态的不同平均移动跨度的预测值。

在 A15 单元格中输入公式" = "平均移动跨度 = "&ROUND（G1,0）"。选择 A2：B13 区域，插入散点图，选择"带直线和数据标记的散点图"。再选中 A2：A13 区域，按 Ctrl 键，同时选中 C2：C13 区域，复制，点击刚做的图形，选择"选择性粘贴"，在弹出的对话框中选中"新建系列"，最后进行必要的纵坐标修订，将预测值与观测值在同一图表中显示，如图 7 -7 所示。

进行控件设计，最小值为 2，最大值为 11，步长为 1。

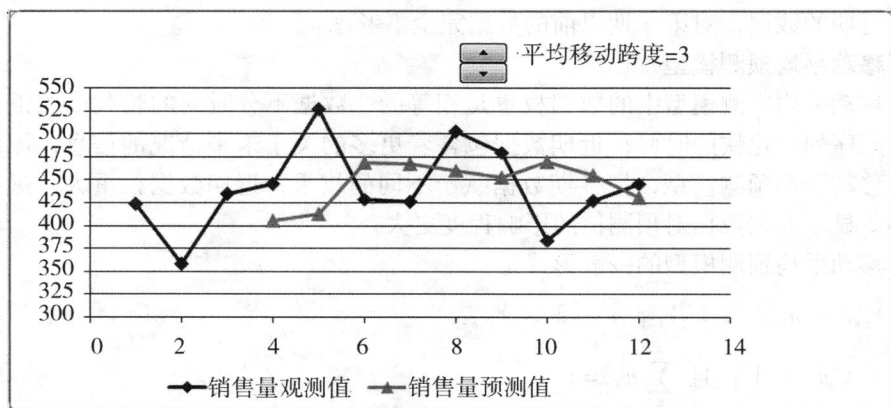

图 7 - 7　观测值与预测值的对比图形

操作方法二：第一步与方法一相同，判定需使用的预测模型。

第二步，在工作表中选择一个空的单元格，点击"数据"菜单，选择"分析"子菜单中的"数据分析"命令，寻找"移动平均"模型，在弹出的对话框中输入相关参数，如图 7 -8 所示。

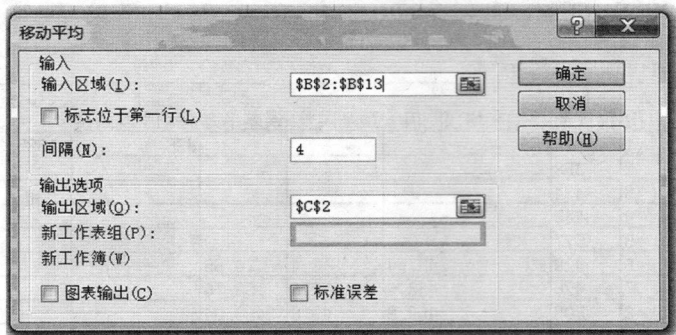

图 7 – 8   移动平均参数输入

第三步，如方法一的作图法，可以做出确定平均移动步长的预测值与观测值的对比图形。

实验课结果分析

无趋势或平稳的时间序列，一般可以用移动平均预测模型和指数平滑预测模型。

简单移动平均预测模型

用时间序列中的平均随机波动来预测时间序列变化的基本方向。下一个时期的预测值是求最近 n 个时期的观测值的平均数。n 为简单移动平均模型的参数，n 值的取值个数越大，预测结果受以往数据的影响越大；n 值的取值个数越小，预测结果越能反映时间序列的变化快慢。这种模型只适合做近期预测。指数平滑模型是移动平均模型的改进和发展，它克服了移动平均模型的两个不足之处：一是存储数据量较大，二是对所有数据只是使用最近期的数据，对第 n 期以前的数据完全不考虑。

加权移动平均预测模型

简单移动平均预测模型中的数据权重是相等的，数据不分时间的长久或接近预测时期。当时间序列变化快的时候，近期数据包含着更多的关于未来情况的信息，因而可以使用加权移动平均预测模型，把各期数据赋予不同的权重，近期数据权重大，远期数据权重偏小，显示近期数据对预测值的影响程度更大。

加权移动平均预测模型的一般形式是：

$$\hat{Y}_{t+1} = w_1 Y_t + w_2 Y_{t-1} + \cdots + w_n Y_{t-n+1}$$

$$0 \leqslant w_i \leqslant 1 , \text{ 且 } \sum_{i=1}^{n} w_i = 1$$

指数平滑预测模型

指数平滑预测模型用过去时间序列值的加权平均数作为预测值，是加权移动平均模型的一种特殊情形。最基本的简单指数平滑模型是：

$$\hat{Y}_{t+1} = (1 - \alpha) \hat{Y}_t + \alpha Y_t$$
$$= \hat{Y}_t + \alpha (Y_t - \hat{Y}_t)$$

式中 $\hat{Y}_{t+1}$ 是 $t + 1$ 期的预测值，$\hat{Y}_t$ 是 t 期的预测值，Y_t 是 t 期的观测值，α 是 $0 \sim 1$ 之间

的常数，称为平滑指数。

$\hat{Y}_{t+1}$ 是 t 期预测值 $\hat{Y}_t$ 和 Y_t 的加权平均；$\hat{Y}_{t+1}$ 等于 $\hat{Y}_t$ 加上 t 期预测误差 $Y_t - \hat{Y}_t$ 的 α 倍。因此一旦确定了 α，只要知道前一期的预测值和观测值，就能对下一时期进行指数平滑预测。

实验课练习

上机操作 7.1

广州某汽车加油站某段时间每周的 93# 汽油的销售量如表 7 - 4 所示，请用加权移动平均预测模型预测第 13 周的销售量。观测值数量 n 取 3，最近期观测值的权数为最远期的 3 倍，中间期观测值的权数是最远期的 2 倍。（加权移动平均预测模型）

表 7 - 4　每周的 93# 汽油的销售量　　　　　　　　　单位：吨

周数	1	2	3	4	5	6	7	8	9	10	11	12
销售量	17	21	19	23	18	16	20	18	22	20	15	22

上机操作 7.2

某地市场上服装前 14 个月的平均销售价格如表 7 - 5 所示，预测第 15 个月的平均价格。（指数平滑预测模型）

表 7 - 5　某地市场上服装前 14 个月的平均销售价格　　　　　单位：元

月份序号	1	2	3	4	5	6	7	8	9	10	11	12	13	14
平均单价	96	98	95	100	103	98	94	96	102	92	105	100	99	101

上机操作 7.3

我国 1965 年到 1985 年的发电量如表 7 - 6 所示，预测 1986 年和 1987 年的发电总量。（线性趋势）

表 7 - 6　我国 1965 年到 1985 年的发电量　　　　　　　单位：亿度

年份	1965	1966	1967	1968	1969	1970	1971	1972	1973	1974	1975
发电量	676	825	774	716	940	1 159	1 384	1 524	1 668	1 688	1 958
年份	1976	1977	1978	1979	1980	1981	1982	1983	1984	1985	
发电量	2 031	2 234	2 566	2 820	3 006	3 093	3 277	3 514	3 770	4 107	

（资料来源：国家统计局．奋进的四十年．北京：中国统计出版社，1989.）

上机操作 7.4

某地区 2005—2008 年各季棉衣、皮衣的销售额资料如表 7 - 7 所示，预测 2009 年各季的销售额。（季节指数水平法）

表 7 - 7　2005—2008 年各季棉衣、皮衣的销售额　　　　单位：万元

季　　别	各年销售额			
	2005	2006	2007	2008
第一季	148	138	150	145
第二季	62	64	58	66
第三季	76	80	72	78
第四季	164	172	180	173

上机操作 7.5

某工厂 2005—2008 年电视机的销量如表 7 - 8 所示，预测 2009 年各季的销售量。（季节指数趋势法）

表 7 - 8　2005—2008 年各季电视机的销售量　　　　单位：千台

季　　别	各年销售额			
	2005	2006	2007	2008
第一季	4.8	5.8	6	6.3
第二季	4.1	5.2	5.6	5.9
第三季	6	6.8	7.5	8
第四季	6.5	7.4	7.8	8.4

实验课总结

要建立预测模型，首先要找到影响预测目标变化的主要因素，研究不同变量之间的线性相关关系的预测方法是回归模型，已在上个模块中介绍过。现实中的经济现象是错综复杂的，有时要想找到影响预测目标变化的主要因素是相当困难的；有时即使找到了，在缺乏必要的统计数据时，也不能用回归分析模型，这时可以考虑使用时间序列预测模型。

实验课练习答案

上机操作 7.1

第一步，经计算，$w_1 = 0.5$，$w_2 = 0.34$，$w_3 = 0.16$。

第二步，如图 7 - 9 所示输入数据及公式，选中 C5，下拉到 C14，得到如图 7 - 10 所示的结果。

F20

	周数	销售量	n=3	远期权重	中期权重	近期权重
1	周数	销售量	n=3	远期权重	中期权重	近期权重
2	1	17		0.16	0.34	0.5
3	2	21				
4	3	19				
5	4	23	=B2*$D$2+B3*$E$2+B4*$F$2			
6	5	18	=B3*$D$2+B4*$E$2+B5*$F$2			
7	6	16	=B4*$D$2+B5*$E$2+B6*$F$2			
8	7	20	=B5*$D$2+B6*$E$2+B7*$F$2			
9	8	18	=B6*$D$2+B7*$E$2+B8*$F$2			
10	9	22	=B7*$D$2+B8*$E$2+B9*$F$2			
11	10	20	=B8*$D$2+B9*$E$2+B10*$F$2			
12	11	15	=B9*$D$2+B10*$E$2+B11*$F$2			
13	12	22	=B10*$D$2+B11*$E$2+B12*$F$2			
14			=B11*$D$2+B12*$E$2+B13*$F$2			
15						
16		MSE	=SUMXMY2(C5:C13,B5:B13)/COUNT(C5:C13)			
17		权重和	=D2+E2+F2			
18						

图 7-9 加权移动平均预测模型 Excel 公式

Microsoft Excel - 加权移动平均

文件(F) 编辑(E) 视图(V) 插入(I) 格式(O) 工具(T) 数据(D)

F18

	周数	销售量	n=3	远期权重	中期权重	近期权重
1	周数	销售量	n=3	远期权重	中期权重	近期权重
2	1	17		0.16	0.34	0.5
3	2	21				
4	3	19				
5	4	23	19.36			
6	5	18	21.32			
7	6	16	19.86			
8	7	20	17.8			
9	8	18	18.32			
10	9	22	18.36			
11	10	20	20.32			
12	11	15	20.36			
13	12	22	17.82			
14			19.3			
15						
16		MSE	11.5187			
17		权重和	1			

图 7-10 加权移动平均预测模型预测值显示

第 13 周的预测值为 19.3。

在加权移动平均模型中权重和移动平均跨度都需要确定，一般在给定 n 值后，用规划求解求出均方误差最小的权重值。

规划求解参数输入如图 7-11 所示，权重计算结果如图 7-12 所示。权重发生了变化。

图7-11 规划求解参数输入

图7-12 权重计算结果显示

上机操作7.2

第一步，分析时间序列包含的成分，确定时间序列的类型。

将数据输入 Excel 表，做折线图步骤同上机操作7.1，得到如图7-13所示的图形。

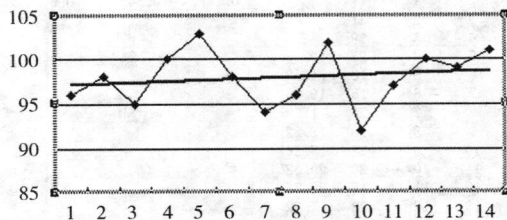

图7-13 添加趋势线

从图7-13可以看出趋势线几乎是水平的，说明服装销售价格的时间序列不包含趋势成分，而是围绕一个稳定的水平上下波动，因此采用指数平滑预测模型预测。

第二步，在 Excel 表中建立模型，对于给定的 α 值（如 $\alpha = 0.4$）可以通过以下步骤得出预测值。

点击"数据"菜单，选择"分析"中的"数据分析"命令，找到并双击"指数平滑"，弹出对话框。按图7-14所示输入数据。阻尼系数是 $1 - \alpha$。

按"确定"按钮，在 C2 单元格输入"96"，选中 C15 单元格，下拉，即得到第15个月的预测值，如图7-15所示。

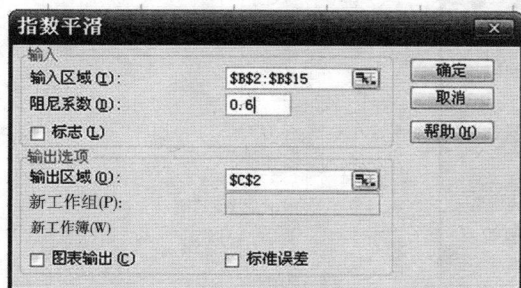

图 7－14　“指数平滑”对话框

	A	B	C	D	E	F
1	月份	销售平均价格	预测值		平滑指数	0.4
2	1	96	96			
3	2	98	96			
4	3	95	96.8			
5	4	100	96.08			
6	5	103	97.648			
7	6	98	99.7888			
8	7	94	99.07328			
9	8	96	97.043968			
10	9	102	96.6263808			
11	10	92	98.7758285			
12	11	105	96.0654971			
13	12	100	99.6392983			
14	13	99	99.783579			
15	14	101	99.4701474			
16	15		100.082088			

图 7－15　指数平滑预测值

如果没有给定 α 值，则需在电子表格中建立预测模型，如图 7－16 所示，在 C3 和 F2 单元格分别输入公式，我们假定 $\alpha = 0.3$（这里的 α 值可以随意设置，只要 $0 < \alpha < 1$），在 C3 单元格输入公式“$\hat{Y}_{t+1} = \hat{Y}_t + \alpha(Y_t - \hat{Y}_t)$”，选中 C3 并下拉到 C15。

	A	B	C	D	E	F
1	月份	销售平均价格	预测值		平滑指数	0.3
2	1	96	96		MSE	=SUMXMY2(C2:C15,B2:B15)/COUNT(C2:C15)
3	2	98	=C2+$F$1*(B2-C2)			
4	3	95				
5	4	100				
6	5	103				
7	6	98				
8	7	94				
9	8	96				
10	9	102				
11	10	92				
12	11	105				
13	12	100				
14	13	99				
15	14	101				
16	15					

图 7－16　单元格输入公式显示

第三步，确定最优模型参数。

进行线性规划求解，解出使均方误差最小的最优参数，即最优指数平滑系数值。在规划求解参数对话框中，输入如图 7－17 所示的数据。点击“求解”，选择“确定”即得出最优 α 为 0.359。

第四步，在最优模型参数的基础上计算出预测值。

将鼠标选定 C15 单元格，下拉到 C16，即得到第 15 个月的预测值。如图 7－18 所示。

图7-17 α的规划求解参数输入

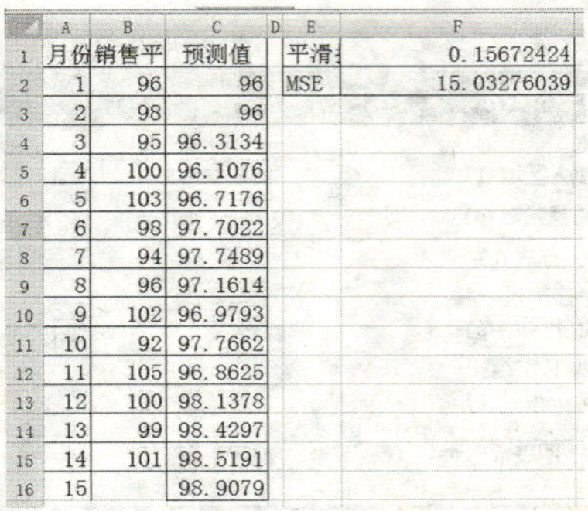

图7-18 最优α值的预测值

关于α的取值：

α = 0 时，$\hat{Y}_{t+1} = \hat{Y}_t$，下一期预测值等于原先时期的预测值，远、近期不变。

α = 1 时，$\hat{Y}_{t+1} = Y_t$，下一期预测值等于本期的真实值，预测值等于初始期观测值。

α取值大时，对时间序列真实值的修正幅度小，系数 $(1-\alpha)^t$ 的趋小速度快，前期预测值对后期预测值影响小。

α取值小时，对各期真实值变动的修正幅度大，系数 $(1-\alpha)^t$ 的趋小速度慢，前期预测值对后期预测值的影响大。

上机操作7.3

操作方法一：第一步，分析时间序列包含的成分，确定时间序列的类型。

输入数据，做折线图。添加趋势线，点击"添加趋势线"命令，在弹出的对话框中的"类型"选项卡上选择"线性"，在"选项"选项卡上选择"显示公式"、"显示平方值"两个复选框，单击"确定"按钮。如图7-19所示，可以看出图形呈线性递增的趋势，说明发电量时间序列包含趋势成分，且 R^2 大于 0.9，趋势方程直线拟合得较好，可以采用线性趋势预测模型。

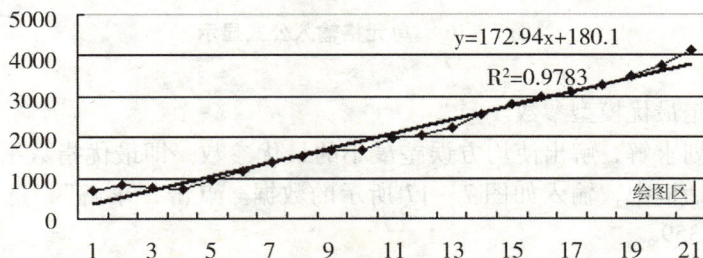

y=172.94x+180.1

R²=0.9783

绘图区

图7-19 添加趋势线

第二步，在 Excel 表中建立模型，在最优模型参数的基础上计算出预测值。

如图7-20所示，在 A23、A24 单元格中分别输入"22"和"23"序号，在 B23、B24 单元格中分别输入"1985"和"1986"，在 D2 单元格中输入计算公式，并下拉到 D24 单元格。得到预测值，如图7-21所示。

	A	B	C	D	E	F
1	t	年份	发电量	预测值	截距a	180.1
2	1	1965	676	=$F$2*A2+$F$1	斜率b	172.93
3	2	1966	825			
4	3	1967	774			
5	4	1968	716			
6	5	1969	940			
7	6	1970	1159			
8	7	1971	1384			
9	8	1972	1524			
10	9	1973	1668			
11	10	1974	1688			
12	11	1975	1958			
13	12	1976	2031			
14	13	1977	2234			
15	14	1978	2566			
16	15	1979	2820			
17	16	1980	3006			
18	17	1981	3093			
19	18	1982	3277			
20	19	1983	3514			
21	20	1984	3770			
22	21	1985	4107			
23	22	1985				
24	23	1986				

图 7 - 20　输入的数据和公式

	A	B	C	D	E	F
1	t	年	发电量	预测值	截距a	180.1
2	1	1965	676	353.04	斜率b	172.94
3	2	1966	825	525.98		
4	3	1967	774	698.92		
5	4	1968	716	871.86		
6	5	1969	940	1044.8		
7	6	1970	1159	1217.74		
8	7	1971	1384	1390.68		
9	8	1972	1524	1563.62		
10	9	1973	1668	1736.56		
11	10	1974	1688	1909.5		
14	13	1977	2234	2428.32		
15	14	1978	2566	2601.26		
16	15	1979	2820	2774.2		
17	16	1980	3006	2947.14		
18	17	1981	3093	3120.08		
19	18	1982	3277	3293.02		
20	19	1983	3514	3465.96		
21	20	1984	3770	3638.9		
22	21	1985	4107	3811.84		
23	22	1986		3984.78		
24	23	1987		4157.72		

图 7 - 21　预测值显示

操作方法二：第一步与方法一相同，判定需使用的预测模型。

第二步，光标选中 D23 单元格。

第三步，点击插入函数"f_x"图标。在对话框中选择"统计"函数类别，再选择"FORECAST"函数，如图 7 - 22 所示。

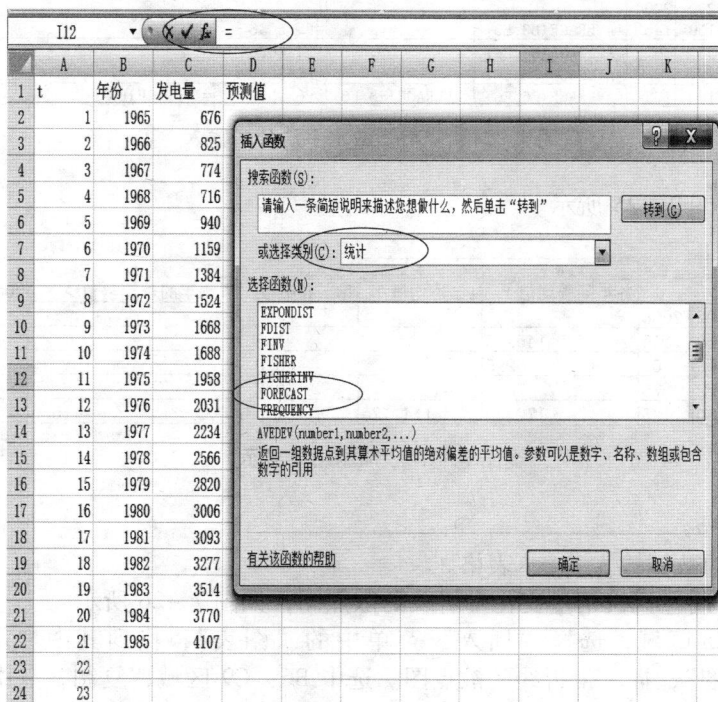

图 7 - 22　插入函数图示

第四步，在弹出的对话框中，如图 7 – 23 所示，填写参数，再点击"确定"，得出预测值。

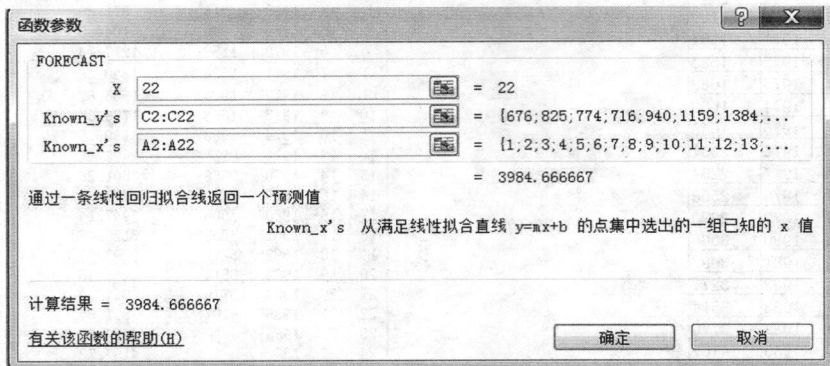

图 7 – 23　函数参数输入显示

上机操作 7.4

将表 7 – 6 的数据输入 Excel 表格，按照上面介绍的步骤计算，计算公式如图 7 – 24 所示。本例中计算 $\hat{X}_t$，使用第三种方法。

	B	C	D	E	F	G	H	I	J
1	各年销售额				各年同季均值 $\bar{Y}_i$	4年季均值 $\bar{Y}_0$	季节指数 f_i	预测年的季趋势值 $\hat{X}$	2009年各季预测值
2	2005	2006	2007	2008					
3	148	138	150	145	=AVERAGE(B3:E3)		=F3/$G$6		=H3*$I$6
4	62	64	58	66	=AVERAGE(B4:E4)		=F4/$G$6		=H4*$I$6
5	76	80	72	78	=AVERAGE(B5:E5)		=F5/$G$6		=H5*$I$6
6	164	172	180	173	=AVERAGE(B6:E6)	=AVERAGE(F3:F6)	=F6/$G$6	=AVERAGE(E3:E6)	=H6*$I$6

图 7 – 24　季节指数水平法公式输入

计算结果如图 7 – 25 所示。

	A	B	C	D	E	F	G	H	I	J
1		各年销售额				各年同季均值 $\bar{Y}_i$	4年季均值 $\bar{Y}_0$	季节指数 f_i	预测年的季趋势值 $\hat{X}$	2009年各季预测值
2	季	2005	2006	2007	2008					
3	1	148	138	150	145	145.25		1.3		147.0
4	2	62	64	58	66	62.5		0.5		63.3
5	3	76	80	72	78	76.5		0.7		77.4
6	4	164	172	180	173	172.25	114.125	1.5	115.5	174.3

图 7 – 25　预测结果显示

上机操作 7.5

将表 7 – 7 的数据输入 Excel 表格。

第一步，绘制电视机销量变化带折线的散点图，如图 7 – 26 所示。

选中 B2：C5 区域，选择"插入"菜单中的"图表"，找到其中"散点图"下的"带折线的散点图"，插入带折线的散点图。选中 B6：C9 区域，复制，点中刚做的图形，选择"粘贴"菜单中的"选择性粘贴"，弹出对话框，选中"新建系列"。同理制做2006 年、2007 年和 2008 年的图形。选中图形，点击鼠标右键，在下拉菜单中选择"选择数据”进行图形线条的命名。

	A	B	C	D	E	F	G	H	I
1	年	季度	销量	4季度移动平均数	中心化的移动平均数 M_t	季节比率 f_t		季节	季节指数 F_i
2	2005年	1	4.8						
3		2	4.1						
4		3	6						
5		4	6.5						
6	2006年	1	5.8						
7		2	5.2						
8		3	6.8						
9		4	7.4						
10	2007年	1	6						
11		2	5.6						
12		3	7.5						
13		4	7.8						
14	2008年	1	6.3						
15		2	5.9						
16		3	8						
17		4	8.4						
18									
19									
20									

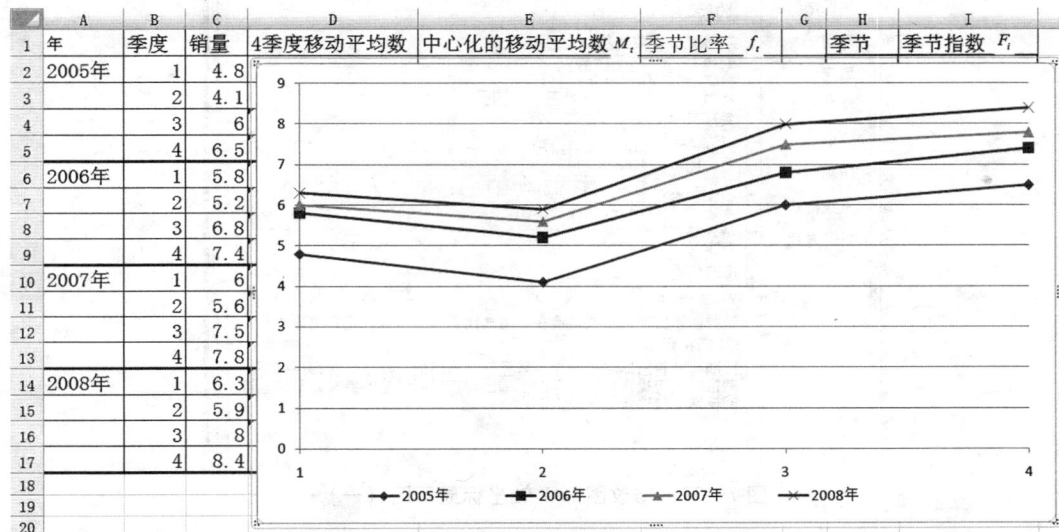

图 7－26　2005—2008 年电视机销量图

从图7-26中可以看出数据呈现季节性变动规律，是否有趋势变动，需要等消除季节变动影响后，才能得出结论。

第二步，计算季节指数。

（1）计算4季度移动平均数（步长为4）：在D4单元格内输入公式“＝AVERAGE（C2：C5）”，并下拉到D16单元格。

说明：每一个移动平均数应对应每4个季度的中间位置，但步长为4，是偶数，没有间值，故计算所得平均值放在E4单元格位置。计算这一步是为了消除不规则成分。

（2）获得 M_t 序列：在E4单元格内输入公式“＝AVERAGE(D4:D5)”，并下拉到E15单元格。

说明：计算得出的移动平均数不能直接对应到时间序列的季度上，用它们的中间值替代，即用第1个和第2个移动平均数的均值作为第一年第3季度的移动平均数，以此类推。

（3）利用C2：C17和E2：17区域绘制折线图。

①选中C2：C17区域，插入制作带有数据标记的折线图。

②选中图形的 X 轴，点击鼠标右键，选中“设置坐标轴格式”。如图7-27所示，在“格式代码”中将“月”改为“季度”，按添加按钮。

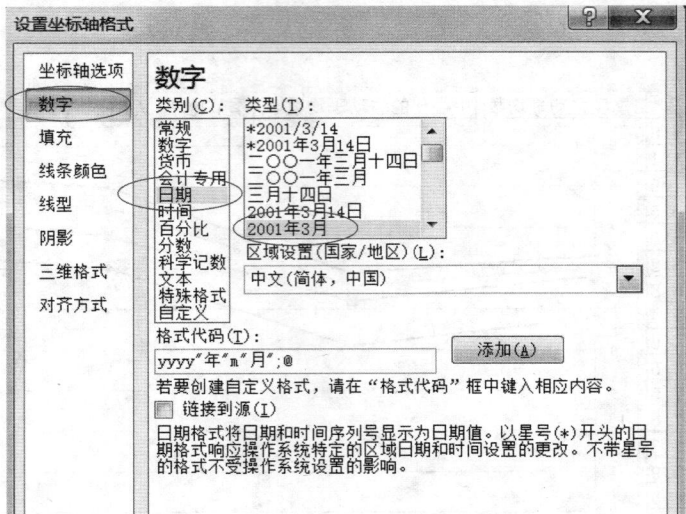

图 7 – 27　修改图形 X 轴坐标显示图（一）

③选择图形，点击鼠标右键，选中"选择数据源"，在对话框中选择"编辑"。如图 7 – 28所示。在弹出对话框中的"轴标签区域"输入"A2:B17"，再"确定"。

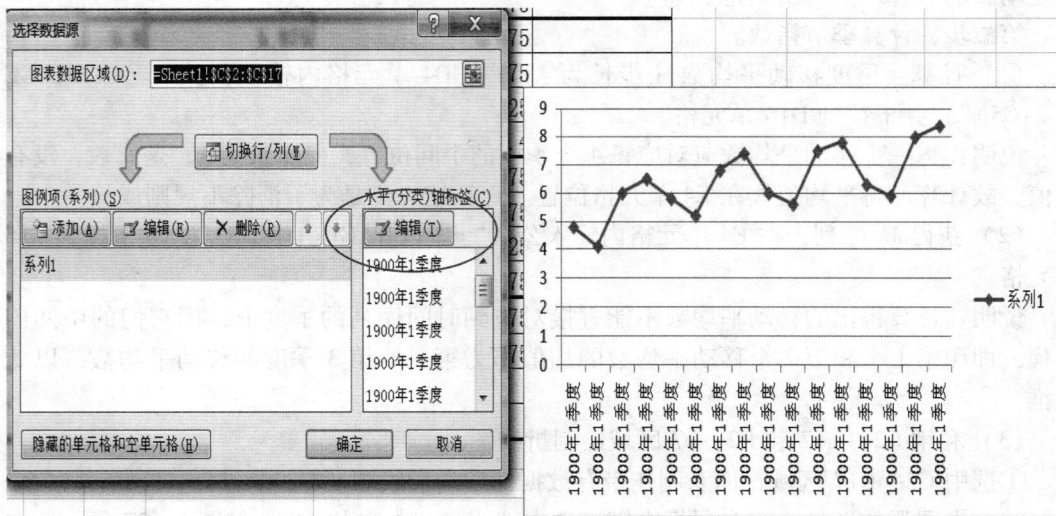

图 7 – 28　修改图形 X 轴坐标显示图（二）

④添加其他中心化的移动平均值图形。如图 7 – 29 所示。

年	季度	销量	4季度移动平均数	中心化的移动平均数 M_t	季节比率 f_t		季节	季节指数 F_i		
2005年	1	4.8								
	2	4.1								
	3	6	5.35	5.475						
	4	6.5	5.6	5.7375						
2006年	1	5.8	5.875	5.975						
	2	5.2	6.075	6.1875						
	3	6.8	6.3	6.325						
	4	7.4	6.35	6.4						
2007年	1	6	6.45	6.5375						
	2	5.6	6.625	6.675						
	3	7.5	6.725	6.7625						
	4	7.8	6.8	6.8375						
2008年	1	6.3	6.875	6.9375						
	2	5.9	7	7.075						
	3	8	7.15							
	4	8.4								

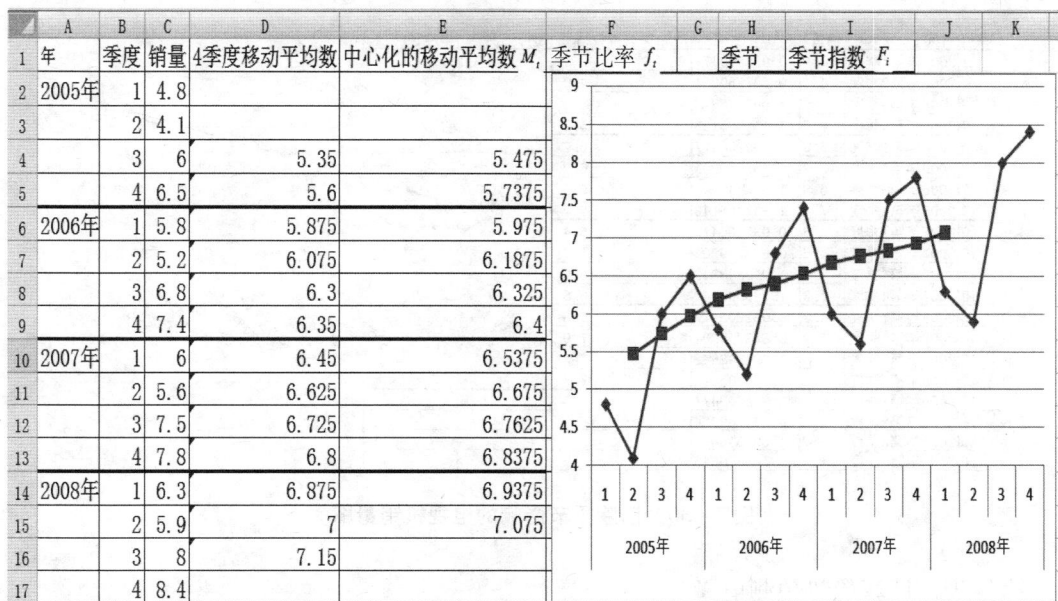

图 7-29 电视机销量中心化的移动平均值及图形

计算季节比率 f_t：在 F4 单元格内输入公式"= C4/E4"，并下拉到 F15 单元格。

季节指数 F_i：在 I2 单元格内输入公式"= AVERAGE(F2，F6，F10，F14)"，并下拉到 I5 单元格。

说明：乘法模型需要季节指数等于 1，因此 4 个季度的季节指数总和必须等于 4。如果不等于 4，则应对季节指数进行调整。方法是用每一个季节指数除以未调整的季节指数之和再乘以季度总和（季度总和为 4，月度总和为 12）。本实验不需调整。

第三步，消除季节影响。

将图 7-26 所示的工作表命名为"季节指数趋势法 1"。在一个新工作表的 C2 单元格中输入公式"= 季节指数趋势法 1! C2"并将它复制到单元格 C3：C17，如图 7-30 所示。

在 D2 单元格中输入公式"= 季节指数趋势法 1!$I $2"；

在 D3 单元格中输入公式"= 季节指数趋势法 1!$I $3"；

在 D4 单元格中输入公式"= 季节指数趋势法 1!$I $4"；

在 D5 单元格中输入公式"= 季节指数趋势法 1!$I $5"；

并复制到 D6：D21 区域。

计算消除季节影响的销量：在 E2 单元格内输入公式"= C2/D2"，并下拉到 E17 单元格。

选择 B2：B17 及 E2：E17 区域，插入折线图，显示消除季节影响后的电视机销量，是线性增长趋势。如图 7-30 所示。

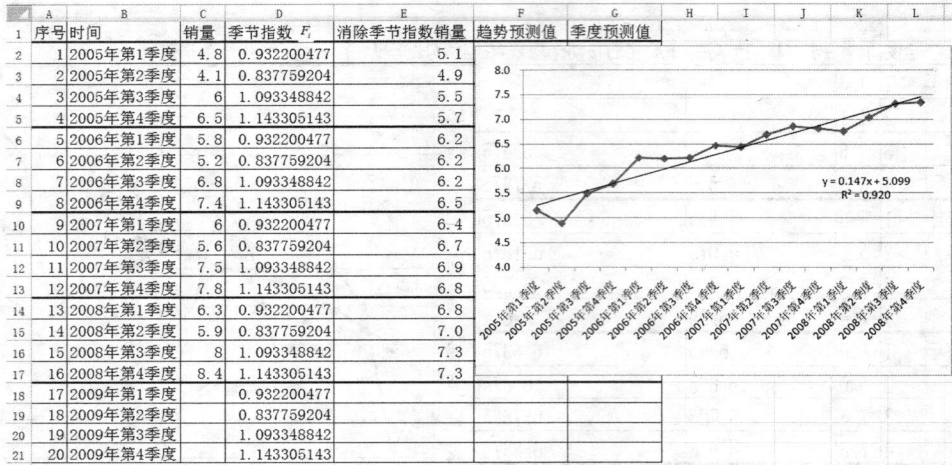

	A	B	C	D	E	F	G	H	I	J	K	L
1	序号	时间	销量	季节指数 F_i	消除季节指数销量	趋势预测值	季度预测值					
2	1	2005年第1季度	4.8	0.932200477	5.1							
3	2	2005年第2季度	4.1	0.837759204	4.9							
4	3	2005年第3季度	6	1.093348842	5.5							
5	4	2005年第4季度	6.5	1.143305143	5.7							
6	5	2006年第1季度	5.8	0.932200477	6.2							
7	6	2006年第2季度	5.2	0.837759204	6.2							
8	7	2006年第3季度	6.8	1.093348842	6.2							
9	8	2006年第4季度	7.4	1.143305143	6.5							
10	9	2007年第1季度	6	0.932200477	6.4							
11	10	2007年第2季度	5.6	0.837759204	6.7							
12	11	2007年第3季度	7.5	1.093348842	6.9							
13	12	2007年第4季度	7.8	1.143305143	6.8							
14	13	2008年第1季度	6.3	0.932200477	6.8							
15	14	2008年第2季度	5.9	0.837759204	7.0							
16	15	2008年第3季度	8	1.093348842	7.3							
17	16	2008年第4季度	8.4	1.143305143	7.3							
18	17	2009年第1季度		0.932200477								
19	18	2009年第2季度		0.837759204								
20	19	2009年第3季度		1.093348842								
21	20	2009年第4季度		1.143305143								

图 7 – 30　消除季节影响的电视机销量图

第四步，计算趋势预测值 $\hat{X}$。

在 F2 单元格内输入公式"= FORECASE(A2,\$E \$2：\$E \$17,\$A \$2：\$A \$17)"，并下拉到 F21 单元格。

在 G2 单元格中输入公式 "= F2 * D2"，并下拉到 G21 单元格。预测结果如图 7 –31 所示。

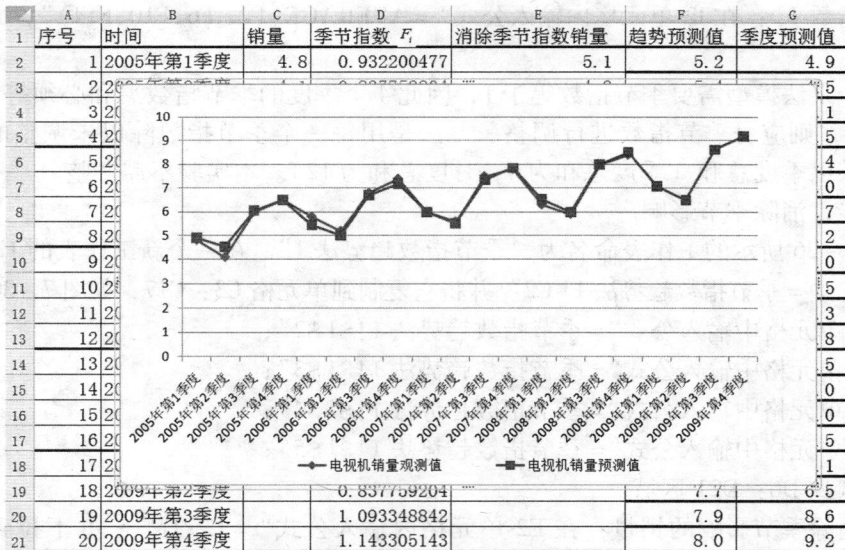

	A	B	C	D	E	F	G
1	序号	时间	销量	季节指数 F_i	消除季节指数销量	趋势预测值	季度预测值
2	1	2005年第1季度	4.8	0.932200477	5.1	5.2	4.9
3	2	2005年第2季度	4.1	0.837759204		5.4	4.5
19	18	2009年第2季度		0.837759204		7.7	6.5
20	19	2009年第3季度		1.093348842		7.9	8.6
21	20	2009年第4季度		1.143305143		8.0	9.2

图 7 – 31　预测值与观测值的对比图形

第八模块　回归分析

案例

梁玉的儿子博兮2010年8月就10岁了，可是身高只有1.39米，在同学里属于中等偏矮。梁玉每天最重要的一件事情就是督促博兮喝牛奶，为此博兮有很多抱怨。由于梁玉与先生都不高，当然不希望儿子也不高。一天，博兮兴冲冲从学校回来，大声说："你们不要再强迫我喝那么多牛奶了，小孩的身高是由父母的身高遗传决定的，我已经知道我将来有多高了。听我读一份资料，这是科学课上老师教我们查资料查来的：湖北省体育科研所于1983—1984年对1 821名青年及其父母的身高进行了调查统计后，计算出的身高预测公式，比用国外的公式预测误差小，在我国运动员选材和青少年体质评定中运用效果较好。身高预测公式如下：（单位：厘米）

男孩身高 =59. 699 +0. 419 ×父亲身高 +0. 265 ×母亲身高；

女孩身高 =43. 089 +0. 306 ×父亲身高 +0. 431 ×母亲身高。"

梁玉听了，觉得得想一个办法说服博兮。除了遗传的因素外，其他因素如睡眠、营养、运动量等与身高有怎样的关系？辨识这种关系常用的方法就是回归分析。只有一个变量的回归分析叫一元回归分析，有多个变量的回归分析叫多元回归分析。

实验课前预习

1. 什么是回归分析模型？
2. 回归模型的统计检验的基本原理是什么？
3. 回归模型有几类？
4. 梁玉怎样才能说服儿子？
5. 回归分析与相关分析有什么区别？

实验课上讲解

一般来说，回归分析通过规定因变量和自变量来确定变量之间的因果关系，建立回归模型，并根据实测数据来求解模型的各个参数，评价回归模型是否能够很好地拟合实测数据；如果能够很好地拟合，则可以根据自变量作进一步预测。

假设一问题只涉及两个统计变量，只有一个自变量和一个因变量，且两个变量之间存在着线性相关关系，则可用一条直线来表示 X 和 Y 两个变量之间的关系，即

$$Y = a + bX$$

其中 a 为截距，b 为相关系数。

针对自变量 X 的任何一个观测值 X_i，计算对应的因变量预测值 $\hat{Y}_i$，有：

$$\hat{Y}_i = a + bX_i$$

预测值 $\hat{Y}_i$ 与原来的观测值不同，通过对 a、b 的取值能够使 $\hat{Y}_i$ 和 Y_i 两者之间的均方

误差达到极小。通过使因变量预测值与观测值之间的均方误差达到极小来确定回归直线系数的方法称为最小二乘法。

多元线性回归指的是多个因变量对多个自变量的回归。其中最常用的是只限于一个因变量但有多个自变量的情况，一般形式如下：

$$Y = a + b_1x_1 + b_2x_2 + \cdots + b_nx_n$$

其中，a 代表截距，b_1，b_2，$\cdots$，b_n 为偏回归系数。

多元线性回归一般采用逐步回归法进行分析，它的基本思路是：

对全部的自变量 x_1，x_2，$\cdots$，x_n，按它们对 Y 贡献的大小进行比较，并通过 F 检验法，选择偏回归平方和显著的变量进入回归方程，每一步只引入一个变量，同时建立一个偏回归方程。当一个变量被引入后，对原已引入回归方程的变量，逐个检验它们的偏回归平方和。如果由于引入新的变量而使已进入方程的变量变得不显著时，则要及时把它从偏回归方程中剔除。在引入了两个自变量以后，便开始考虑是否有需要剔除的变量。只有当回归方程中的所有自变量对 Y 都有显著影响而不需要剔除时，才考虑从未选入方程的自变量中，挑选对 Y 有显著影响的新的变量进入方程。不论引入还是剔除一个变量都称为一步。不断重复这一过程，直至无法剔除已引入的变量，也无法再引入新的自变量时，逐步回归过程结束。

对于多个变量，建立了回归模型，还需要判断这条回归线是否能够解释因变量 Y 的变化。因变量 Y 和任一自变量 X 之间究竟有没有真正的因果关系？自变量全体是否可以起到有效解释因变量的作用？回归模型的检验就是要回答这些问题。

1. 模型拟合优度的评价——判定系数

对于单自变量的问题，用最小二乘法求得的回归直线方程确定了 X 和 Y 的具体变动关系，但是观测值是不是紧密分布在其两侧，其紧密程度如何，这都关系到回归模型的应用价值。因此，对回归直线的拟合优度，必须加以测定。判定系数 R^2 便是测定直线回归模型拟合优度的一个重要指标，它表示方程中变量 X 对 Y 的解释程度。通常可认为当 R^2 大于 0.9 时，所得到的回归直线拟合得较好，但当 R^2 小于 0.5 时，所得到的回归直线很难说明变量之间的依赖关系。

对于多元回归问题，由于 R^2 的大小与回归方程中自变量数目以及样本数目有关，每增加一个自变量，R^2 值就会有所增大，所以进行多元回归分析时，为了消除自变量数目不同对 R^2 的影响，常采用调整后的 R^2 来判断拟合优度。

2. 回归方程的显著性检验——F 统计量

通过判定系数 R^2 的值，可以判断回归方程拟合的好坏，但是建立回归方程以后，回归效果如何呢？因变量 Y 与自变量 x_1，x_2，$\cdots$，x_n 是否确实存在线性关系呢？这需要进行统计检验才能加以肯定或否定，为此，就要进一步研究因变量 Y 取值的变化规律，需要对回归方程式的解释能力，即显著性进行检验。

在实际应用中，F 检验是通过方差分析表输出的，通过显著性水平检验回归方程的线性关系是否显著，主要是通过 F 统计量的 P 值来进行判断的（由软件自动输出）。一般来说，显著性水平在 0.05 以下，均有意义。当 F 检验通过时，就意味着方程中至少有一个回归系数是显著的，但并不一定是所有的回归系数都是显著的，这样就需要通过 t 检验来验证回归系数的显著性。

3. 回归系数的显著性检验——t 检验

前面讨论了回归方程中全部自变量的总体回归效果，但总体回归效果显著并不说明每个自变量 x_1, x_2, $\cdots$, x_n 对因变量 Y 都是重要的，即可能有某个自变量 X_i 对 Y 并不起作用或者能被其他的 X_k 的作用所代替，因此对这种自变量我们希望从回归方程中剔除，这样可以建立更简单的回归方程。显然某个自变量如果对 Y 的作用不显著，则它的系数 b_i 就应取值为 0，回归系数 b_i 是决定 X 与 Y 变量依存关系形式的重要参数。因此要评价单个自变量对因变量的解释能力，就是要检验自变量 X 与变量 Y 之间是否有线性关系，即检验回归系数 b_i 的显著性。

对回归系数 $b_i = 0$ 的假设检验可以用 t 统计量检验，在实际应用中，t 检验也是通过 t 统计量的 P 值来进行判断的（由软件自动输出）。一般来说，显著性水平在 0.05 以下，均有意义。这里需要说明的是，在一元线性回归分析中，对同一线性回归模型采用 t 检验和 F 检验的结论是一致的，二者取其一即可；但在多元回归分析中，它们是不等价的，t 检验是检验模型中各个参数的显著性；F 检验是检验整个回归关系的显著性。

实验课上操作

建立了回归模型，并且通过各项检验后就可以用它来进行预测了。回归预测步骤和方法如下：

（1）初步挑选出模型涉及的变量，构建变量指标体系，获得自变量和因变量的观测值。

（2）绘制观测值的 XY 散点图。对于只有一个自变量的一元问题，只需绘制一个以自变量为横坐标、因变量为纵坐标的散点图。如果涉及多个自变量，则需分别针对每一个自变量绘制 XY 散点图。

（3）通过散点图初步判断自变量与因变量之间的函数关系类型，写出带未知参数的回归方程。

（4）根据最小均方误差原则，确定回归方程中参数的数值，从而得到回归方程。

（5）判断回归方程的拟合优度。

（6）用所得到的回归方程和给定的自变量值计算因变量的预测值，或者对于因变量的目标值，利用回归方程求自变量的值。

实验讲解

某房产评估公司想了解有关房产定价与特点因素间的关系，对某一沿街区域房屋的年限、建筑面积以及目前的市场价值做了随机市场调查，得到了 42 家样本数据，数据信息详见本章附录。

现在要求根据房屋建筑面积和目前市场价值数据建立回归模型，预测一个建筑面积为 250 平方米的房屋的市场价值。

操作：第一步，输入数据并绘制自变量与因变量关系图。

自变量 X 是"房屋建筑面积"，因变量 Y 是"市场价值"，在表格中选取数据区域后选择"插入"菜单中的"散点图"，并在图中添加趋势线，得到的图形如图 8 - 1 所示。从图中可以看出两个变量之间存在着大体上的线性依赖关系。因此可以判定要解决的是一个线性回归问题，回归方程的形式为：$Y = a + bX$。

X	Y
181.2	1800000
191.4	2088000
184.2	1866000
181.2	1820000
183.6	2038000
202.8	2170000
173.2	1752000
185	1920000
179.1	1784000
166.6	1768000
185.2	2016000
162	1934000
169.2	1750000
237.2	2280000
237.2	2264000
166.6	1750000
212.3	2322000
162	1894000
173.1	1728000
166.6	1742000
152	1668000
148.4	1596000
158.8	1630000
159.8	1742000
148.4	1652000

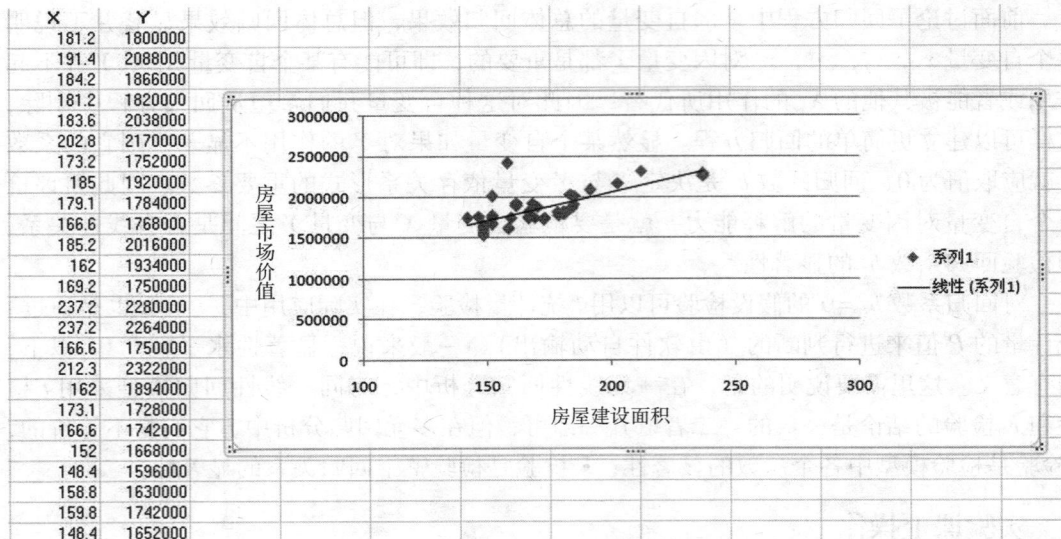

图 8－1　房屋建筑面积与市场价值散点图

第二步，求出回归系数 a、b 的值，计算判定系数 R^2，并进行预测。

Excel 提供了几种不同的工具可供选择，主要包括回归分析报告、规划求解工具、在散点图中添加趋势线和趋势方程以及内建函数等方法，下面分别作介绍。

方法一：直接用回归分析报告完成。

选择"数据"选项卡中"分析"组中的"数据分析"后，在出现的对话框里选中"回归"，再点击"确定"后，出现属性设置框，如图8－2所示。

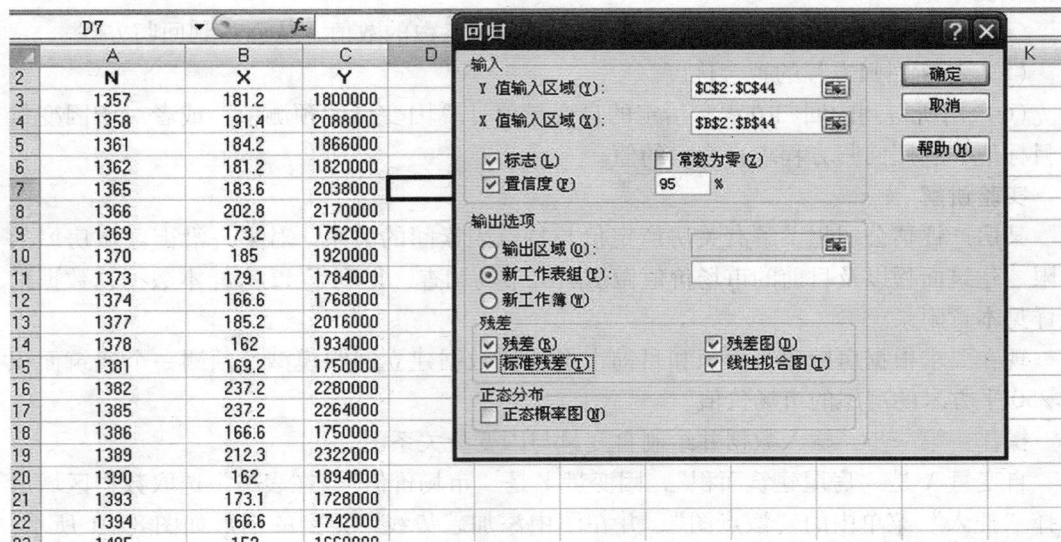

图 8－2　"回归"分析参数设置

依次选择：

（1）Y 值输入区域：即原始数据区域中代表因变量的数据列 C2：C44。

（2）X 值输入区域：即原始数据区域中代表自变量的数据列，如果是多元回归，即有多个自变量时，可以选中多个数据列。

（3）如果选中的输入数据域含有标签，则要注意勾选"标志"；否则，不要勾选。

（4）输出选项：输出区域可以选择本表、新工作表组或是新工作簿。

（5）"残差"和"正态分布"：可根据报告分析需要进行相应的属性选择。

（6）"置信度"：数值 95% 可用来计算在显著性水平为 5% 时的平均数置信度。

点击"确定"后，Excel 将自动生成一个回归分析报告，如图 8-3 所示。

	A	B	C	D	E	F	G	H	I
1	SUMMARY OUTPUT								
2									
3	回归统计								
4	Multiple R	0.7282066							
5	R Square	0.5302849							
6	Adjusted R Square	0.518542							
7	标准误差	146449.72							
8	观测值	42							
9									
10	方差分析								
11		df	SS	MS	F	Significance F			
12	回归分析	1	9.6853E+11	9.69E+11	45.158	4.61203E-08			
13	残差	40	8.579E+11	2.14E+10					
14	总计	41	1.8264E+12						
15									
16		Coefficients	标准误差	t Stat	P-value	Lower 95%	Upper 95%	下限 95.0%	上限 95.0%
17	Intercept	673165.3244	175304.965	3.839967	0.000429	318860.7767	1027469.87	318860.78	1027470
18	X	6900.7548	1026.90261	6.71997	4.61E-08	4825.307176	8976.20233	4825.3072	8976.202
19									

图 8-3 回归分析报告

回归分析报告中所包含的主要统计信息简单说明如下：

（1）R^2（R Square）：用来判断回归方程的拟合优度。该系数值为 0.53，稍大于 0.5，说明该回归方程可以说明变量间的依赖关系，但是拟合度并不是很好。

（2）调整后 R^2（Adjusted R Square）：这个参数用于对几个自变量个数不同的回归方程进行比较时代替 R^2 来判断拟合优度，对一元回归问题意义不大。

（3）标准误差 S_e：单元格 B7 中的标准误差为因变量的估计值与观测值之间的标准误差，其计算公式为：

$$S_e = \sqrt{\frac{\sum (Y - \hat{Y})^2}{n - 2}}$$

其中 n 为观测点的个数，此例为 42，在单元格 B8 中显示出来。

（4）F 统计量：此例中 F 统计量为 45.158，其代表显著性的 P 值（Significance F）为 $4.612\,03 \times 10^{-8}$，远远小于显著水平 0.05（显著水平 = 1 - 置信度），说明回归方程有效。

（5）t 统计量：对于自变量 X 的 t 统计量为 6.719 97，其代表显著性的 P 值（P-Value）为（注意：对于单变量回归方程，t 统计量值与 F 统计量值的显著性结论是一致的）4.61×10^{-8}，表明自变量系数 b 的真实值为 0 的可能性只有 0.000 004 61%，远远小于显著水平 0.05，说明该自变量与因变量是相关的，回归方程有效。对于一元回归问题，只需考察 F 统计量即可。

（6）方程的未知参数 a 和 b 分别在单元格 B17 和 B18 中列示出来，即

$a = 673\ 165.324\ 4$，$b = 6\ 900.754\ 8$

根据分析报告中得到的参数值，就可直接预测建筑面积为 250 平方米的房屋的市场价值了，如图 8-4 所示。

	C10	▼	f_x	=B4+B5*C9
	A	B	C	D
1				
2	由回归分析报告得:			
3				
4	a（截距）	673165.3244		
5	b（斜率）	6900.7548		
6	R Square	0.530284865		
7				
8				
9	建筑面积		250	
10	房屋市场价值预测值		2398354	
11				

图 8-4 利用回归分析结果进行预测计算

（7）残差图（X Residual Plot）是关于观测值与预测值之间差距的图表，如果残差图中的散点在中轴上下两侧零乱分布，那么拟合直线（X Line Fit Plot）就是合理的，否则就需要重新处理，如图 8-5 所示。

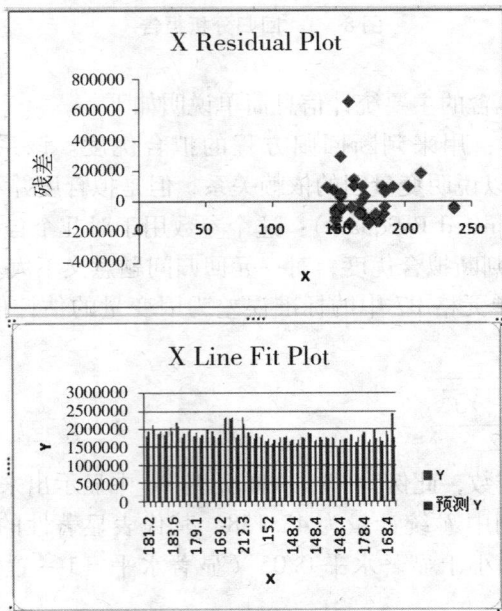

图 8-5 残差图和拟合直线图

方法二：运用规划求解工具确定回归系数。

直接利用均方误差极小化的原理进行计算分析。首先假定回归系数的值，用假定系数的回归直线方程对自变量的各观测值求出相应的因变量估计值，并计算出因变量估计值与观测值之间的均方差误差，用规划求解工具找到均方差极值所对应的回归系数的取值。具体过程为：

如图 8-6 所示，首先把假定两个回归参数的初始值 1 输入到单元格 G3 和 G4 中，分别作为回归直线方程中的 a 和 b；然后利用一元线性回归方程的公式在单元格 D3 中输入公式" $=\$G\$3+\$G\$4*B3$ "，将此公式复制到 D3：D44 中，得到房屋市场价值的估计值；在单元格 G7 中计算预测值和观测值之间的均方误差 MSE，即在 G5 中输入公式" $=SUMXMY2(C3:C44,D3:D44)/COUNT(C3:C44)$ "；然后，启动"数据—规划求解"工具，如图 8-7 所示，在"规划求解参数"对话框中将目标单元格设置为"$\$G\$7$"，使其等于极小值，将可变单元格设置为"$\$G\$3:\$G\$4$"，无须设置任何约束条件即可直接求解，即得到使单元格 G7 中均方误差达到极小的两个回归系数的值，即回归直线方程的截距 a 和斜率 b 的值分别为 673 180 和 6 901（四舍五入后的结果），即回归方程为：

$$Y = 690\ 1X + 673\ 180$$

	A 所处街区编号	B 建筑面积	C 市场价值	D 市场价值估计值	E	F	G	H
1	N	X	Y	Y*				
2								
3	1357	181.2	1800000	182.2		a（截距）		1
4	1358	191.4	2088000	192.4		b（斜率）		1
5	1361	184.2	1866000	185.2				
6	1362	181.2	1820000	182.2				
7	1365	183.6	2038000	184.6		MSE	3.4335E+12	
8	1366	202.8	2170000	203.8				
9	1369	173.2	1752000	174.2				

		G12		f_x	$=\$G\$3+\$G\$4*\$G\$11$		

	A 所处街区编号	B 建筑面积	C 市场价值	D 市场价值估计值	E	F	G
1	N	X	Y	Y*			
2							
3	1357	181.2	1800000	1923581.27		a（截距）	673180.3
4	1358	191.4	2088000	1993968.08		b（斜率）	6900.668
5	1361	184.2	1866000	1944283.273			
6	1362	181.2	1820000	1923581.27			
7	1365	183.6	2038000	1940142.872		MSE	2.0426E+10
8	1366	202.8	2170000	2072635.692			
9	1369	173.2	1752000	1868375.928			
10	1370	185	1920000	1949803.807		预测：	
11	1373	179.1	1784000	1909089.867		建筑面积	250
12	1374	166.6	1768000	1822831.521		市场价值估计值	2398347.21
13	1377	185.2	2016000	1951183.94			
14	1378	162	1934000	1791088.45			
15	1381	169.2	1750000	1840773.257			
16	1382	237.2	2280000	2310018.661		R Square	0.530285
17	1385	237.2	2264000	2310018.661			
18	1386	166.6	1750000	1822831.521			

图 8-6　用"规划求解"工具对回归参数求解前后的工作表

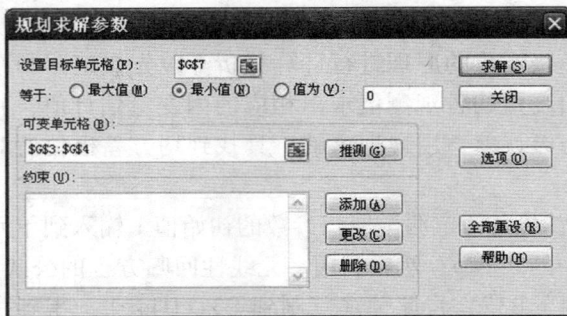

图 8 - 7　"规划求解参数"设置

接着需要计算判定系数的值来评价该回归方程的拟合程度。在单元格 G16 输入函数公式"= RSQ(C3 : C44 , B3 : B44)"，即可得到 R^2 的值约为 0.53。

对于建筑面积为 250 平方米的房屋市场价值的预测仍在表格中通过公式来解决，在单元格 G12 中输入公式"= $G $3 + $G $4 * $G $11"，就可以计算出预测值为 2 398 347.21 元。

方法三：在散点图上直接显示出回归直线及其方程。

在绘制出自变量和因变量散点图以后，选择"图表工具"中的"布局"选项卡，在"分析"中点击"趋势线"命令卡，打开"其他趋势线选项"命令菜单，就可以在弹出的"设置趋势线格式"对话框中进行设置，如图 8 - 8 所示，选中"线性"类型，并且勾选"显示公式"和"显示 R 平方值"，点击"确定"后，这样就在散点图上添加了回归直线，并且显示出回归直线方程和 R^2 值，如图 8 - 9 所示。

图 8 - 8　"设置趋势线格式"对话框

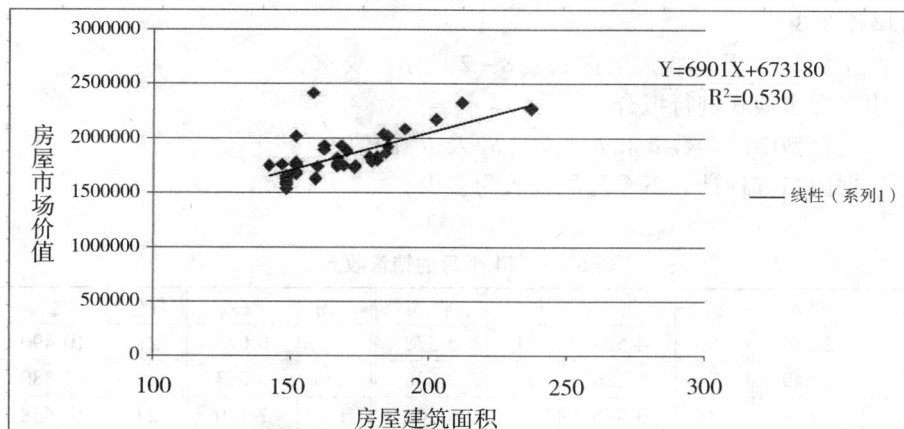

图8-9　用添加趋势线方法获得回归直线和参数值

实验课结果分析

通过上面所介绍的三种进行回归分析的方法可以看出，规划求解法的应用面比较广，它不局限于线性问题，也不局限于一元问题，但除了可以直观看到拟合结果外，无法进行深入的统计分析；用添加趋势线求回归方程参数和判定系数的方法简便易行，多数情况下完全可以满足回归分析和预测的要求，而且在"添加趋势线"中提供了许多函数形式供选择，可以通过多种形式的函数比较拟合的情况；而要得到较为全面的回归分析结果，采用数据分析工具自动生成回归分析报告的方式更为可取。

实验课练习

上机操作8.1

以实验讲解数据为例，要求根据房屋建筑面积、房屋使用年限和目前市场价值的数据找到目前市场价值与其他两个变量之间的关系，以便进行未来房屋价值的预测。试根据这些数据分析建立何种回归模型比较合适，并进一步根据回归方程预测一个建筑面积为250平方米、使用年限为30年的房屋的市场价值。（线性多元回归）

上机操作8.2

表8-1中列出了连续15年对某种消费品年销售额的统计数据。试根据这些资料建立适当的模型，并预测第16年的销售额。（非线性回归分析）

表8-1　销售额数据　　　　　　　　　　　　　　　　　单位：万元

年序号	年销售额	年序号	年销售额	年序号	年销售额
1	4	6	14.2	11	82.3
2	5.2	7	20.4	12	108.6
3	6.6	8	29.1	13	123.5
4	7.8	9	42.0	14	168.9
5	10.6	10	58.7	15	182.4

上机操作 8.3

某企业过去 24 个月的收入数据如表 8 - 2 所示。要求：

（1）用三次多项式进行拟合；

（2）求出模型中的参数 a 和 b_1、b_2、b_3 及 R^2 的值；

（3）根据回归方程计算下个月的收入为多少。

表 8 - 2　24 个月的销售收入

月份	收入	月份	收入	月份	收入	月份	收入	月份	收入
1	2 786	6	4 524	11	5 378	16	6 675	21	10 490
2	2 549	7	6 126	12	3 636	17	4 353	22	12 380
3	2 638	8	3 848	13	5 102	18	7 140	23	13 658
4	3 752	9	3 855	14	4 729	19	9 423	24	14 983
5	4 560	10	5 303	15	5 563	20	9 942		

实验课总结

在很多情况下，描述一种经济现象或是作一项决策时仅仅针对一个自变量的影响进行研究是不够的，更多的时候必须考虑到两个或多个自变量才能够更适当地说明问题，这就是多元回归要解决的问题，这其中，多元线性回归模型是最基本的一种形式。

进行多元线性回归分析及预测时在获得候选自变量和因变量的观测值后，需要从候选自变量中选择合适的自变量，常用的方法包括：步回归法、向前增选法、向后删减法，以及最优子集法等。在 Excel 的"数据分析"中所用的回归分析是最优子集法，其原理是分别以候选自变量的各个子集作为自变量进行回归分析，以调整后的值作为评价标准，找到那个最大的子集，该子集中所包含的变量就作为该多元线性回归分析的变量。采用最优子集法进行自变量选择后，回归方程系数和拟合优度也同时确定了下来，最后就可根据得到的回归方程进行预测了。

在实际问题中，有很多情况是因变量与自变量间无法简单地用一条直线来拟合其依赖关系，而是表现出一种非线性关系，这时就必须用非线性回归分析方法来解决，即用一条曲线来拟合因变量对于自变量的依赖关系。根据问题的性质，拟合曲线可以是指数曲线、对数曲线、平方根曲线以及多项式曲线等。具体采用何种曲线，主要由两个方面的因素决定，一方面是自变量与因变量之间本来就存在着一种内在函数依赖关系，而这种依赖关系是分析者根据自己的知识背景和经验已经了解的；另一方面，可根据自变量与因变量的观测值绘出散点图，从而看出它们之间的依赖模式。

实验课练习答案

上机操作 8.1

第一步，输入数据确定自变量与因变量的关系。自变量 X_1 是房屋使用年限，自变量 X_2 是房屋建筑面积，因变量 Y 是市场价值。

第二步，选择"数据"选项卡中"分析"组中的"数据分析"后，在出现的对话框里选中"回归"，再点击"确定"后，出现属性设置框，如图 8 - 10 所示。

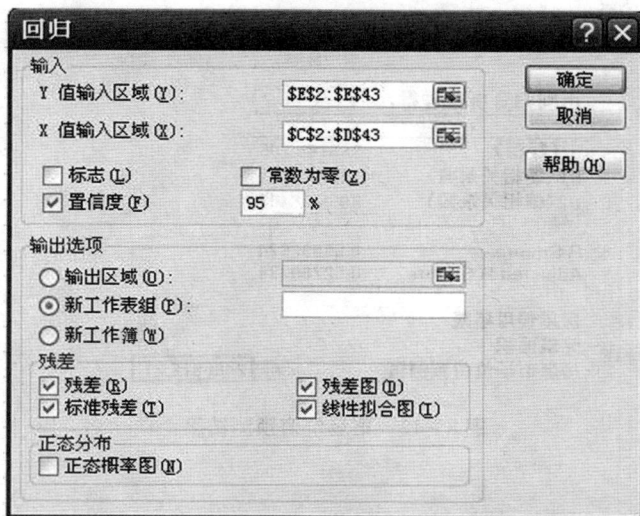

图 8-10　回归分析对话框

点击"确定"后，Excel 将自动生成一个回归分析报告，如图 8-11 所示。

	A	B	C	D	E	F	G	H	I
1	SUMMARY OUTPUT								
2									
3		回归统计							
4	Multiple R	0.742244394							
5	R Square	0.55092674							
6	Adjusted R Square	0.527897343							
7	标准误差	145019.8866							
8	观测值	42							
9									
10	方差分析								
11		df	SS	MS	F	ignificance F			
12	回归分析	2	1.01E+12	5.03E+11	23.92276	1.66E-07			
13	残差	39	8.2E+11	2.1E+10					
14	总计	41	1.83E+12						
15									
16		Coefficients	标准误差	t Stat	P-value	Lower 95%	Upper 95%	下限 95.0%	上限 95.0%
17	Intercept	966108.7051	279294.6	3.459102	0.001326	401182	1531035	401182	1531035
18	X Variable 1	-16371.1171	12227.28	-1.3389	0.188355	-41103.1	8360.901	-41103.1	8360.901
19	X Variable 2	8055.364072	1333.303	6.041661	4.53E-07	5358.504	10752.22	5358.504	10752.22

图 8-11　房屋使用年限和房屋建筑面积对市场价值影响的回归分析报告

第三步，由生成的回归分析报告可以得出回归系数，并确定回归预测模型：

$$Y = 966\,108.705 - 16\,371.117X_1 + 8\,055.364X_2$$

对于建筑面积为 250 平方米、使用年限为 30 年的房屋市场价值的预测仍在表格中通过公式来解决，如图 8-12 所示，在 C13 单元格中输入公式"=B4+B5*C11+B6*C12"，就可以计算出预测值为 2 488 816.21 元。

C13		f_x	=B4+B5*C11+B6*C12	
	A	B	C	D
1				
2	由回归分析报告得:			
3				
4	a（截距）	966108.705		
5	b1(偏相关系数)	-16371.1171		
6	b2(偏相关系数)	8055.36407		
8	R Square	0.55092674		
9	Adjusted R Square	0.52789734		
10				
11	房屋使用年限		30	
12	建筑面积		250	
13	房屋市场价值预测值		2488816.21	

图 8-12 市场价值预测结果

上机操作 8.2

第一步，将数据输入 Excel 表中，并利用这些数据绘制散点图，如图 8-13 所示。

在图中添加趋势线。选择"图表"工具中的"布局"选项卡，在"分析"中点击"趋势线"命令卡，打开"其他趋势线选项"命令菜单，就可以在弹出的"设置趋势线格式"对话框中进行设置，选中"指数"类型，并且勾选"显示公式"和"显示 R 平方值"，点击"确定"后，这样就在散点图上添加了回归直线，并且显示出了回归直线方程和 R^2 的值。

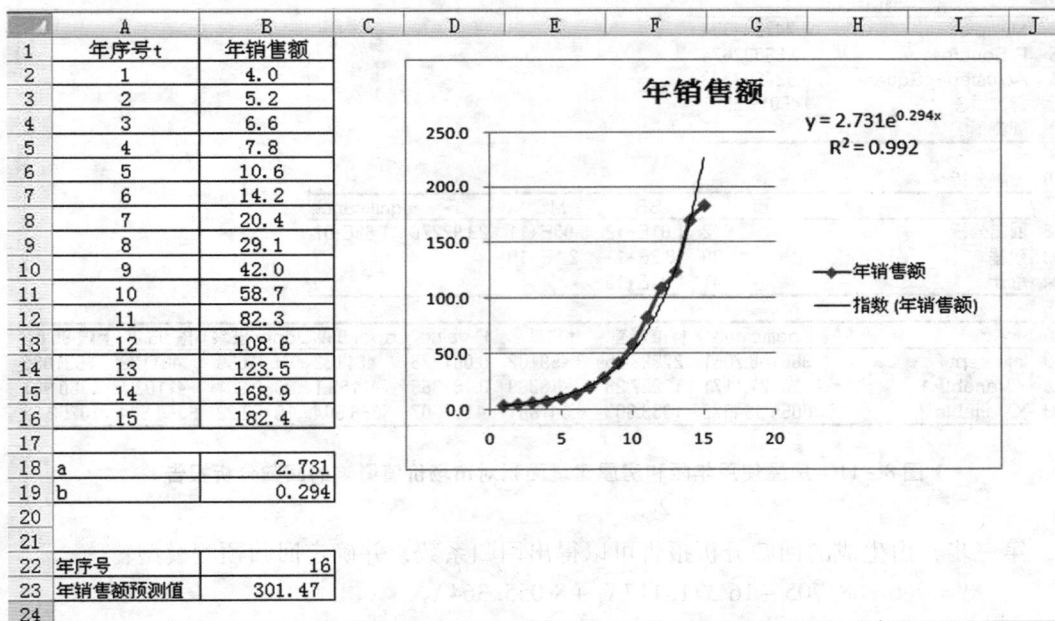

	A	B
1	年序号t	年销售额
2	1	4.0
3	2	5.2
4	3	6.6
5	4	7.8
6	5	10.6
7	6	14.2
8	7	20.4
9	8	29.1
10	9	42.0
11	10	58.7
12	11	82.3
13	12	108.6
14	13	123.5
15	14	168.9
16	15	182.4
17		
18	a	2.731
19	b	0.294
20		
21		
22	年序号	16
23	年销售额预测值	301.47
24		

图表标题：年销售额
$y = 2.731e^{0.294x}$
$R^2 = 0.992$

图 8-13 年销售额散点图

第二步，从图 8-13 可发现，R^2 的值达到 0.992，因此选择指数型函数作为拟合函数是可行的。此时，只需将 $X = 16$ 代入回归方程 $Y = 2.731 \cdot e^{0.294X}$ 中，即可预测出第 16

年的销售额为 301.47 万元。

上机操作 8.3

第一步，输入观测值数据并绘制自变量与因变量关系图，将所有观测数据以及必要的名称标识集中输入到工作表的单元格 A1：B25 中，月份 A2：A25 的值作为 X 值，收入 B2：B25 的值作 Y 值。如图 8－14 所示。

	A	B
1	月份	收入
2	1	2786
3	2	2549
4	3	2638
5	4	3752
6	5	4560
7	6	4524
8	7	6126
9	8	3848
10	9	3855
11	10	5303
12	11	5378
13	12	3636
14	13	5102
15	14	4729
16	15	5563
17	16	6675
18	17	4353
19	18	7140
20	19	9423
21	20	9942
22	21	10490
23	22	12380
24	23	13658
25	24	14983

图 8－14　24 个月的销售收入

用表中的数据做出散点图，如图 8－15 所示。

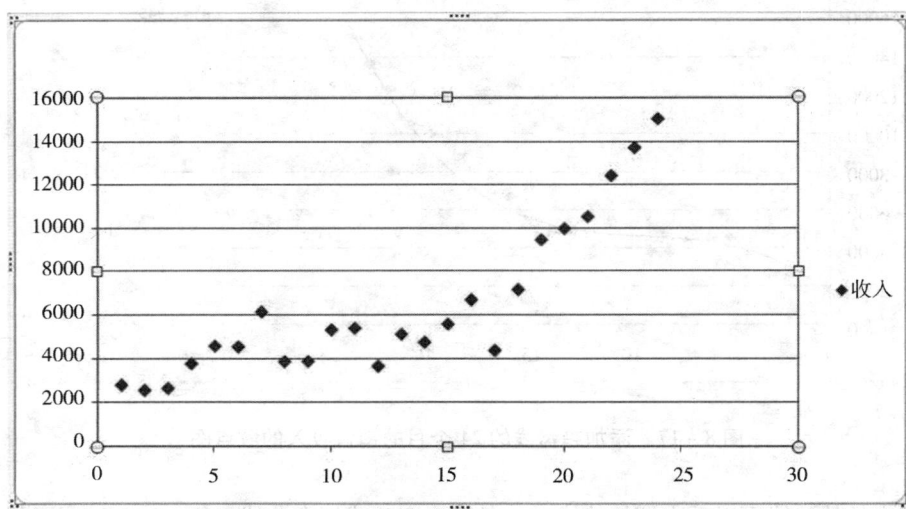

图 8－15　24 个月的销售收入散点图

第二步，求出回归系数 a，b 的值，计算判定系数 R^2 的值，并进行预测。在散点图中直接显示回归直线及其方程，如图 8-16 和图 8-17 所示。

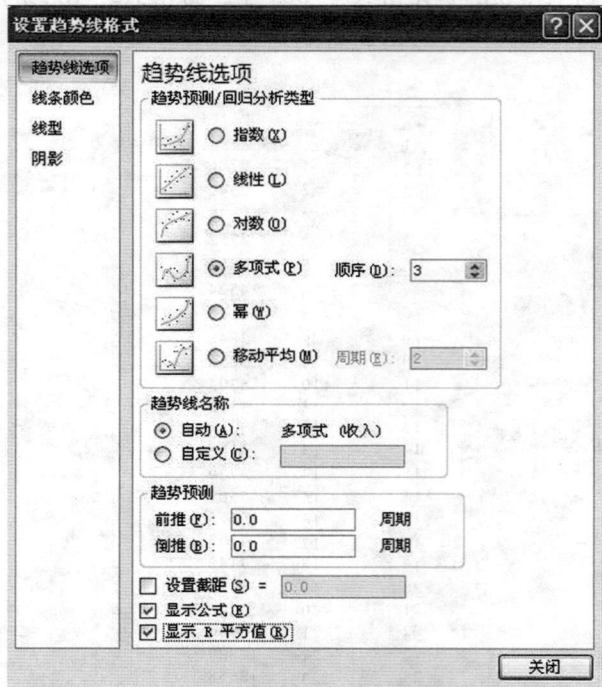

图 8-16 设置趋势线格式

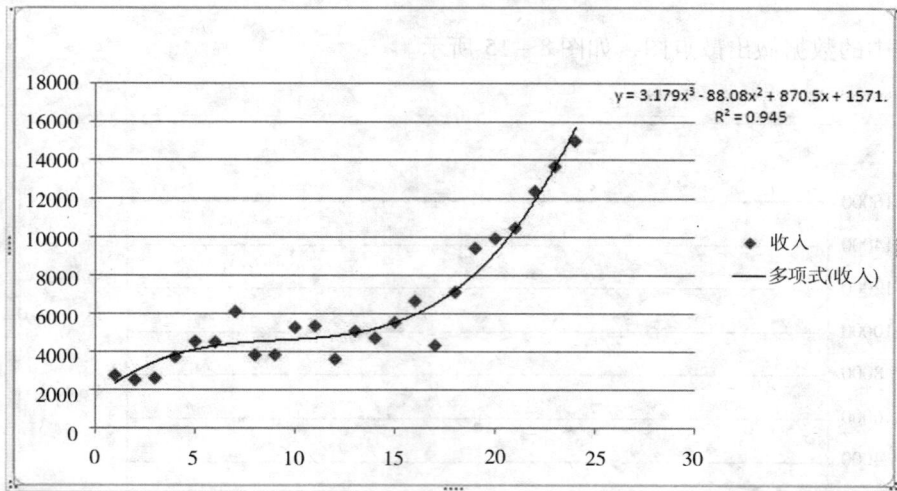

图 8-17 添加趋势线的 24 个月的销售收入的散点图

从表中的趋势线可以看出该趋势线是一条三次多项式拟合曲线，$Y = a + b_1 X + b_2 X^2 + b_3 X^3$。

在求解系数 a，b_1，b_2，b_3 之前，进行变量替换，令：$U = X^2$，$V = X^3$。

从趋势线中可以得出 R^2 和 a，b_1，b_2，b_3 的值，如图 8 – 18 所示。

截距(a)	1571
X项系数(b1)	870.5
X^2项系数(b2)	-88.08
X^3项系数b3	3.179
判定系数(R^2)	0.945
预测：	
月份	25
预计收入	17955.38

图 8 – 18　R^2 和 a，b_1，b_2，b_3 的值

第三步，在 D2 到 E11 中做出预测表格，在 E10 中输入"25"，在 E11 输入" = $E $5 ∗ E10^3 + $E $4 ∗ E10^2 + $E $3 ∗ E10 + $E $2"。

第四步，新建一个表格，如图 8 – 19 所示。

	A	B	C	D	E
1	月份X	^2	^3	收入	收入估计值
2	1	1	1	2786	
3	2	4	8	2549	
4	3	9	27	2638	
5	4	16	64	3752	
6	5	25	125	4560	
7	6	36	216	4524	
8	7	49	343	6126	
9	8	64	512	3848	
10	9	81	729	3855	
11	10	100	1000	5303	
12	11	121	1331	5378	
13	12	144	1728	3636	
14	13	169	2197	5102	
15	14	196	2744	4729	
16	15	225	3375	5563	
17	16	256	4096	6675	
18	17	289	4913	4353	
19	18	324	5832	7140	
20	19	361	6859	9423	
21	20	400	8000	9942	
22	21	441	9261	10490	
23	22	484	10648	12380	
24	23	529	12167	13658	
25	24	576	13824	14983	

图 8 – 19　新建表格

利用回归分析制作出回归分析报告，如图 8 – 21 所示，回归属性设定如图 8 – 20 所示。

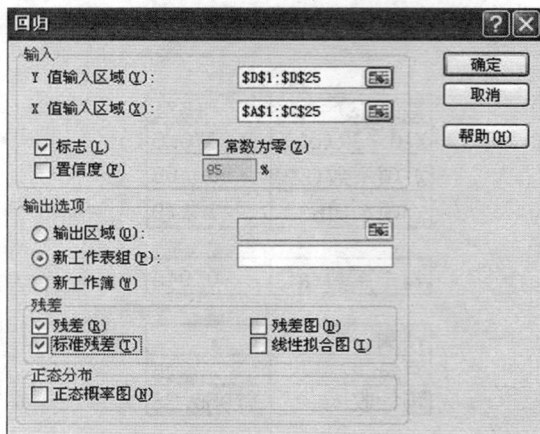

图 8 - 20　回归属性设定

	A	B	C	D	E	F	G	H	I
5	R Square	0.945013							
6	Adjusted	0.936765							
7	标准误差	892.0287							
8	观测值	24							
9									
10	方差分析								
11		df	SS	MS	F	nificance F			
12	回归分析	3	2.74E+08	91169106	114.575	9.11E-13			
13	残差	20	15914305	795715.3					
14	总计	23	2.89E+08						
15									
16		Coefficien	标准误差	t Stat	P-value	Lower 95%	Upper 95%	下限 95.0%	上限 95.0%
17	Intercept	1571.526	858.796	1.829917	0.082209	-219.891	3362.943	-219.891	3362.943
18	月份	870.5308	291.4453	2.986944	0.007287	262.5865	1478.475	262.5865	1478.475
19	X^2(U)	-88.0799	26.79889	-3.2867	0.003687	-143.981	-32.1784	-143.981	-32.1784
20	X^3(V)	3.178987	0.705552	4.505676	0.000216	1.707232	4.650741	1.707232	4.650741
21									

图 8 - 21　回归分析报告

由回归分析报告的结果得到了多元线性回归方程：

$$Y = 1571.52 + 870.53X - 88.08U + 3.18V$$

对变量进行反变换以后，可以得到三次多项式拟合曲线方程：

$$Y = 1571.52 + 870.53X - 88.08X^2 + 3.18X^3$$

最后，在 G7 中输入 "= G2 + G3 * G6 + G4 * G6^2 + G5 * G6^3"，求出预测值，如图 8 - 22 所示。

	A	B	C	D	E	F	G
1	月份X	^2	^3	收入	收入估计值		
2	1	1	1	2786		a	1571.52
3	2	4	8	2549		b1	870.53
4	3	9	27	2638		b2	-88.08
5	4	16	64	3752		b3	3.18
6	5	25	125	4560		月份	25
7	6	36	216	4524		预测收入	17957
8	7	49	343	6126			

图 8 - 22　预测结果

附 录

讲解实验的数据如图 8 - 23 所示。

	A	B	C	D	E
T26			f_x		
1	序号	所处街区编号	房屋年限	平方英尺	目前的市场价值
2	1	1357	33	181.20	1800000
3	2	1358	32	191.40	2088000
4	3	1361	32	184.20	1866000
5	4	1362	33	181.20	1820000
6	5	1365	32	183.60	2038000
7	6	1366	33	202.80	2170000
8	7	1369	32	173.20	1752000
9	8	1370	33	185.00	1920000
10	9	1373	32	179.10	1784000
11	10	1374	33	166.60	1768000
12	11	1377	32	185.20	2016000
13	12	1378	32	162.00	1934000
14	13	1381	32	169.20	1750000
15	14	1382	32	237.20	2280000
16	15	1385	32	237.20	2264000
17	16	1386	33	166.60	1750000
18	17	1389	32	212.30	2322000
19	18	1390	32	162.00	1894000
20	19	1393	32	173.10	1728000
21	20	1394	32	166.60	1742000
22	21	1405	28	152.00	1668000
23	22	1406	27	148.40	1596000
24	23	1409	28	158.80	1630000
25	24	1410	28	159.80	1742000
26	25	1413	28	148.40	1652000
27	26	1414	28	148.40	1576000
28	27	1417	28	152.00	1752000
29	28	1418	27	170.10	1884000
30	29	1421	28	148.40	1640000
31	30	1425	28	146.80	1762000
32	31	1426	28	152.00	1762000
33	32	1429	27	152.00	1772000
34	33	1430	27	148.40	1532000
35	34	1434	28	152.00	1688000
36	35	1438	27	166.80	1818000
37	36	1442	28	158.80	1620000
38	37	1446	28	178.40	1826000
39	38	1450	27	148.40	1626000
40	39	1453	27	152.00	2014000
41	40	1454	28	142.00	1744000
42	41	1457	27	168.40	1934000
43	42	1458	27	158.10	2414000

图 8 - 23 42 家房屋市场调查情况

第九模块　描述性统计

案例

肯德基××餐厅面包订货调查

肯德基××餐厅于2010年开业，位于广州市某黄金地段。肯德基在中国根据地段及租金的不同分为不同的类型餐厅，J12代表最高价格类型餐厅，即在内陆的所有肯德基店中产品的价格最高，而本餐厅则次之，为J11价格类型的餐厅，由于餐厅的营业额很高，人流量很大，因此餐厅的产品品种比较单一，且不参加任何优惠活动，价格也相对偏高。

餐厅的目标消费群体主要是一些乘车人员，在时间上比较赶，因此对服务的速度要求很高。餐厅每天的来客数，均在1 800～2 500人之间，淡季期间周一至周四营业额约在4万元左右，周五至周日的营业额最高，一般可达5.5万～7.5万元。学生放假期间及节假日则属旺季，日营业额均可达6万～7万元，而在国庆前更可迎来一年当中的日最高营业额，14万～17万元。××餐厅长期固定的汉堡包主要有三类：①田园脆鸡堡和早餐汉堡，使用3.5寸嘉顿汉堡包；②香辣/劲脆鸡腿堡和川香双层鸡腿堡，使用嘉顿4寸汉堡包；③新奥尔良烤鸡腿堡和至珍全虾堡，使用嘉顿长方形汉堡包。早餐时间较短，为6点到10点；正餐时间是10点到22点，又因为正餐的田园脆鸡堡（3.5寸汉堡包）价格及利润低于另外两类汉堡包，为了保证营业额和盈利，××餐厅以售卖4寸和长方形汉堡包为主。

本次调查样本为××餐厅2012年10月至2012年12月共3个月的汉堡包的实际销售量、库存数及每日订货量。

（1）三种汉堡包连续三个月的实际销售量。

对2012年10月、11月、12月连续3个月的销售数据进行收集和整理，画出折线图，如图9-1、图9-2和图9-3所示。

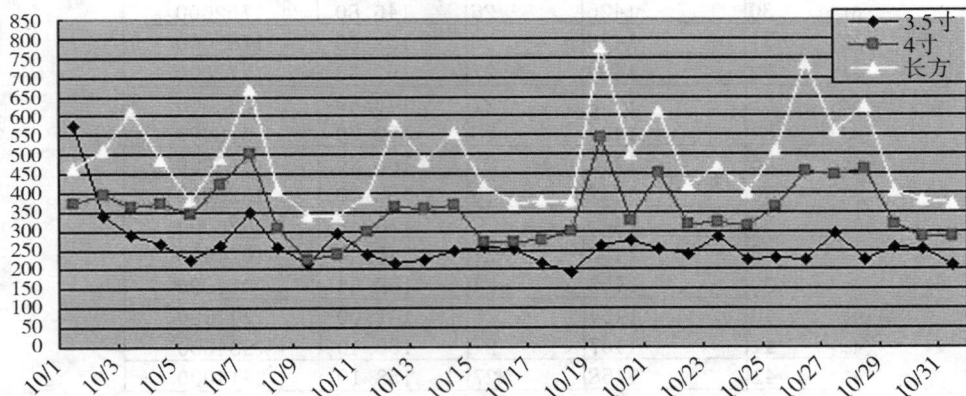

图9-1　10月份汉堡包的实际销售量

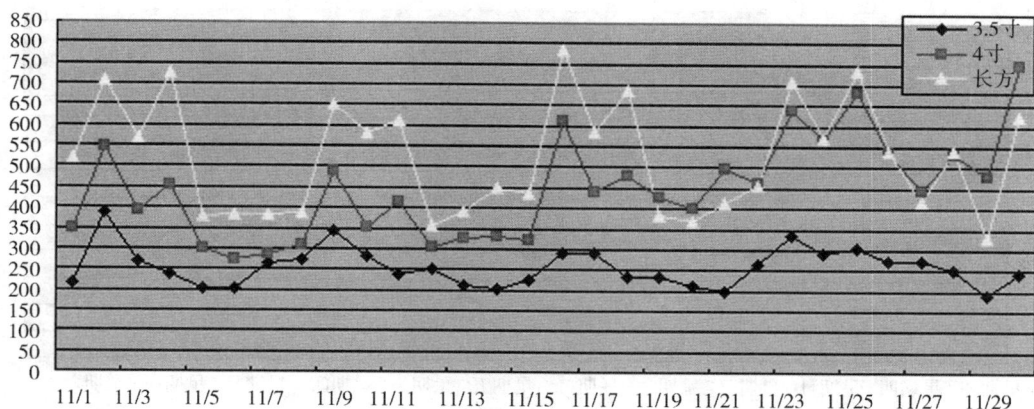

图 9 - 2　11 月份汉堡包的实际销售量

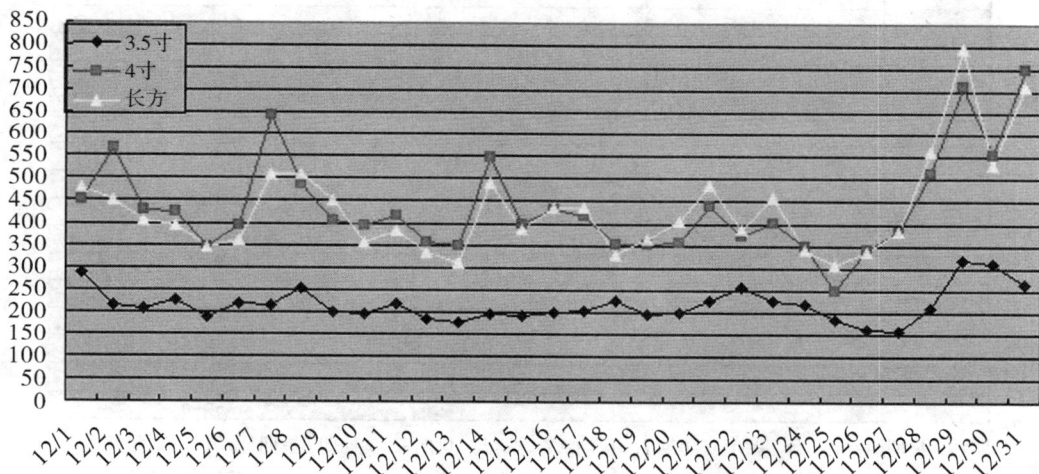

图 9 - 3　12 月份汉堡包的实际销售量

　　虽然××餐厅的目标消费群体大多以快为先，即什么汉堡包最快就要什么汉堡包，但是，顾客在偏好上仍然存在一定的差别。由于不同种类的汉堡包之间属于相互替代品，因此，在一定的营业额下，一种汉堡包实际销售量的上升必然导致另外两种汉堡包实际销售量的下降。从图 9 - 1、图 9 - 2 和图 9 - 3 可发现，长方形汉堡包比其他两种汉堡包更受欢迎，接下来是 4 寸汉堡包，3.5 寸汉堡包次之。

　　（2）汉堡包各自在 3 个月的实际销售量对比分析。

　　对汉堡包各自在 2012 年 10 月、11 月、12 月连续 3 个月的销售数据进行收集和整理，画出折线图，如图 9 - 4、图 9 - 5 和图 9 - 6 所示。

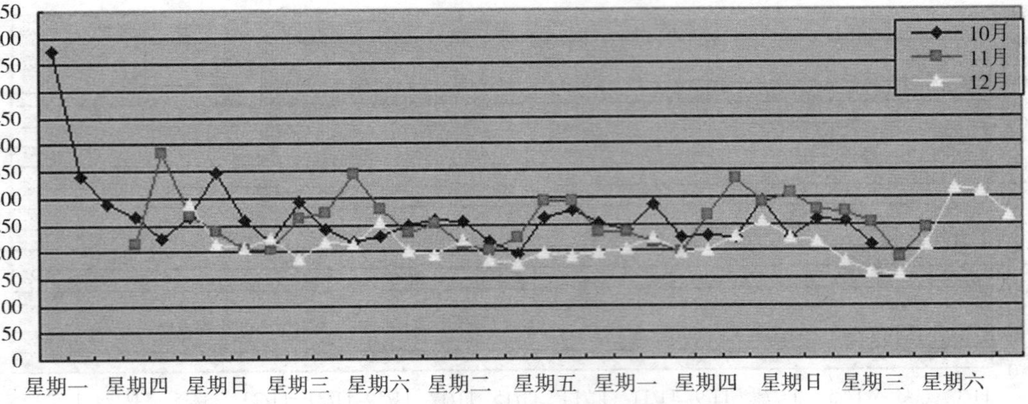

图 9-4 3.5 寸汉堡包连续 3 个月的实际销售量

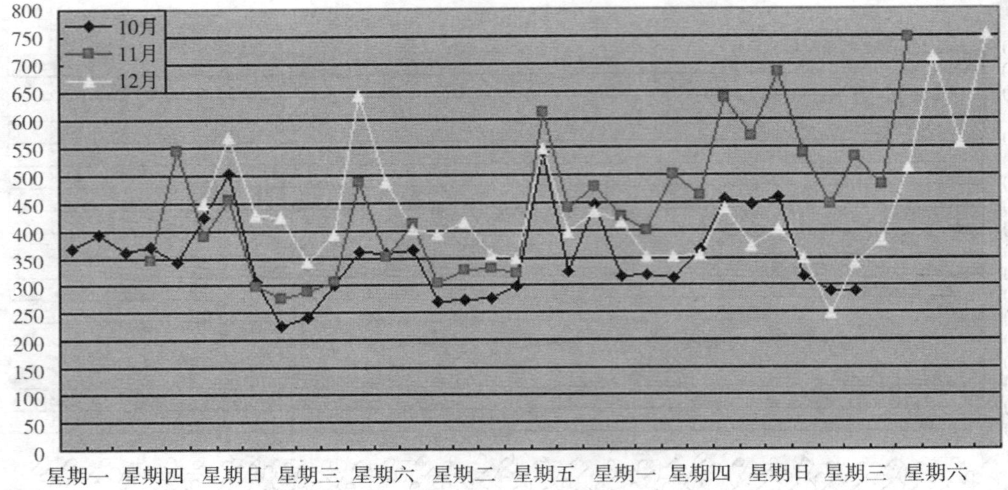

图 9-5 4 寸汉堡包连续 3 个月的实际销售量

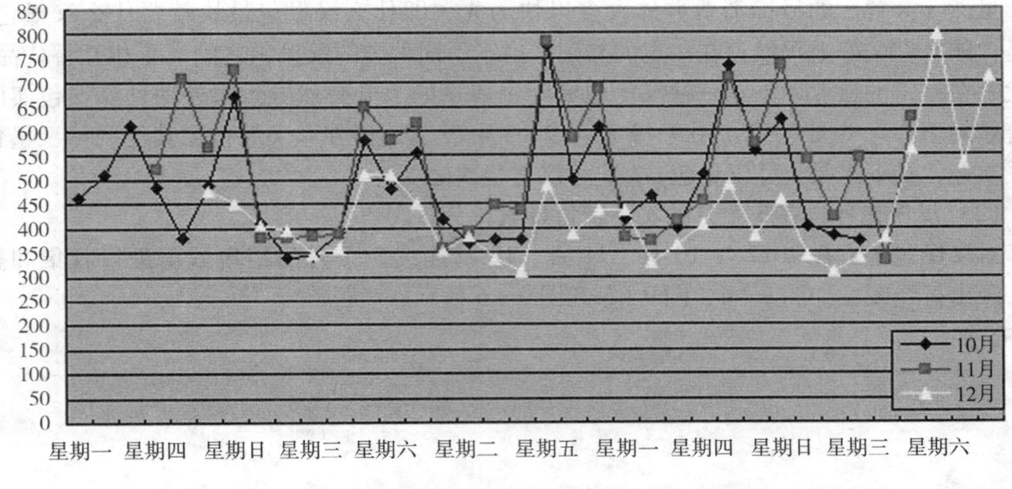

图 9-6 长方形汉堡包连续 3 个月的实际销售量

　　从图中可知，一周当中，星期一至星期四的汉堡包实际销售量与星期五至星期日的实际销售量相比，明显偏低。由于一般的工作者及学生都是在周六、周日放假，××餐厅的目标消费群体大多赶在周五下午出行，周日迎来回流高峰。因此，周五和周日的实际营业额为一周当中最高，一般可达6万~7万元，汉堡包的使用量均达到一周的峰值；而周六由于也是假日，人流量相对周一至周四仍然偏高，因此，周六汉堡包的实际销售量比周一到周四的略高。

实验课前预习

1. ××餐厅汉堡包每天的销售数据需要每天整理吗？
2. 销售数据按照什么方式整理？
3. 整理的数据可以用什么方式显示？
4. 什么是数据挖掘？
5. 大数据是什么意思？

实验课上讲解

　　对大量零散的信息数据进行整理主要是根据管理决策者的需要对信息数据进行筛选、排序和分类汇总等。

　　描述统计是指运用各种统计学手段（如统计表、统计图、统计指标等）对经过整理后的数据进行综合概括与分析，得出反映客观现象的规律性数量特征，是描述数据的方法和定量分析工具的集合。

　　究竟采用何种统计学手段、选用什么样的统计指标，应根据数据指标本身的性质来决定。例如，对定性观测得到的计数资料，可以用各种相对数来描述其数量特征；对定量测定获得的计量资料，则要同时用描述平均水平和集中趋势的平均指标，以及描述离散程度和变异大小的变异指标，从两个不同角度去全面描述其数量特征。正确地理解并选择统计描述手段和指标是在制定决策过程中必须掌握的基本功之一。表9-1列出了Excel表格中常用的统计函数和工具。

表9-1　Excel中的统计函数和工具

统计函数	描述
平均数（数据组）	计算一组数据的平均值（算术平均数）
中位数	计算一组数据的中位数（处于数据组中间位置的数据）
众数	计算一组数据的众数（出现频数最高的数据）
样本方差	计算一组数据的样本方差
总体方差	计算总体方差
样本标准差	计算一组数据的样本标准差
总体标准差	计算总体的标准差
偏态	计算偏态（它是对数据分布对称性的测度）
百分位数	计算数据的百分位数
四分位数	计算数据的四分位数
相关系数	计算两组数据的相关系数

（续上表）

分析工具	描述
描述统计	提供基本统计方法
直方图	对一组数据创建频数分布和直方图
排序和百分位数	对一组数据排序和计算百分位数
相关性	计算两组数据的相关系数

（资料来源：詹姆斯·R. 埃文斯，戴维·L. 奥尔森. 数据、模型与决策（第二版）. 杜文峰译. 北京：
中国人民大学出版社，2006.）

实验课上操作

利用 Microsoft Office Excel 2007 自带的"销售报表"示例模板示例数据库数据进行数据整理。打开一个新 Excel 工作表，点击页面左上角的 图标，再点击"新建"，看到如图 9 - 7 所示的页面。选择"已安装的模板"中的"销售报表"，导入即可。

图 9 - 7　新建工作簿显示页面

实验讲解 1　数据的筛选

在电子表格中通过设定条件，把满足条件的信息记录挑选出来显示，并隐藏那些不希望显示的行。筛选分为自动筛选和高级筛选。

（1）自动筛选。

第一步，选择数据清单电子表格中的任意一个单元格。

第二步，在"数据"选项卡上的"排序和筛选"组合中，单击"筛选"命令，随后便在数据清单的各个字段名处出现了下拉式列表框。

第三步，根据需要，选择一个字段，在其下拉式列表框中便会出现所有可供选择的"文本筛选"项目，选中需要设定的条件后，电子表格就将数据清单中符合条件的记录（行）显示出来，而将其他记录隐藏起来。例如，此例选定"客户"字段，操作如图 9 - 8所示，就可按需要进行条件设定，显示所要查询的客户的购买情况。

图 9-8　按"客户"字段进行条件设定与筛选示例

（2）高级筛选。

"高级"命令的工作方式与"筛选"命令的不同之处在于，要首先建立一个筛选的条件区域，即一组包含筛选条件的单元格区域，Excel 会将"高级筛选"对话框中的单独条件区域用作高级条件的源。条件区域首行是字段名，以下各行是字段的值。

例如，要在"销售报表"中查询第一季度销售给客户为"BOTTM"而且销售额大于或等于 500 元的记录，操作如下：

第一步，先建立如图 9-9 所示的条件区域；H3：I3 单元格文字必须从原数据表格中拷贝，不能直接输入。I4 单元格的"＞＝"必须在英文状态下输入，不能用插入符号的方式输入。

图 9-9　条件区域设定示例

第二步，点击"数据"选项卡上"排序和筛选"组中的"高级"命令，在"高级筛选"对话框中的"列表区域"（即原始数据清单所有区域）、"条件区域"进行规定，如图 9 – 10 所示。

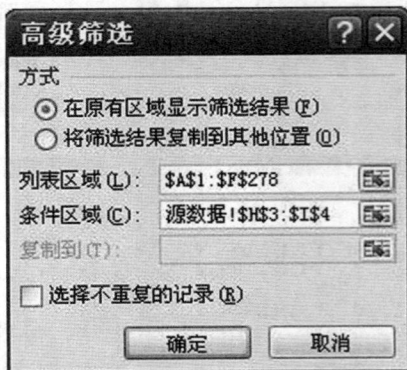

图 9 – 10   条件区域设定示例

若要通过将符合条件的数据行复制到工作表的其他位置来筛选区域，可选中"将筛选结果复制到其他位置"，然后再复制到编辑框中单击鼠标左键，再单击要在该处粘贴行的区域的左上角。这样，筛选出的结果将不在原来的数据清单区域显示，而是显示在其他位置，应注意的是，Excel 规定只能在数据清单所在的工作表中显示。

讲解实验 2   数据的排序

对销售产品进行排序，操作如下：

第一步，选择待排序的数据清单中的任意一个单元格，在"数据"选项卡上的"排序与筛选"组中，单击"排序"命令。

第二步，在出现的"排序"对话框中，依次按列的"主要关键字"为"产品"，排序依据为"数值"，次序为"升序"进行规定，如图 9 – 11 所示。由于在该对话框中的"选项"里默认设置如图 9 – 12 所示，按"确定"后，即可得到产品按字母排序的销售清单表，如图 9 – 13 所示。

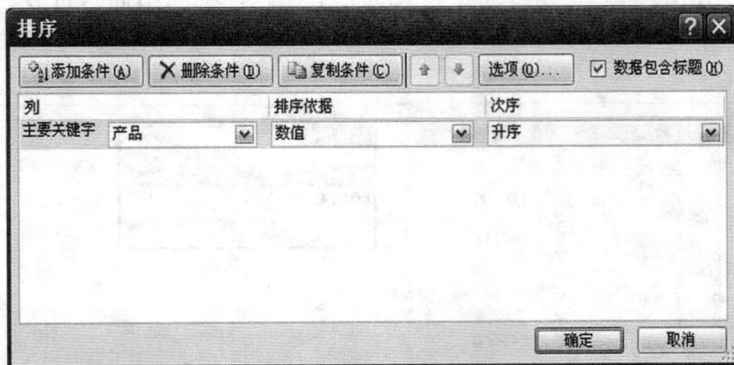

图 9 – 11   "排序"对话框

图 9 – 12   "排序选项"对话框

	A	B	C	D	E	F
1	产品	客户	第1季度	第2季度	第3季度	第4季度
2	茶点巧克力软饼	FAMIA	¥ 124.83	¥ －	¥ －	¥ －
3	茶点巧克力软饼	FRANK	¥ －	¥ －	¥ 124.20	¥ －
4	茶点巧克力软饼	FRANS	¥ －	¥ －	¥ －	¥ 46.00
5	茶点巧克力软饼	GODOS	¥ －	¥ 92.00	¥ －	¥ －
6	茶点巧克力软饼	GREAL	¥ －	¥ －	¥ 248.40	¥ －
8	茶点巧克力软饼	ISLAT	¥ －	¥ －	¥ 46.00	¥ －
9	茶点巧克力软饼	LINOD	¥ －	¥ －	¥ －	¥ 48.30
10	茶点巧克力软饼	QUEDE	¥ 24.82	¥ －	¥ 276.00	¥ －
11	茶点巧克力软饼	QUEEN	¥ 36.50	¥ －	¥ －	¥ －
12	茶点巧克力软饼	QUICK	¥ －	¥ －	¥ －	¥ 437.00
13	茶点巧克力软饼	RICAR	¥ 292.00	¥ －	¥ －	¥ －
14	茶点巧克力软饼	SAVEA	¥ －	¥ 257.60	¥ －	¥ 110.40
15	茶点巧克力软饼	SUPRD	¥ 153.30	¥ －	¥ －	¥ －
16	茶点巧克力软饼	TOMSP	¥ 166.44	¥ －	¥ －	¥ －
17	茶点巧克力软饼	TORTU	¥ －	¥ －	¥ 64.40	¥ －
18	茶点巧克力软饼	WANDK	¥ －	¥ －	¥ 82.80	¥ －
19	茶点巧克力软饼	WARTH	¥ 146.00	¥ －	¥ －	¥ －
20	茶点巧克力软饼	WELLI	¥ －	¥ －	¥ －	¥ 209.76
21	长寿豆腐	FRANS	¥ －	¥ －	¥ －	¥ 50.00
22	长寿豆腐	HILAA	¥ 128.00	¥ －	¥ －	¥ －
23	长寿豆腐	MEREP	¥ 240.00	¥ －	¥ －	¥ －
24	长寿豆腐	QUICK	¥ 120.00	¥ －	¥ －	¥ －
25	长寿豆腐	VICTE	¥ －	¥ －	¥ －	¥ 112.50
26	长寿豆腐	WARTH	¥ －	¥ －	¥ －	¥ 350.00
27	大茴香籽调味汁	ALFKI	¥ －	¥ －	¥ －	¥ 60.00
28	大茴香籽调味汁	BOTTM	¥ －	¥ －	¥ －	¥ 200.00

图9－13　按字母对销售产品进行排序的结果表

第三步，根据需要，在"排序"对话框中还可以通过点击"添加条件"增加排序的组合条件。除了按照系统已有的序列方式进行排序外，还可以使用自定义序列按用户定义的顺序进行排序。Excel已经提供了内置的星期、日期和年月自定义序列，用户还可以根据具体需要创建自己的自定义序列。具体操作是单击表格页面左上角的"Microsoft Office按钮"后，单击"Excel选项"，单击"常用"类别，然后在"使用Excel时采用的首选项"下单击"编辑自定义列表"，即可在"自定义序列"对话框中，用"输入序列"或"导入"的方式创建自定义序列。如图9－14所示。

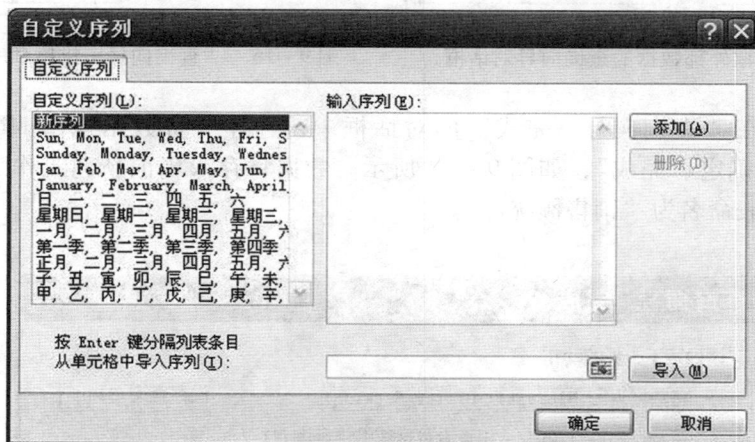

图9－14　"自定义序列"对话框

排序条件随工作簿一起保存，这样，每当打开工作簿时，都会对Excel表（而不是单元格区域）重新应用排序。如果希望保存排序条件，以便在打开工作簿时可以定期重新应用排序，最好使用表格。这对于多列排序或花费很长时间创建的排序尤其重要。

实验讲解 3　数据分类汇总

对销售数据按照商品类别汇总出每季度的销售额总计值。

第一步，调取"销售报表"中包括"产品"、"第 1 季度"、"第 2 季度"、"第 3 季度"、"第 4 季度"字段的数据。这一步骤可以在原报表中进行，为了进一步说明 Excel 中"Query"的功能，这里利用新建的工作表进行。

新建一个工作表，选择单元格 A1 为当前单元格，选择"数据"选项卡中"获取外部数据"，点击"自其他来源"中的"来自 Microsoft Query"，即会出现一个"选择数据源"的对话框，在该对话框中选择"Excel Files * "后，点击"确定"，即会出现对数据源的设定，当找到"销售报表"电子表所在位置，点击"确定"后，即会出现一个"查询向导"的对话框，将其中"可用的表和列"下面的"源数据"里选中的所需要的字段名放进"查询结果中的列"下面的空白框里即可，如图 9 – 15 所示。

第二步，点击"下一步"后，在"查询向导—筛选数据"对话框中设置筛选条件，由于此例没有限定额外的条件，直接进行"下一步"操作，将出现"查询向导—排序顺序"对话框，此例要对销售产品按类别进行汇总，所以对产品先进行排序。如图9 – 16 所示。

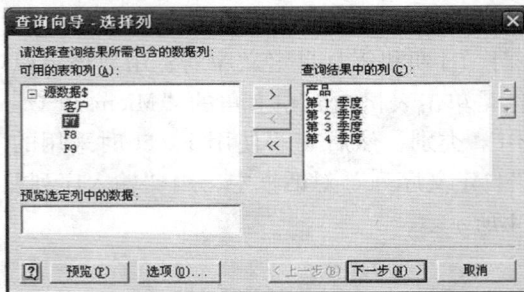

图 9 – 15　获取外部数据的查询向导对话框　　　图 9 – 16　"查询向导—排序顺序"对话框

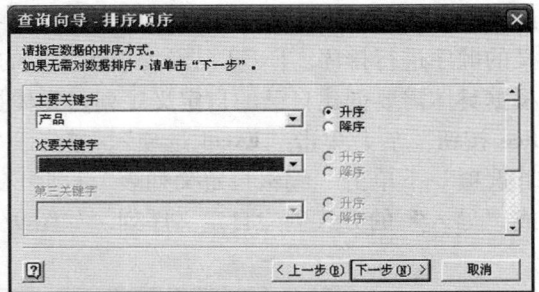

第三步，在"查询向导—完成"的对话框中，选择"将数据返回 Microsoft Office Excel"选项，确定"完成"，如图 9 – 17 所示。数据将存入当前新建工作表单元格 A1 中，将该工作表命名为"销售额统计"。

图 9 – 17　"查询向导—完成"对话框

第四步，对排序过的数据清单进行分类汇总。对排序过的工作表由 sheet 1 复制到 sheet 2 才可做分类汇总。用选择性粘贴中"值和数据格式"。在 sheet 2 数据清单中选中任意一个单元格，然后在"数据"选项卡上的"分级显示"组中，单击"分类汇总"，显示如图 9 - 18 所示的"分类汇总"对话框，进行输入和选择。

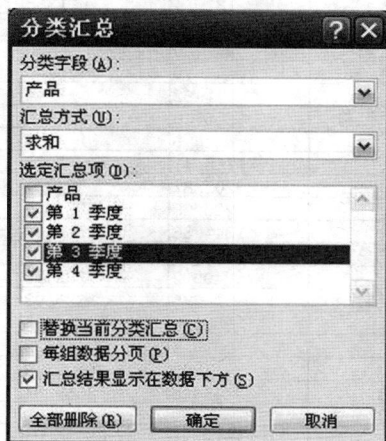

图 9 - 18　分类汇总对话框

说明：

（1）如果想按每个分类汇总自动分页，请选中"每组数据分页"复选框。

（2）若要指定汇总行位于明细行的上面，需清除"汇总结果显示在数据下方"复选框。若要指定汇总行位于明细行的下面，请选中"汇总结果显示在数据下方"复选框。在上面的示例中，应当清除该复选框。

（3）若要避免覆盖现有分类汇总，需要清除"替换当前分类汇总"复选框。

（4）通过重复上述步骤，可以再次使用"分类汇总"命令，以便使用不同汇总函数添加更多分类汇总。

第五步，对分类总计的结果进行整理。图 9 - 19 是汇总级别"2"的汇总结果，点击最左边的"＋"号，即可展开所有数据。在该汇总结果表上选择全部数据区域（即单元格 A1：E304）后，单击"开始"选项卡中的"编辑"组，在"查找和选择"中找到"定位条件"项，在"定位条件"对话框中选中"可见单元格"，然后按"复制"按钮，在另一张工作表中的空白区域按"粘贴"按钮，进行格式调整后，形成如图 9 - 20 所示的不同类别产品在每一季度的销售额汇总表，该图与图 9 - 19 的不同之处在于，该图中的数据内容仅包括产品汇总值。

第六步，删除分类汇总。在图 9 - 19 所示的分类汇总表中单击列表中包含分类汇总的单元格，在"数据"选项卡的"分级显示"组中，单击"分类汇总"，并在"分类汇总"对话框里单击"全部删除"，即可取消原表中的分类汇总显示。

		A	B 第 1 季度	C 第 2 季度	D 第 3 季度	E 第 4 季度
	1	产品	第 1 季度	第 2 季度	第 3 季度	第 4 季度
+	20	茶点巧克力软饼 汇总	943.89	349.6	841.8	851.46
+	27	长寿豆腐 汇总	488	0	0	512.5
+	34	大茴香籽调味汁 汇总	544	600	140	440
+	39	德国慕尼黑啤酒 汇总	0	518	350	42
+	59	法国卡门贝干酪 汇总	3182.4	4683.5	9579.5	3060
+	74	馄饨皮 汇总	187.6	742	289.8	904.75
+	90	金刚烈性黑啤酒 汇总	1310.4	1368	1323	1273.5
+	100	莱阳御贡干梨 汇总	1084.8	1575	2700	3826.5
+	103	老奶奶波森梅奶油 汇总	0	0	1750	750
+	108	罗德尼橘子果酱 汇总	0	4252.5	3061.8	0
+	130	罗德尼烤饼 汇总	1462	644	1733	1434
+	144	蒙古大草原绿色羊肉 汇总	2667.6	4013.1	4836	6087.9
+	147	秋葵汤 汇总	0	0	288.22	85.4
+	166	上海大闸蟹 汇总	1768.41	1978	4412.32	1656
+	174	蔬菜煎饼 汇总	3202.87	263.4	842.88	2590.1
+	185	王大义十三香 汇总	225.28	2970	1337.6	682
+	201	味道美辣椒沙司 汇总	1347.36	2750.69	1375.62	3899.51
+	208	味道美五香秋葵荚 汇总	1509.6	530.4	68	850
+	217	味鲜美馄饨 汇总	499.2	282.75	390	984.75
+	236	新英格兰杰克杂烩 汇总	385	1325.03	1582.6	1664.62
+	243	野人麦芽酒 汇总	551.6	665	0	890.4
+	255	怡保咖啡 汇总	1398.4	4496.5	1196	3979
+	272	意大利白干酪 汇总	1390	4488.2	3027.6	2697
+	297	意大利羊乳干酪 汇总	464.5	3639.37	515	2681.87
+	303	猪肉酸果曼沙河 汇总	0	1300	0	2960
-	304	总计	24612.91	43435.04	41640.74	44803.26

图 9 – 19　对不同类别产品的销售额进行分类汇总的结果

	A 产品	B 第 1 季度	C 第 2 季度	D 第 3 季度	E 第 4 季度
1	产品	第 1 季度	第 2 季度	第 3 季度	第 4 季度
2	茶点巧克力软饼 汇总	943.89	349.6	841.8	851.46
3	长寿豆腐 汇总	488	0	0	512.5
4	大茴香籽调味汁 汇总	544	600	140	440
5	德国慕尼黑啤酒 汇总	0	518	350	42
6	法国卡门贝干酪 汇总	3182.4	4683.5	9579.5	3060
7	馄饨皮 汇总	187.6	742	289.8	904.75
8	金刚烈性黑啤酒 汇总	1310.4	1368	1323	1273.5
9	莱阳御贡干梨 汇总	1084.8	1575	2700	3826.5
10	老奶奶波森梅奶油 汇总	0	0	1750	750
11	罗德尼橘子果酱 汇总	0	4252.5	3061.8	0
12	罗德尼烤饼 汇总	1462	644	1733	1434
13	蒙古大草原绿色羊肉 汇总	2667.6	4013.1	4836	6087.9
14	秋葵汤 汇总	0	0	288.22	85.4
15	上海大闸蟹 汇总	1768.41	1978	4412.32	1656
16	蔬菜煎饼 汇总	3202.87	263.4	842.88	2590.1
17	王大义十三香 汇总	225.28	2970	1337.6	682
18	味道美辣椒沙司 汇总	1347.36	2750.69	1375.62	3899.51
19	味道美五香秋葵荚 汇总	1509.6	530.4	68	850
20	味鲜美馄饨 汇总	499.2	282.75	390	984.75
21	新英格兰杰克杂烩 汇总	385	1325.03	1582.6	1664.62
22	野人麦芽酒 汇总	551.6	665	0	890.4
23	怡保咖啡 汇总	1398.4	4496.5	1196	3979
24	意大利白干酪 汇总	1390	4488.2	3027.6	2697
25	意大利羊乳干酪 汇总	464.5	3639.37	515	2681.87
26	猪肉酸果曼沙河 汇总	0	1300	0	2960

图 9 – 20　不同类别产品的销售额汇总表

实验课结果分析

描述统计的内容主要包括集中趋势分析、离中趋势分析和相关分析三大部分。

集中趋势分析主要靠平均数、中数、众数等统计指标来表示数据的集中趋势。例如在市场调查中，需要了解消费者对某种产品质量的评定水平是多少，是正偏分布还是负偏分布等信息。

离中趋势分析主要靠全距、四分差、平均差、方差、标准差等统计指标来研究数据的离中趋势。例如，企业想知道新出的两种产品在某地区市场上所得到的评价得分的差异，以及哪种产品质量水平得分情况分布更分散，就可以用这两种产品的四分差或百分点来比较。

相关分析探讨数据之间是否具有统计学上的关联性。这种关系既包括两个数据之间的单一相关关系，如产品质量与人工成本之间的关系，也包括多个数据之间的多重相关关系，如产品质量、人工成本、出勤率、组织管理幅度之间的关系；既可以是 A 大 B 就大（小），A 小 B 就小（大）的直线相关关系，也可以是复杂相关关系（$A = Y - B \times X$）；既可以是 A、B 变量同时增大这种正相关关系，也可以是 A 变量增大时 B 变量减小这种负相关。相关分析还包括两变量共同变化的紧密程度——相关系数。实际上，相关关系唯一不研究的数据关系，就是数据协同变化的内在根据——因果关系。获得相关系数有什么用呢？简而言之，有了相关系数，就可以根据回归方程，进行 A 变量到 B 变量的估算，这就是所谓的回归分析，因此，相关分析是一种完整的统计研究方法，它贯穿提出假设、数据分析、数据研究等过程的始终。

数据处理使用自动筛选可以创建三种筛选类型：按列表值、按格式和按条件。对于每个单元格区域或列表来说，这三种筛选类型是互斥的。数据筛选之后，不需要重新排列或移动就可以复制、查找、编辑、设置格式、制作图表和打印。此外，还可以按多个列进行筛选。筛选器是累加的，这意味着每个追加的筛选器都基于当前的筛选器。

对数据进行排序是数据分析不可缺少的组成部分，可能需要将名称列表按字母顺序排列；或者按从高到低的顺序编制产品存货水平列表；或者按数值大小对销售额或成本值进行排序。还可以按自定义序列（如大、中和小）或格式（包括单元格颜色、字体颜色或图标集）进行排序。注意：若要查找某个单元格区域或某个表中的上限值或下限值（如前 10 个或后 5 个销售额），可以使用自动筛选。大多数排序操作是针对列进行的，但也可以针对行进行。

分类汇总是通过利用 SUBTOTAL 汇总函数计算得到的。总计是从明细数据派生的，而不是从分类汇总中的值派生的。明细数据是指在自动分类汇总和工作表分级显示中，由汇总数据汇总的分类汇总行或列（明细数据通常与汇总数据相邻，并位于其上方或左侧）。例如，如果使用 AVERAGE 汇总函数，则总计行将显示列表中所有明细行的平均值，而不是分类汇总行中的值的平均值。如果将工作簿设置为自动计算公式，则在编辑明细数据时，"分类汇总"命令将自动重新计算分类汇总和总计值。"分类汇总"命令还会分级显示列表，以便可以显示和隐藏每个分类汇总的明细行。分级显示可汇总整个工作表或其中的一部分。

使用图表显示数据，经常用到条形图、柱形图、曲线图、饼图、面积图、散点图、三维图以及其他类型的数据分析展示工具。由于本教材以介绍如何结合现代化手段的应用进行经济管理决策原理为主，而且 Excel 图表向导提供了较为详细的创建图表的简便方法，所以，本实验教材不再介绍如何制图。

实验课练习

上机操作 9.1

某家公司要对企业的绩效评价与薪资制度进行改革，在新制度实施前对公司内 100 名雇员目前的工资水平、起始工资、雇用时的工作经验、受教育年限等信息进行了调查，并将收集到的数据进行了整理，现在对这些数据进行基本分析（数据信息详见本章附录）。

上机操作 9.2

利用实验讲解"销售清单"的数据清单形成数据透视表。

解释：数据透视表是用于快速汇总大量数据的交互式表格。它能从不同角度查看、按照不同方式对数据进行汇总，包括求和、计数、平均值、最大值、最小值和乘积等，也可以筛选数据，或显示合计值的明细数据。

上机操作 9.3

利用实验讲解"销售清单"的数据清单形成数据透视图。

实验课总结

描述性统计还有很多对数据的描述，在这里不再一一赘述。Excel 软件提供了大量的应用功能，使数据处理变得简单。尤其是数据透视表的功能更加强大，熟练使用会发现它不仅在很大程度上可以替代前面操作介绍的排序、汇总、筛选等功能，而且还有很多的灵活的数据处理能力，结合数据透视图可以更直观地表现数据特征。

实验课练习答案

上机操作 9.1

如果电脑中已有的 Excel 中尚未安装数据分析，单击表格页面左上角的"Microsoft Office 按钮"后，单击"Excel 选项"，单击"加载项"类别，然后在右下角的"管理"中选择"Excel 加载项"（此项一般为系统默认项），然后点击"转到"按钮，如图 9 - 21 所示，在出现的"加载项"对话框中勾选中"分析工具库"条目，然后按"确定"。加载成功后，就可以在"数据"选项卡中的"分析"组显示"数据分析"。

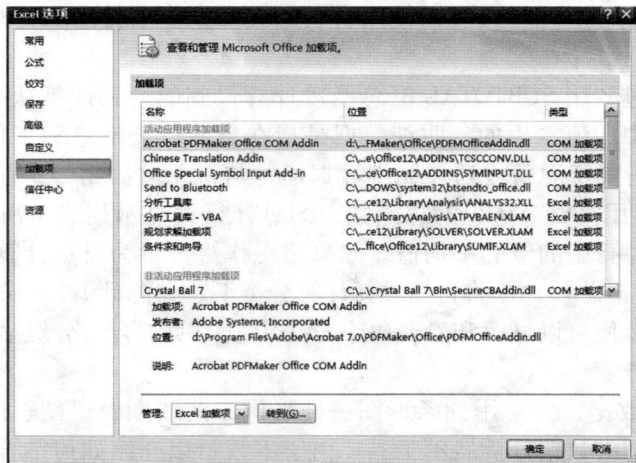

图 9 - 21 Excel 选项对话框

选择"数据"选项卡中"分析"组中的"数据分析"后，在出现的对话框里选中"描述统计"，再点击"确定"后，会出现属性设置框，如图 9-22 所示，依次选择：

（1）输入区域：原始数据区域，可以选中多个行或列，这里根据原始数据分组的属性特点选择相应的"分组方式"——"列"或"行"。

（2）如果数据有标志，注意勾选"标志位于第一行"；如果输入区域没有标志项，该复选框将被清除，Excel 将在输出表中生成适宜的数据标志。

（3）输出区域可以选择本表、新工作表或是新工作簿。

（4）汇总统计：包括平均值、标准误差（相对于平均值）、中值、众数、标准偏差、方差、峰值、偏斜度、极差、最小值、最大值、总和、总个数、最大值、最小值和置信度等相关项目。其中：

①中值：排序后位于中间的数据的值；

②众数：出现次数最多的值；

③峰值：衡量数据分布起伏变化的指标，以正态分布为基准，比其平缓时值为正，反之则为负；

④偏斜度：衡量数据峰值偏移的指数，根据峰值在均值左侧或者右侧分别为正值或负值；

⑤极差：最大值与最小值的差；

⑥第 K 大（小）值：输出表的某一行中包含每个数据区域中的第 K 个最大（小）值；

⑦平均数置信度：数值 95% 可用来计算在显著性水平为 5% 时的平均数置信度。

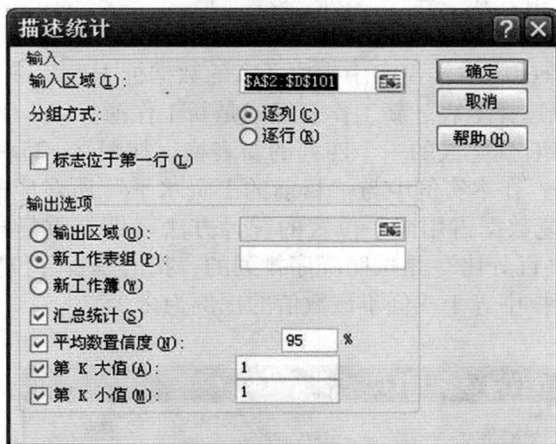

图 9-22　"描述统计"对话框

结果如图 9-23 所示（本图演示了四列数据的描述统计结果）。

	A	B	C	D	E	F	G	H
1	目前的工资水平		起始工资		雇用时的工作经验		受教育年限(年)	
2								
3	平均	33632.6	平均	16938.6	平均	95.61	平均	13.22
4	标准误差	1728.955	标准误差	834.7829	标准误差	10.54774	标准误差	0.271762
5	中位数	27825	中位数	14250	中位数	60.5	中位数	12
6	众数	19650	众数	11250	众数	0	众数	12
7	标准差	17289.55	标准差	8347.829	标准差	105.4774	标准差	2.717619
8	方差	2.99E+08	方差	69686251	方差	11125.47	方差	7.385455
9	峰度	5.993005	峰度	8.797945	峰度	2.361187	峰度	-0.19661
10	偏度	2.307841	偏度	2.71386	偏度	1.602499	偏度	-0.11998
11	区域	87400	区域	50250	区域	460	区域	11
12	最小值	16350	最小值	9750	最小值	0	最小值	8
13	最大值	103750	最大值	60000	最大值	460	最大值	19
14	求和	3363260	求和	1693860	求和	9561	求和	1322
15	观测数	100	观测数	100	观测数	100	观测数	100
16	最大(1)	103750	最大(1)	60000	最大(1)	460	最大(1)	19
17	最小(1)	16350	最小(1)	9750	最小(1)	0	最小(1)	8
18	置信度(95.0%)	3430.622	置信度(95.0%)	1656.39	置信度(95.0%)	20.929	置信度(95.0%)	0.539235

图 9 – 23　描述统计结果

"排位与百分比排位"应用的具体操作步骤:

打开原始数据表格,选择"数据"选项卡中"分析"组中的"数据分析"后,在出现的对话框里选中"排位与百分比排位",再点击"确定"后,出现如图 9 – 24 所示的对话框,依次选择:

(1)输入区域:原始数据区域,可以选中多个行或列,这里根据原始数据分组的属性特点选择相应的"分组方式"——"列"或"行"。

(2)如果数据有标志,注意勾选"标志位于第一行";如果输入区域没有标志项,该复选框将被清除,Excel 将在输出表中生成适宜的数据标志。

(3)输出区域可以选择本表、新工作表组或是新工作簿。

点击"确定"即可看到生成的一个四列的新表格,如图 9 – 25 所示,其中"点"是指排序后原数据的序数,在本实例中与"目前的工资水平"所对应的原样本的编号位置对应;"排位"采取重复数据占用同一位置的统计方法(即有重复排位,如"受教育年限"第 1 位有 4 个);"百分比"是按照降序排列的,指的是百分位数,它界定的是以某一数值为基准,样本数据中等于或低于该数值的比例为多少。

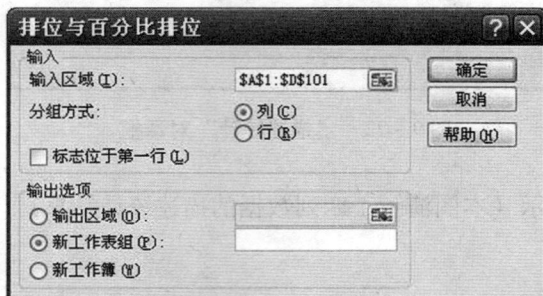

图 9 – 24　"排位与百分比排位"对话框

点	目前的工资水平	排位	百分比	点	起始工资	排位	百分比	点	雇用时的工作经验	排位	百分比	点	受教育年限(年)	排位	百分比
18	¥103,750	1	100.00%	62	¥60,000	1	100.00%	46	¥460	1	100.00%	47	¥19	1	96.90%
62	¥103,500	2	98.90%	32	¥47,490	2	98.90%	24	¥451	2	98.90%	48	¥19	1	96.90%
97	¥100,000	3	97.90%	97	¥44,100	3	97.90%	3	¥381	3	97.90%	80	¥19	1	96.90%
100	¥70,000	4	96.90%	48	¥36,750	4	96.90%	68	¥375	4	96.90%	81	¥19	1	96.90%
45	¥68,125	5	95.90%	60	¥33,750	5	95.90%	19	¥359	5	95.90%	45	¥18	5	95.90%
32	¥66,000	6	94.90%	80	¥33,000	6	94.90%	82	¥344	6	94.90%	68	¥17	6	93.90%
48	¥61,875	7	93.90%	45	¥32,490	7	92.90%	59	¥318	7	93.90%	78	¥17	6	93.90%
80	¥61,250	8	92.90%	78	¥32,490	8	92.90%	60	¥272	8	92.90%	2	¥16	8	79.70%
78	¥60,000	9	91.90%	67	¥30,000	9	91.90%	88	¥264	9	91.90%	11	¥16	8	79.70%
60	¥59,400	10	90.90%	18	¥27,510	10	90.90%	10	¥244	10	90.90%	18	¥16	8	79.70%
1	¥57,000	11	89.80%	47	¥27,480	11	89.80%	66	¥228	11	88.80%	23	¥16	8	79.70%
67	¥56,750	12	88.80%	1	¥27,000	12	88.80%	94	¥228	11	88.80%	31	¥16	8	79.70%
33	¥52,650	13	87.80%	23	¥26,250	13	87.80%	47	¥221	13	87.80%	32	¥16	8	79.70%
47	¥52,125	14	86.80%	34	¥23,250	14	86.80%	48	¥199	14	86.80%	33	¥16	8	79.70%
98	¥49,000	15	85.80%	100	¥21,750	15	85.80%	4	¥190	15	85.80%	34	¥16	8	79.70%
17	¥46,000	16	84.80%	5	¥21,000	16	84.80%	26	¥163	16	84.80%	62	¥16	8	79.70%
34	¥45,625	17	83.80%	98	¥20,550	17	83.80%	99	¥163	16	83.80%	67	¥16	8	79.70%
5	¥45,000	18	82.80%	85	¥20,250	18	82.80%	71	¥159	18	82.80%	67	¥16	8	79.70%
23	¥42,300	19	81.80%	33	¥19,500	19	80.80%	72	¥155	19	81.80%	85	¥16	8	79.70%
16	¥40,800	20	80.80%	81	¥19,500	19	80.80%	73	¥154	20	80.80%	97	¥16	8	79.70%
86	¥40,350	21	79.70%	2	¥18,750	21	77.70%	32	¥150	21	78.70%	100	¥16	8	79.70%
2	¥40,200	22	78.70%	7	¥18,750	21	77.70%	62	¥150	21	78.70%	1	¥15	22	57.50%
69	¥37,650	23	77.70%	82	¥18,750	21	77.70%	1	¥144	23	77.70%	5	¥15	22	57.50%
7	¥36,000	24	75.70%	57	¥17,250	24	76.70%	11	¥143	24	75.70%	7	¥15	22	57.50%
81	¥36,000	24	75.70%	14	¥16,800	25	75.70%	22	¥143	24	75.70%	7	¥15	22	57.50%
63	¥35,700	26	74.70%	11	¥16,500	26	69.60%	5	¥138	26	74.70%	9	¥15	22	57.50%
27	¥35,250	27	73.70%	11	¥16,500	26	69.60%	14	¥137	27	73.70%	13	¥15	22	57.50%

图9-25　调整后的排位与百分比排位结果表

"直方图"应用的具体操作步骤：

本上机操作需要描述企业员工"雇用时的工作经验"的频数分布情况。

第一步，打开原始数据表格，制作本上机操作的原始数据要求单列，确认数据的范围及分组的依据。如果样本数据不多，可以用观察法确定，如果样本数据很多，则可以使用 Excel 中的 MAX 和 MIN 函数确定样本数据中的最大值和最小值，从而确定边界范围（0~460），然后，在数据清单旁输入"数据接受序列"，即分段统计的数据间隔或分组标准，本例在单元格 I2：I15 里依次输入"0，36，…，468"（这里以 3 年即 36 个月为间隔），这些值应当按升序排列，如图 9-26 所示。

	G2	▼	f×	=MAX(C2:C101)					
	A	B	C	D	E	F	G	H	I	J
1	目前的工资水平	起始工资	雇用时的工作经验(月)	受教育年限(年)					分组标准	
2	$57,000	$27,000	144	15		max	460		0	
3	$40,200	$18,750	36	16		min	0		36	
4	$21,450	$12,000	381	12					72	
5	$21,900	$13,200	190	8					108	
6	$45,000	$21,000	138	15					144	
7	$32,100	$13,500	67	15					180	
8	$36,000	$18,750	114	15					216	
9	$21,900	$9,750	0	12					252	
10	$27,900	$12,750	115	15					288	
11	$24,000	$13,500	244	12					324	
12	$30,300	$16,500	143	16					360	
13	$28,350	$12,000	26	8					396	
14	$27,750	$14,250	34	15					432	
15	$35,100	$16,800	137	15					468	
16	$27,300	$13,500	66	12						
17	$40,800	$15,000	24	15						
18	$46,000	$14,250	48	15						
19	$103,750	$27,510	70	16						
20	$23,700	$13,500	359	15						
21	$26,550	$14,250	61	15						
22	$27,600	$15,000	75	12						
23	$25,800	$15,000	143	12						
24	$42,300	$26,250	126	16						
25	$30,750	$15,000	451	8						
26	$26,700	$12,900	18	12						
27	$20,850	$12,000	163	12						
28	$35,250	$15,000	54	15						
29	$26,700	$15,000	56	15						

图9-26　确定数据范围和分组依据示意图

第二步，选择"数据"选项卡中"分析"组中的"数据分析"后，在出现的对话框

里选中"直方图",再点击"确定"后,出现如图 9-27 所示的对话框,依次选择:

(1)输入区域:原始数据区域,此例为单元格 C1:C101,即字段"雇用时的工作经验"所在的区域。

(2)接受区域:数据接受序列,此例为单元格 I1:I15。

(3)标志:若输入区域的第一行为字段名,而不是具体的待统计数据,则需勾选。

(4)输出选项:如果选择"输出区域",则新对象直接插入当前表格中,此例选择"新工作表组"。

(5)选中"柏拉图",此复选框可在输出表中按降序来显示数据。

(6)若选择"累积百分率",则会在直方图上叠加累计频率曲线。

(7)选择"图表输出",则可立即生成相应的直方图。

图 9-27 "直方图"对话框

第三步,点击"确定",即完成操作,输出结果如图 9-28 所示。

在输出结果图中可以看到,区域 A1:C16 中所显示的是按原分组标准列示出各数组段的频数和累积频率,如大于或等于 0 而小于 36 个月的有 6 个样本,而大于或等于 36 个月而小于 72 个月的有 36 个样本,……以此类推。区域 D1:F16 中所显示的是按照频数分布的降序来列示出各组段的频数和累积频率,若在之前属性设置对话框图 9-27 中没有选中"柏拉图",则不会出现 D1:F16 区域的结果值。

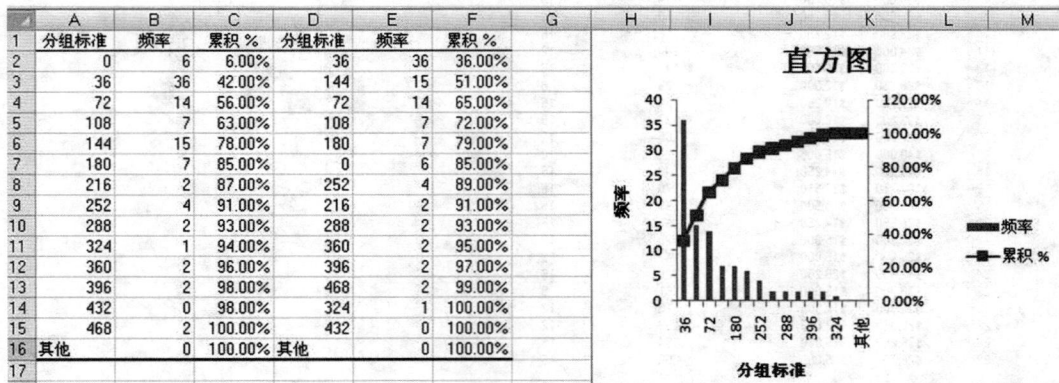

图 9-28 利用直方图工具统计不同"雇用时的工作经验"的频数分布结果

说明：

Excel 直方图的最大缺点是它没有和数据关联起来，即如果改变任意一个数据，就意味着要重新创建图表和频数分布这一过程。要弥补这一缺陷的做法就是使用 Excel 中的频数分布函数和图表向导。首先，界定数据范围和边界值（或分组标准）；然后，在工作表的空白单元格区域对应选中输出区域后，输入公式"= FREQUENCY（数据区域，边界值）"；最后，同时按下"Ctrl + Shift + Enter"键，就可以创建频数分布表，并且可利用柱形图表向导创建直方图，这样即使改变数据，频数分布表和直方图也会自动更新。

上机操作 9.2

1．利用数据透视表进行分类汇总

（1）点击菜单"插入"选项卡，选中"表"组中的"数据透视表"选项，出现如图 9 - 29 所示的"创建数据透视表"对话框，进行属性设置。

①选择一个表或区域：利用现有的数据清单创建数据透视表；

②使用外部数据源：从外部数据库中确定需要的字段及查询数据；

③选择放置数据透视表的位置：选择新工作表。

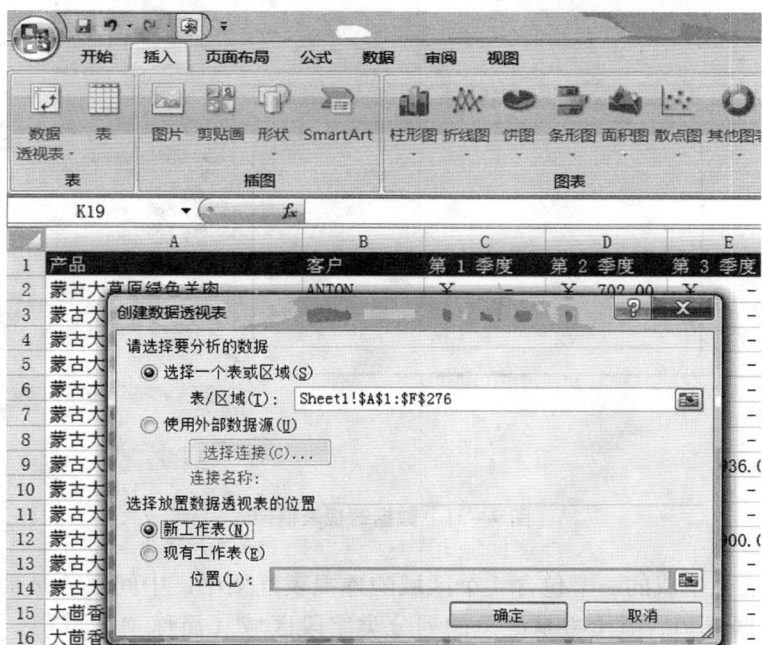

图 9 - 29　"创建数据透视表"对话框

（2）点击"确定"后，就可以建立一个空的数据透视表，并同时显示"数据透视表"工具栏和"数据透视表字段列表"对话框，如图 9 - 30 所示。

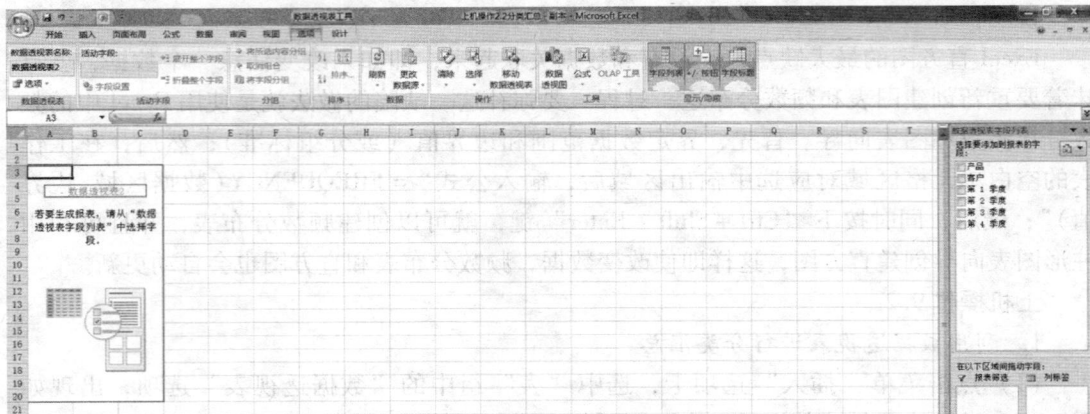

图 9－30　形成的数据透视表雏形

（3）将页面转变成经典页面。点击菜单栏"数据透视表"选择显示"经典数据透视表显示"，如图 9－31 所示。

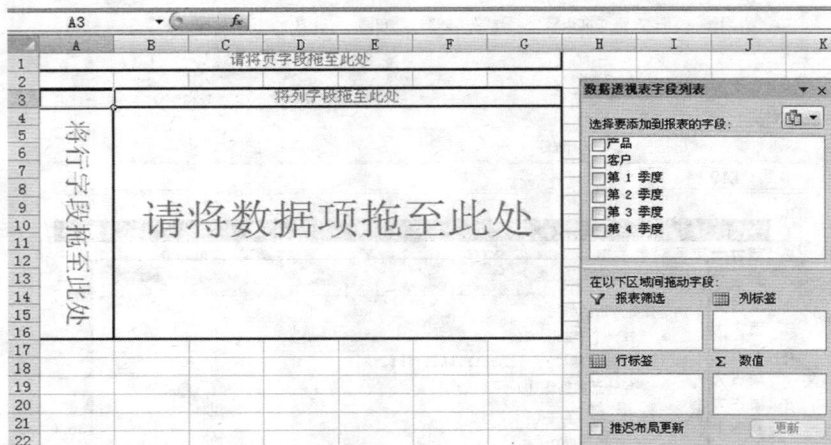

图 9－31　数据透视表框架

在新工作表上生成的一个包含 4 个区域的透视表框架中，中间部分是被汇总数据区域（简称"数据域"），其上方是汇总的列分类字段区域（简称"列域"），左边是汇总的行分类字段区域（简称"行域"），最左上角是页分类字段区域（简称"页域"）。在该工作表出现的数据透视表工具条里包括了对数据透视表进行各种操作的菜单项。在任何时候只要光标停留在数据透视表中（包括数据域、列域、行域和页域），就会出现该浮动工具条。

在"数据透视表字段列表"中，选中字段名"产品"，按住鼠标左键不放，将其拖至行域，选中字段名"客户"拖至页域，把"第 1 季度"、"第 2 季度"、"第 3 季度"和"第 4 季度"字段拖至数据域，此时，就会在数据域汇总出各客户不同类别产品的各个季度的销售额总计值。此外，在"数据透视表字段列表"中右上角的"布局"向导的下拉菜单中还可以对报表的排版格式进行设置，如图 9－32 所示。

图 9 - 32 数据透视表设计示例图

2. 利用数据透视表进行数据显示与分析的其他功能

如果想改变数据透视表分析时，只需要将表中的字段变量之间的位置进行改变或者对表中的字段进行增加、删减即可。

①改变数据透视表的行列结构：通过光标拖动或者利用"布局"按钮；

②新增、删除和修改行域、列域或页域字段（分类字段）：通过光标拖动或在"数据透视表字段列表"中勾选；

③新增、删除和修改汇总字段：可以通过在"数据"中的"总计"字段上点击右键，选中"删除总计"项进行设置；

④利用页域对数据进行分页汇总：如本例中，用"客户"字段作为分页依据，当选中"客户"中不同客户名时，数据透视表会显示出所有该选中客户在不同季度中所购买的所有不同产品的总值情况；

⑤改变汇总字段的汇总方式：可通过在"求和项"字段上点击右键，在菜单"数据汇总依据"或者"值字段设置"中进行设置，包括求和、计数、平均值、最大值、最小值和乘积等形式；

⑥改变分类字段值的位置：通过数据透视表中的"组合"功能把某分类字段下的几个值合并在一起，使组合在工作表中显示为"数据组合 1"、"数据组合 2"……然后对这些数据组合编辑新的字段名，这里需注意的是"组合"功能只能在"行域"中完成，无法在"页域"中进行；

⑦利用数据透视表生成时间序列：Excel 允许"分"、"小时"、"月"、"季"和"年"等字段类型作为日期型数据的分组依据，从而形成时间序列；

⑧统计频数与频率分布：可以完成与直方图同样的功能。

以上机操作 1 为例，具体说明如下：

首先，利用已有的"雇员薪资情况"数据清单，在新工作表中创建一个数据透视表框架，将数据透视表字段列表中的"雇用时的工作经验"分别拖至行域和数据域，双击数据域中"求和项"所在单元格，将汇总方式设置为"计数"。

选择"雇用时的工作经验"所在行域的任意一个单元格,单击鼠标右键,在出现的菜单中选中"组合"选项,在弹出的"组合"对话框里,设定分组的依据(即步长)为36(个月),如图9-33所示。点击"确定"后即会出现频数发生结果,如图9-34所示。

图9-33 按"雇用时的工作经验"(月)分组

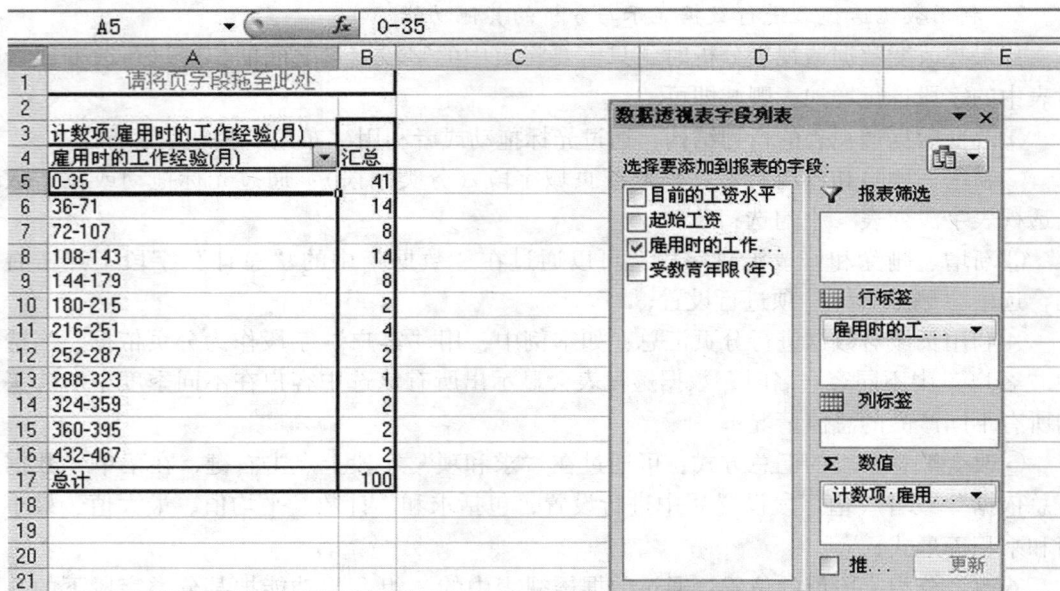

图9-34 按"雇用时的工作经验"(月)分组后的频次计数结果

若需要进一步统计分析频数分布,则右键单击"计数项:雇用时的工作经验(月)"所在单元格,在出现的菜单中选中"值字段设置",随后在弹出的"值字段设置"对话框中进行"值显示方式"的设置,选择"占同列数据总和的百分比"后点击"确定",如图9-35所示,就可以计算出不同工作经验时间段在总的发生频数中所占的比例,即频率分布,如图9-36所示。

在这里,可以将数据透视表统计的频数分布结果与前面利用直方图工具所统计出的频数分布结果(如图9-28所示)作一比较,虽然数据值都以0为起点,分组依据(即数据间隔)同为36,但是由于两种工具在分组标准的边界上存在差别,导致频率分布结果出现了差异，直方图的分组标准分别是 $(-\infty, 0]$、$(0, 36]$、$(36, 72]$ … $(432, 468]$，而数据透视图的分组标准分别是 $[0-35]$、$[36-71]$ … $[432-467]$。

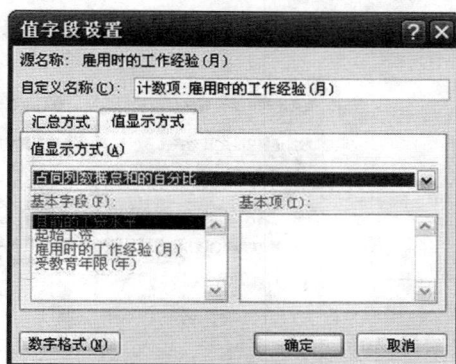

图 9-35 "值字段设置"对话框

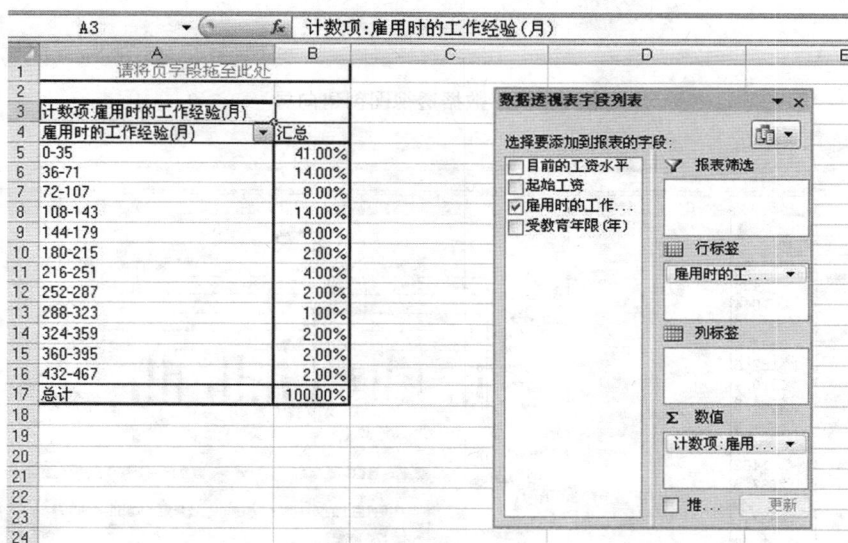

图 9-36 利用数据透视表统计不同"雇用时的工作经验"的频数分布结果

上机操作 9.3

制作数据透视图有两种方法，一种是首先利用数据透视表功能生成分类汇总数据，然后通过工具栏中的图表向导，或者选择菜单中"插入"下的"图表"命令完成；另一种方法则是直接建立数据透视图，将光标停在数据清单中的任意单元格，选择菜单中"插入"下的"数据透视图"，就会在新的空白工作表中出现数据透视表框架和两个浮动的工具栏，分别为"数据透视图筛选窗格"和"数据透视表字段列表"，如图 9-37 所示。

当对数据透视表进行设计时（步骤同前面对数据透视表的应用介绍），数据透视图将同步进行，形式如图 9-38 所示。（为了便于与前述的统计分析作对比，此处以"销售清单"数据表为例进行介绍）

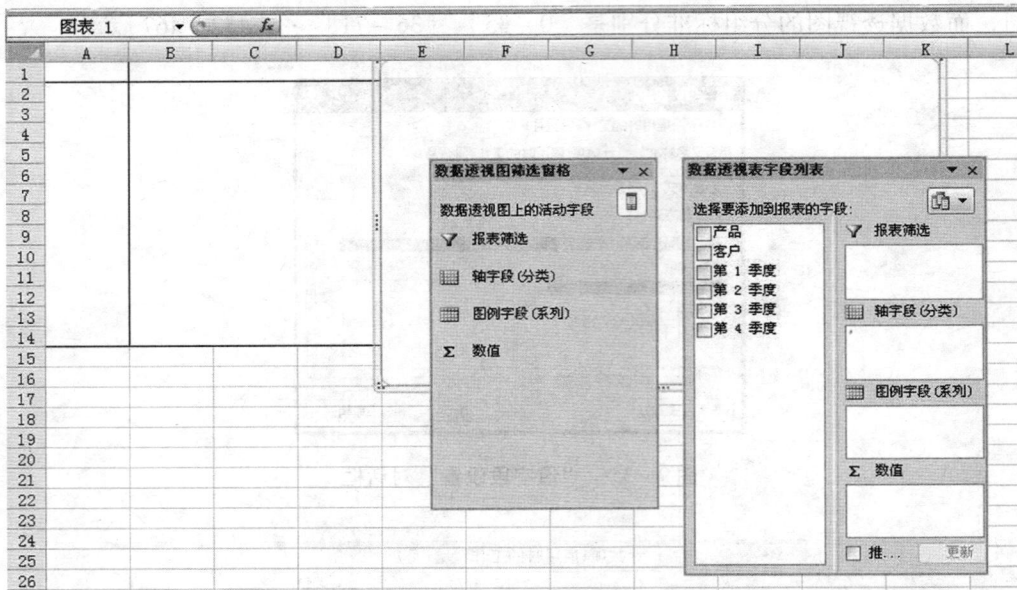

图 9 - 37　数据透视图创建向导

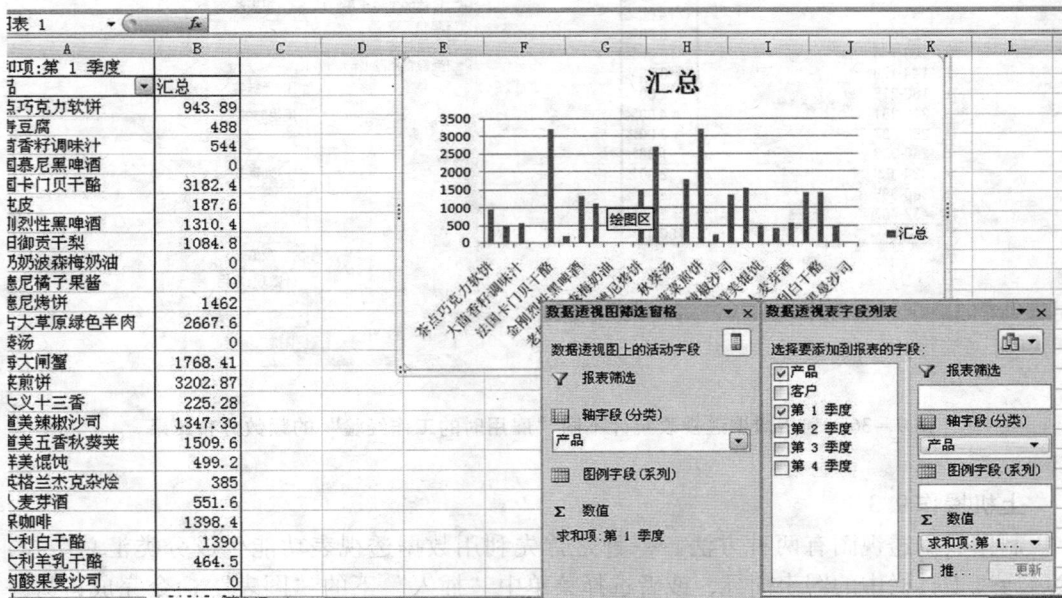

图 9 - 38　数据透视图与数据透视表同步创建结果

　　在操作过程中，同样可以发现数据透视图具有强大的灵活性，在对分类字段的选择、新增、删除、显示及改变被汇总方式的操作上，都具有灵活而方便的特点，这是一般的图表所不具备的。

附　录

上机操作9.1的数据如图9－39、图9－40所示。

	A 员工编号	B 目前的工资水平	C 起始工资	D 雇用时的工作经验(月)	E 受教育年限(年)
2	1	$57,000	$27,000	144	15
3	2	$40,200	$18,750	36	16
4	3	$21,450	$12,000	381	12
5	4	$21,900	$13,200	190	8
6	5	$45,000	$21,000	138	15
7	6	$32,100	$13,500	67	15
8	7	$36,000	$18,750	114	15
9	8	$21,900	$9,750	0	12
10	9	$27,900	$12,750	115	15
11	10	$24,000	$13,500	244	12
12	11	$30,300	$16,500	143	16
13	12	$28,350	$12,000	26	8
14	13	$27,750	$14,250	34	15
15	14	$35,100	$16,800	137	15
16	15	$27,300	$13,500	66	12
17	16	$40,800	$15,000	24	12
18	17	$46,000	$14,250	48	15
19	18	$103,750	$27,510	70	16
20	19	$23,700	$13,500	359	15
21	20	$26,550	$14,250	61	15
22	21	$27,600	$15,000	75	12
23	22	$25,800	$15,000	143	12
24	23	$42,300	$26,250	126	16
25	24	$30,750	$15,000	451	8
26	25	$26,700	$12,900	18	12
27	26	$20,850	$12,000	163	12
28	27	$35,250	$15,000	54	15
29	28	$26,700	$15,000	56	15
30	29	$26,550	$13,050	11	12
31	30	$27,750	$12,000	11	12
32	31	$25,050	$12,750	123	16
33	32	$66,000	$47,490	150	16
34	33	$52,650	$19,500	20	16
35	34	$45,625	$23,250	60	16
36	35	$30,900	$15,000	25	15
37	36	$29,400	$16,500	24	15
38	37	$24,900	$11,250	0	12
39	38	$19,650	$10,950	11	12
40	39	$22,050	$10,950	9	12
41	40	$25,500	$12,000	11	12
42	41	$28,200	$12,750	19	15
43	42	$23,100	$11,250	13	12
44	43	$25,500	$11,400	9	12
45	44	$17,100	$10,200	0	8
46	45	$68,125	$32,490	29	18
47	46	$30,600	$15,750	460	12
48	47	$52,125	$27,480	221	19
49	48	$61,875	$36,750	199	19
50	49	$21,300	$11,550	24	8
51	50	$19,650	$11,250	5	12
52	51	$22,350	$11,250	5	12
53	52	$23,400	$11,250	18	12
54	53	$24,300	$10,950	8	12
55	54	$28,500	$11,250	4	12
56	55	$19,950	$11,250	8	12
57	56	$23,400	$11,250	0	12
58	57	$34,500	$17,250	3	16
59	58	$18,150	$10,950	0	12
60	59	$21,750	$12,450	318	8
61	60	$59,400	$33,750	272	12
62	61	$24,450	$14,250	117	12
63	62	$103,500	$60,000	150	16
64	63	$35,700	$16,500	72	12
65	64	$22,200	$16,500	7	12
66	65	$22,950	$13,950	22	15
67	66	$23,100	$12,000	228	12
68	67	$56,750	$30,000	15	16
69	68	$29,100	$12,750	375	17
70	69	$37,650	$15,750	132	12

图9－39　员工工资、工龄及受教育年限调查（一）

	A	B	C	D	E
71	70	$27,900	$13,500	32	12
72	71	$21,150	$12,000	159	8
73	72	$31,200	$15,750	155	12
74	73	$20,550	$11,250	154	12
75	74	$20,700	$11,250	2	12
76	75	$21,300	$11,250	3	12
77	76	$24,300	$15,000	121	12
78	77	$19,650	$13,950	133	12
79	78	$60,000	$32,490	17	17
80	79	$30,300	$15,750	55	15
81	80	$61,250	$33,000	9	19
82	81	$36,000	$19,500	21	19
83	82	$25,200	$18,750	344	8
84	83	$30,750	$15,000	56	12
85	84	$33,540	$15,750	47	12
86	85	$34,950	$20,250	55	16
87	86	$40,350	$16,500	80	15
88	87	$30,270	$15,750	80	12
89	88	$26,250	$16,050	264	8
90	89	$32,400	$15,000	64	15
91	90	$20,400	$11,250	0	12
92	91	$24,150	$12,750	96	8
93	92	$23,850	$13,500	122	15
94	93	$29,700	$13,500	26	12
95	94	$21,600	$13,500	228	8
96	95	$24,450	$15,750	87	12
97	96	$28,050	$16,500	84	15
98	97	$100,000	$44,100	128	16
99	98	$49,000	$20,550	86	15
100	99	$16,350	$10,200	163	12
101	100	$70,000	$21,750	19	16

图 9 - 40　员工工资、工龄及受教育年限调查（二）

第十模块 啤酒游戏实验

实验目的

通过实验了解进销存的运作过程、虚假需求以及库存产生的原因。

学习目标

（1）能够模拟供应链上制造商、批发商、零售商等不同节点企业的订货需求变化；

（2）认识供应链中需求异常放大现象（即"牛鞭效应"）的形成过程；

（3）分析"牛鞭效应"产生的原因；

（4）找出减少"牛鞭效应"的方法；

（5）每个角色根据客户需求和经营数据，制定订货策略，向供应商订货；

（6）每个角色计算自己的经营业绩；

（7）每个小组画出订货需求变化曲线图，揭示"牛鞭效应"；

（8）分析策略改进后"牛鞭效应"的变化。

实验要求

（1）老师提供需求数据 1 组；

（2）每组需要 1 个工作流程指引纸板（自制）；

（3）每组需要 8 个纸杯、4 个纸碗；

（4）每组需要 1 份指引说明，4 份工作表；

（5）每组需要准备 2 个大的容器；

（6）用于代替啤酒的若干围棋子或类似的东西（不少于 300 粒）；

（7）每组准备 4 本粘贴纸，用于传递订单。

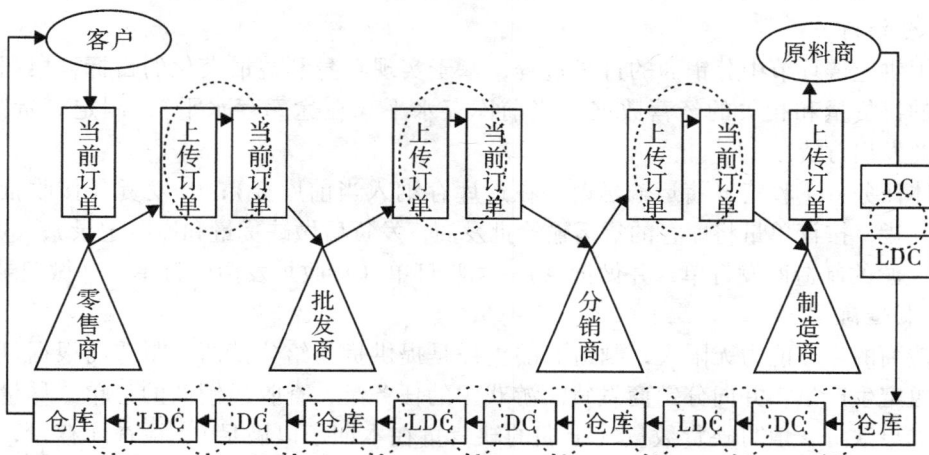

图 10 - 1 啤酒游戏运作流程

实验角色

假设只经营一种产品——啤酒。啤酒由零售商根据预测的需求和自己的库存向批发商下订单，批发商根据零售商下的订单和自己的库存向分销商下订单，分销商根据批发商下的订单和自己的库存向制造商下订单，制造商再根据自己的库存和分销商下的订单决定制造多少。由四个小组分别担任零售商、批发商、分销商和制造商这四个角色，组成一个游戏组。

实验内容

每次游戏分轮进行，一轮就代表一周，一次游戏共进行 48 周，即 48 轮。

1. 零售商

作为零售商，每天都会有顾客到店里买啤酒。每周零售商会从老师准备好的卡片中抽取一张，卡片上写有每周消费者对啤酒的需求数量，也就是零售商收到的来自最终消费者的"订单"。"订单"上的数量制造商、分销商和批发商是看不到的，零售商接到"订单"后也不能将数字告诉其他人。零售商的仓库里储存的啤酒产生库存成本；每次接到消费者的"订单"后，零售商会从自己的库存里面取货，如果库存的啤酒不够的话，即视为缺货，产生缺货成本，所缺的货要在下一周优先补给，余下的库存再用来满足消费者新的"订单"。零售商下的订单本周内不会到货，要到两周以后才会收到。零售商在向批发商下订单的时候，可以根据以往经验等各种渠道对卡片上写的消费者需求进行预测，还要考虑批发商的库存是否能够满足自己订单需要的问题。

2. 批发商

批发商的责任就是卖啤酒给零售商。批发商有一个仓库，每天都可以从自己的库存中尽可能满足零售商的订单。不过，所订的货也要过两轮才会到达批发商的仓库。有两个在途的库存，批发商也要承担起库存和缺货的成本，其中库存成本是 1 个单位，缺货成本是 3 个单位。

具体任务：①收货（将运输延迟的在途库存纳入当前库存）；②发货（接收零售商的订单发货，按订单量将库存的货运输给零售商，发货后做缺货量和库存记录）；③发订单（向上游的分销商发订单，并做记录）；④收订单（接收零售商的订单，并做记录）。

3. 分销商

模拟供应链环节中分销商的订货过程，基于实现自身利益最大化的目标，根据下游批发商的订货量和相关的经营数据（当前库存水平和在途库存水平），制定订货策略，向制造商发出订货。

具体任务：①收货（将运输延迟的在途库存纳入当前库存）；②发货（接收批发商的订单发货，按订单量将库存的货运输给批发商，发货后做缺货量和库存记录）；③发订单（向上游的制造商发订单，并做记录）；④收订单（接收批发商的订单，并做记录）。

4. 制造商

制造商的生产能力无限大，制造商的责任是提供货物给分销商。制造商根据订单和库存量决定生产量，并向分销商发货。游戏中的任务是，查收经销商的订单，尽量满足要求，如果缺货，填写缺货数量（上期的缺货量在本期予以满足），检查库存量，确定订货数量，发出制造订单，并记录。

5. 初始条件的设置

每个环节的在途 1 和在途 2 都为 4 个，库存为 10 个，库存成本为 1 元/个，缺货成本为 3 元/个。

表 10 - 1　**啤酒游戏工作表（制造商）**

第×周	接收订单	在途 1	在途 2	库存量	缺货量	下订单	库存成本	缺货成本
1								
2								
3								
4								
5								
6								
7								
8								
9								
10								
11								
12								
13								
14								
15								
16								
17								
18								
19								
20								
21								
22								
23								
24								
25								
26								
27								
28								
29								
30								
31								
32								

（续上表）

第×周	接收订单	在途1	在途2	库存量	缺货量	下订单	库存成本	缺货成本
33								
34								
35								
36								
37								
38								
39								
40								
41								
42								
43								
44								
45								
46								
47								
48								

库存费＝库存量×单位库存费　　缺货费＝缺货量×单位缺货费　　总成本＝库存费＋缺货费

缺货率＝缺货次数/总周数　　服务率＝1－缺货率

表 10 - 2　啤酒游戏工作表（分销商）

第×周	接收订单	在途 1	在途 2	库存量	缺货量	下订单	库存成本	缺货成本
1								
2								
3								
4								
5								
6								
7								
8								
9								
10								
11								
12								
13								
14								
15								
16								
17								
18								
19								
20								
21								
22								
23								
24								
25								
26								
27								
28								
29								
30								
31								
32								
33								

（续上表）

第×周	接收订单	在途1	在途2	库存量	缺货量	下订单	库存成本	缺货成本
34								
35								
36								
37								
38								
39								
40								
41								
42								
43								
44								
45								
46								
47								
48								

库存费＝库存量×单位库存费　　　缺货费＝缺货量×单位缺货费　　　总成本＝库存费＋缺货费

缺货率＝缺货次数/总周数　　　服务率＝1－缺货率

表 10 - 3 啤酒游戏工作表（批发商）

第×周	接收订单	在途1	在途2	库存量	缺货量	下订单	库存成本	缺货成本
1								
2								
3								
4								
5								
6								
7								
8								
9								
10								
11								
12								
13								
14								
15								
16								
17								
18								
19								
20								
21								
22								
23								
24								
25								
26								
27								
28								
29								
30								
31								
32								
33								

（续上表）

第×周	接收订单	在途1	在途2	库存量	缺货量	下订单	库存成本	缺货成本
34								
35								
36								
37								
38								
39								
40								
41								
42								
43								
44								
45								
46								
47								
48								

库存费＝库存量×单位库存费　　　缺货费＝缺货量×单位缺货费　　　总成本＝库存费＋缺货费
缺货率＝缺货次数/总周数　　　服务率＝1－缺货率

表 10 - 4　啤酒游戏工作表（零售商）

第×周	接收订单	在途 1	在途 2	库存量	缺货量	下订单	库存成本	缺货成本
1								
2								
3								
4								
5								
6								
7								
8								
9								
10								
11								
12								
13								
14								
15								
16								
17								
18								
19								
20								
21								
22								
23								
24								
25								
26								
27								
28								
29								
30								
31								
32								
33								

（续上表）

第×周	接收订单	在途1	在途2	库存量	缺货量	下订单	库存成本	缺货成本
34								
35								
36								
37								
38								
39								
40								
41								
42								
43								
44								
45								
46								
47								
48								

库存费＝库存量×单位库存费　　　缺货费＝缺货量×单位缺货费　　　总成本＝库存费＋缺货费

缺货率＝缺货次数/总周数　　　服务率＝1－缺货率

表 10 - 5 　啤酒游戏工作表（下订单）

第 × 周	零售商	批发商	分销商	制造商
1				
2				
3				
4				
5				
6				
7				
8				
9				
10				
11				
12				
13				
14				
15				
16				
17				
18				
19				
20				
21				
22				
23				
24				
25				
26				
27				
28				
29				
30				
31				
32				
33				

（续上表）

第×周	零售商	批发商	分销商	制造商
34				
35				
36				
37				
38				
39				
40				
41				
42				
43				
44				
45				
46				
47				
48				
方差				
牛鞭效应	批发商方差/零售商方差	分销商方差/批发商方差	制造商方差/批发商方差	

表 10 - 6 啤酒游戏工作表（接收订单）

第×周	零售商	批发商	分销商	制造商
1				
2				
3				
4				
5				
6				
7				
8				
9				
10				
11				
12				
13				
14				
15				
16				
17				
18				
19				
20				
21				
22				
23				
24				
25				
26				
27				
28				
29				
30				
31				
32				
33				

（续上表）

第×周	零售商	批发商	分销商	制造商
34				
35				
36				
37				
38				
39				
40				
41				
42				
43				
44				
45				
46				
47				
48				
方差				
牛鞭效应	批发商方差/零售商方差	分销商方差/批发商方差		制造商方差/批发商方差

计算与分析

（1）完成每个环节的成本计算（库存量×1＋缺货量×3）、整个供应链的总成本计算（四个环节的成本之和）；

（2）在同一张图中画出制造商、分销商、批发商、零售商接收订单量的曲线及方差；

（3）在同一张图中画出制造商、分销商、批发商、零售商下订单量的曲线及方差；

（4）计算各个环节的服务率（准时交货率）。

思考

（1）提前期变长或缩短对"牛鞭效应"的影响如何？对每个环节的成本和总成本影响如何？

（2）缺货费用加大或减少对"牛鞭效应"的影响如何？对每个环节的成本和总成本影响如何？

（3）如果对上游下订单有批量限制的话，对"牛鞭效应"的影响如何？对每个环节的成本和总成本影响如何？

（4）如果各个环节可以信息共享的话，对"牛鞭效应"的影响如何？对每个环节的成本和总成本影响如何？

（5）如果有机会重新做的话，你会怎样？

参考文献

1. ［希］格雷戈里·P. 普拉斯塔克斯. 管理决策：理论与实践. 李辉译. 北京：清华大学出版社，2011.

2. ［美］伯纳德·W. 泰勒，数据、模型与决策（第十版）. 侯文华等译. 北京：中国人民大学出版社，2011.

3. ［美］詹姆斯·R. 埃文斯，戴维·L. 奥尔森. 数据、模型与决策（第二版）. 杜本峰译. 北京：中国人民大学出版社，2006.

4. ［美］费雷德里克·S. 希利尔等，数据、模型与决策：运用电子表格建模与案例研究. 任建标译. 北京：中国财政经济出版社，2010.

5. 薛声家，左小德. 管理运筹学（第四版）. 广州：暨南大学出版社，2010.

6. 刘兰娟等. 经济管理中的计算机的应用：Excel 数据分析、统计预测和决策模拟. 北京：清华大学出版社，2006.

7. 徐国祥. 统计预测和决策（第三版）. 上海：上海财经大学出版社，2008.

8. 刘国山. 数据建模与决策. 北京：中国人民大学出版社，2004.

9. 王兴德. 现代管理决策的计算机方法. 北京：中国财政经济出版社，1999.

10. ［美］戴维·R. 安德森等. 商务与经济统计. 张建华等译. 北京：机械工业出版社，2000.

11. 蒋长浩. 图论与网络流. 北京：中国林业出版，2001.

12. 高随祥. 图论与网络流理论. 北京：高等教育出版社，2009.

13. 叶向. 实用运筹学——上机实验指导及习题解答. 北京：中国人民大学出版社，2007.

14. 梁云，刘艳. 实用管理决策教程. 北京：北京理工大学出版社，2010.

后 记

为了加强和改进本科生培养工作，改革教学内容和教学方法，促进暨南大学本科生教育整体水平的提高，学校决定资助出版一批本科生实验与上机教材。本书获得暨南大学本科生实验教材的资助，由暨南大学管理学院左小德教授、广东金融学院梁云副教授主编，研究生林鼎鼎、龚娟、汪任安、赵菊、吴铮、方琳娜、马佩奇、黎红、刘佳、庆艳华、刘思远、张钊华、许明辉等参与了部分章节的写作，本书在编写过程中还采纳了彭秋萍、林晓梅、郑艳芬、徐梁欢、徐丽清、陈彩环、陈琳、吴处伟、刘英伟、李健豪等本科生提供的好的建议。

本实验教材讲义的部分内容参考了参考文献中的部分章节，由于参考和引用的内容比较多，没能一一注明，在此对原作者表示特别的感谢。对在参考文献或注释中遗漏的参考内容和引用的其他资料，在此，也对原作者表示诚挚的感谢。